解密榜样

——华东理工大学典型人物报道集（2014—2017）

夏江雯　主　编
房树芬　副主编

華東理工大學出版社
EAST CHINA UNIVERSITY OF SCIENCE AND TECHNOLOGY PRESS
·上海·

图书在版编目（CIP）数据

解密榜样：华东理工大学典型人物报道集．2014—2017 / 夏江雯主编．—上海：华东理工大学出版社，2018.9

ISBN 978-7-5628-5585-9

Ⅰ.①解… Ⅱ.①夏… Ⅲ.①华东理工大学－校友－先进事迹 Ⅳ.①K820.7

中国版本图书馆CIP数据核字（2018）第205964号

内容提要

在本书撷取的近年来涌现的华东理工大学师生校友典型中，有真情从教融入华理记忆的黑恩成教授、潜心育人的“课堂潮师”颜静兰教授、科研“牛人”亦育人的杨化桂教授等，他们体现了师者的风范；有用生命影响生命的陈敏媛、大学生创业典型周元凯、“拳击不息，做题不止”的学霸邹君逸等，他们是华理学子奉献、担当和进取的典范；有为学生埋下职业生涯种子的辅导员周璐、默默为师生供应着“热”和“气”的后勤职工胡余立等，他们用实际行动诠释着全员、全过程、全方位育人的含义。

在讲述典型人物故事的基础上，本书还特别设计了“心语思”版块，请受访者抒发其所感所悟，以真实的情感及切实可行的经验，勉励和助力更多的师生校友及社会人士不懈进取、超越自我。

策划编辑 / 刘　军
责任编辑 / 韩　婷　刘　军
装帧设计 / 王　翔
出版发行 / 华东理工大学出版社有限公司
地址：上海市梅陇路130号，200237
电话：021-64250306
网址：www.ecustpress.cn
邮箱：zongbianban@ecustpress.cn
印　　刷 / 上海盛通时代印刷有限公司
开　　本 / 710 mm×1000 mm　1/16
印　　张 / 22.75
字　　数 / 359千字
版　　次 / 2018年9月第1版
印　　次 / 2018年9月第1次
定　　价 / 66.00元

编委会名单

前　　言

习近平总书记在全国高校思想政治工作会议上强调指出，高校立身之本在于立德树人。只有培养出一流人才的高校，才能够成为世界一流大学。而在这一过程中，选树优秀师生典型，以近在身边、可学可比的人物作为榜样和示范，引领广大师生进一步弘扬和践行社会主义核心价值观，对办好中国特色社会主义大学、培育一流人才，具有特殊而重要的意义。

近年来，在学校党委的正确领导下，华东理工大学党委宣传部坚持扎根基层、面向一线，为讲好华理故事、传播华理声音奠定坚实基础，切实构建了先进典型的协同发掘、融合传播、示范辐射等三大机制，积极营造以文化人、以文育人的良好氛围，不断提升立德树人工作的温度与效度。

一个典型一根标杆，一个楷模一种导向。在本书选树的典型中，有真情从教融入华理记忆的黑恩成教授、潜心育人的“课堂潮师”颜静兰教授、科研“牛人”亦育人的杨化桂教授等，在他们身上，无不体现着师者风范；有用生命影响生命的陈敏媛、大学生创业典型周元凯、“拳击不息，做题不止”的学霸邹君逸等，他们是华理学子奉献、担当和进取的典范；还有为学生埋下职业生涯种子的辅导员周璐、默默为师生供应着“热”和“气”的后勤职工胡余立等，他们用实际行动诠释着全员、全过程、全方位育人的含义。

持续创新的话语体系、生动鲜活的真人真事，也推动了一批典型人物走出华理校园：洁净煤技术研究所团队获 2016“感动上海年度人物”提名奖并荣膺“2016 年度中国石油和化工行业影响力人物”，反映其事迹的微电影《汗水哲学》在当年度中宣部主办的社会主义核心价值观主题微电影征集展示活动中获二等奖；马新玲老师获评 2017 年上海市“教书育人楷模”；安琦老师荣获 2016

年上海市“教书育人楷模”提名奖；“世界最具潜力女科学家”应佚伦、励志典型聋人女孩高羽烨先后获评“上海教育年度新闻人物”……榜样的效应进一步辐射到社会。

本书即以2014—2017年关于部分师生校友典型的采访报道为基础，并特别设计“心语思”版块，由受访者本人撰写，抒发其个人的所感所悟，以真实的情感及切实可行的经验，勉励和助力更多的师生校友及社会人士不懈进取、超越自我。

无论是潜心育人创新，还是励志成长成才，本书主人公们的优秀品格和感人事迹，既彰显出华理的大学文化特色和精神品格，也为学校努力建设中国特色社会主义一流大学注入强大的精神动力。

向优秀人物看齐，方能摆脱自身的平庸；向典型人物学习，更能坚定理想信念。值中国改革开放40周年暨华东理工大学建校66周年之际，谨以本书向祖国和华理献礼。让我们一起与榜样同行，共同感受奋进的力量！

神圣的课堂

安　琦

走进教室
每一天
我都想
有阳光相伴

站在讲台
每一刻
我都想
看到
青春的灿烂

教师
是一个平凡的职业
但，她却
与青春相连
讲台
是一块很小的地方
但，她能
铺开希望的帷幔

桌椅的阵列
如同
生命的坐标
深藏心底的律动
澎湃青春的海岸

张张面孔
纯净、稚气
年轻的姿态
荡漾
青春的气息

这里的天空
有理性的交汇
有思想的碰撞
有知识的传递
有思考
有批判
有逻辑
有睿智和敬畏

这里是
生命之花托举的
希望和土地
这里有
知识之光照耀的
青春和智慧

于是
高尚在这里升起
宛若朝阳初起
于是
神圣在这里降临
恰似皓月凌空
佛光泄地

神圣，因为
与生命相连
神圣，因为
与青春相随
神圣，因为
知识和智慧
神圣，因为
高尚和敬畏
神圣，因为
有爱
有奋斗
有独立之思想
有自由的灵魂

大学
在于大师
在于精神
在于对真理的探寻

课堂
是大学的根本
课堂的理想
就是大学追求的方向

课堂上
当我们翻开书本
应该心生敬畏
每一页
每一行
都有探索者不屈的足迹

这书里
有前辈的辛劳
有岁月的流逝
有生命的沉重
有痛苦
有艰辛
有叹息
有喜怒哀乐
有白骨累累

多少人拼却一生
在看似很小的方向上

也只是走了
一步
半步
甚至原地踏步

多少人耗尽生命
也只在这书里
留下了一句话
一个公式
一条曲线
甚或只是一个点注

知识
需要积累
探索
需要执着

专业的世界
是的
孤独、寂寞
枯燥而庸繁
讲解，很难
理解，很难
但我们必须向前

为了
一个夏日的约定
我们在这里
从酷暑
走到严寒
为了
一个美丽的目标
我们在这里
迎难克艰

我看到，同学
在走廊匆匆早餐
我记得，同学
跑步进来的画面

认真听课
认真作业
努力
努力
青春的脚步
踏出
生命的鼓点

我感动于
每一声礼貌的问候
我感动于
每一对凝视的双眼
我感动于
课下的每一次提问
我感动于
每一次擦净的黑板

在这里，我们

彼此热爱
在这里，我们
为心灵扬帆
在这里，我们
让理想高扬
在这里，我们
学会懂得
责任
担当
敬畏和尊严

学习
不仅仅是为了继承
还要探索和创新
努力
不仅仅是为了成功
还有责任和奉献

世界上
根本没有所谓的捷径
唯有
劳动和汗水
才是
人生的主线

来吧，同学
在这希望的空间
我们奋斗
来吧，同学
在这神圣的课堂
我们
为理想而战

目　　录

44 载热情如初　书写传奇教育

——记国家级教学名师黑恩成教授①

人物名片：黑恩成，男，1945 年 9 月出生，华东理工大学国家级教学名师。1964 年入读华东化工学院（今华东理工大学）本科，1969 年毕业并留校参加工作，曾任物理化学教研室主任等职。长期从事教学、科研工作，为国家级和上海市物理化学精品课程负责人、物理化学网络教育国家级精品课程负责人、国家和上海市物理化学教育创新团队带头人。曾获各类表彰奖励 50 余项，包括国家级教学成果二等奖 2 项，上海市教学成果特等奖 1 项、一等奖 4 项，以及“宝钢奖”、上海市“三育人”先进个人奖等。享受国务院政府特殊津贴。

不追求惊人的名衔，只有默默地言传身教，却能和学子的思乡梦，和校园民谣，和某年的大雪及毕业晚会一样，走进一届届学子的青春记忆，在华东理工大学，国家级教学名师黑恩成教授就是达到如此层级的老师之一。

无论是在校园 BBS，还是人人网、新浪微博、宽带山、百度贴吧，只要是

① 记者房树芬、张婷采写。

涉及华理印象的话题，总是要提及黑恩成老师。经常有毕业生通过官方微博等途径询问黑老师近况，当得知黑老师仍坚守在物理化学的本科课堂时，立即有数名学生送上敬意。

如今，“传说中的黑老师”已经 69 岁，却依然在用他的热爱、热情书写着教育人生的“传奇”。

教学名师：细节真情打造

从教 44 年的黑恩成，口碑掷地有声。200 人的选课窗口每次都爆满，学生选不上还要找教务老师。黑老师的课从不点名，上座率仍超过 100%，并且经常有人“蹭课”，不少学生头天晚上就去占座位，黑老师的魅力可见一斑。

说起黑老师对教学的认真和精细，只能用“如切如磋、如琢如磨”来形容。上了 44 遍的物理化学课，他的教案常教常新，越教越精；第二天有课，头天下午就是雷打不动的备课时段，一个字、一个标点符号都力求精准，便于学生理解。有课时，必然提前到教室，或是和学生交流，或是写板书、调试 PPT，整理好情绪后，精神饱满地走上讲台。

一节课过半，难免有学生疲倦走神。有次恰逢讲解表面活性剂的内容，黑老师就摇着打盹的学生说：“我就是表面活性剂，摇啊摇啊，污垢就摇掉了！”幽默而恰当的比喻引爆了满堂笑声，也赶走了学生的倦意。“他特别关注学生的反映，经常琢磨怎样能让学生更好掌握知识难点。”同事彭昌军说。

“以学生为中心、讲民主、不摆架子”，学生这样总结黑老师的特别之处。一个网名“stormy”的学生说，有不少人讲课不错，但只有少数像他这样的老师，真正能在课堂之外给人以启迪和教化。“他总是说，因材施教，情感投入比技巧更重要。”邬时清老师说。

真情付出自有回报。每次下课，黑老师离开教学区都“举步维艰”，一路上不时有学生跟他打招呼，甚至有学生趁机拿出习题请他答疑。每年的教师节、春节等节假日，黑老师的书桌上都会堆上厚厚一摞来自五湖四海的祝福贺卡，现在，贺卡少了，但祝福的短信总是多得让他没法及时回复。

一天，一位叫王克的校友专程从北京来看望黑老师。既不是他的任课老师，也不是他的班导师，为什么他对黑老师念念不忘呢？原来，王克曾因物理化学不及格而拿不到毕业证。于是，黑老师去奉贤上课都带上他，还让他有时间就来办公室学习，有问题随时帮着解答。在黑老师的帮助下，王克终于通过考试得以毕业。现在北京工作的王克说，每次看到自己过万的月薪，就想到了黑老师。

对学生的感恩，黑老师也很感慨。他说："付出的爱心总会有回报，做老师的应该向教育事业渗透真情，这就是教育的力量源泉。"

和谐团队：无私帮教熏陶

物理化学教研室于建校时成立，半个多世纪过去，优良的教风历久弥新。回顾个人成长，黑老师说自己很幸运：张江树先生（华东理工大学首任校长）曾为新教师从头到尾主讲了一遍物理化学；给胡英院士当助教时，只要上课有不妥，胡先生就会悄悄地打手势。"有参比就有动力，几十年来，我一直以他们为榜样约束自己。”黑老师说。

2002 年，物理化学教研室一批老教师同时退休，在岗的 3 个老师要面对半个学校的学生。除了教一个 500 人的大课外，黑老师又承担了理优班的课。在 500 人的大教室里，他手持长长的教鞭，声音洪亮，连坐在最后一排随堂听课的青年教师也听得清清楚楚。顶过了这段艰难时光，年轻教师成长起来了。

黑老师特别认同美国著名教授肯·贝恩的说法，教学是一种严肃的智力行为，是一种学术成就，是一种创造。黑老师说，教学和研究不是天生就会的，要让团队长盛不衰，要让年轻人少走弯路，一定要靠传帮带和持续不断的教研活动。

徐首红老师一直记得，一次晚上八九点钟，她在备课时，有个定理的推导不太确定，就打电话向黑老师请教，黑老师耐心地为她把整个推导过程一步一步地解答清楚。黑老师还生怕电话里说不清楚，就把详细的推导过程写下来，第二天一早就到办公室等着徐老师。

物理化学教研室的教研活动同样丰富。除了两周一次的组会、每学期的示范课之外，每次上完课，黑老师都要把大家集中起来，讨论学生反映和教学进度，就连来去奉贤校区的校车上也有他们讨论的声音。有交流，就有争论。遇到争议，黑老师总是根据资料，把自己的理解从头到尾地讲给大家听，一直到大家都明白为止。一次，围绕接触角的问题，老师们又不知不觉地争论起来。十几个人拥在一个房间里，放眼看去，满房间都是各式各样的图，就像绘图比赛。在黑老师潜移默化的影响下，年轻老师的作风也越来越精细，就连教案里符号的正体、斜体格式，也都力求规范。

过年和敬老节，请退休老师回来团聚，是教研室的传统。无论是因为住老年公寓，还是因为身体不便，只要有老人家不能来，黑老师都一定要过去看看，并特别细心地带几个年轻人同去。他经常和年轻老师说，你们将来也是要退休的，这些老教师就像自己的老人一样，要创造机会让他们这些老朋友多聚聚，现在跟我去，等有一天我退休了，你们也已经熟了。

“就像家里过日子一样，每家的家长里短，黑老师都会问到，有了他这个顶梁柱的精神支撑，大家一点隔阂都没有，就像个大家庭一样。”邬时清说。周山花老师也说“自己很幸运能在这个组里”。

教学顾问：青年成长阶梯

“老教师就像可靠的同行人，给予青年教师成长的动力和阶梯。”帮助青年教师成长成才，把教育事业一代代地传递下去，是黑老师的一大心愿。

2010 年，65 岁的黑老师正式退休了，但并未就此清闲逍遥下来——不但接受学校聘任继续为本科生授课，还受聘为校本科教学顾问组专家（2013 年 3 月起担任校本科教学首席顾问），他奔波于徐汇、奉贤两校区随堂听课、检查试卷，“把脉”本科教学，向青年教师提建议、传经验。

“我经常跟年轻人说，要把自己的阅读、研究、教学体会随时反映到教学中，让教学与时俱进，保持教学的生命力。”黑老师说，“有思想的课堂教学，才能吸引学生。”

因为听课，黑老师“听”出了一帮朋友。尚亚卓、徐志珍、鲍亮、万永菁、田振芬、卢杨，这些在学校的讲台上逐渐闪亮起来的教学新星，都是黑老师因听课而结缘的朋友。这些“小朋友”，不但虚心听取黑老师“讲课要有内容，要有方式，是充分准备和临时发挥的结合”的建议，学习他对教学的热情、热爱，还听得进黑老师指出的不足：有的老师课堂上表演的痕迹过于明显，黑老师就建议他和学生要有内在的交流，不能做作地流于形式；有的老师课讲到激动处，会在讲台上跳起来，黑老师就告诫她注意仪表，往风趣而不失典雅、活跃而不失沉稳的方向努力……

一次，黑老师听了一位青年教师的课后，在与其交流时，针对他的板书混乱问题，建议他使用黑板要“从上到下、从左至右、横平竖直”。后来，这位青年教师告诉黑老师：“一看到您，我就想到了横平竖直。”

一位才华横溢的青年教师，因教学上犯了过错而意志消沉，背上了沉重的思想包袱，经常向黑老师倾诉内心的压抑。为了寻找开导他的契机，黑老师特意去听他的课，发现他的课不但有丰富的内容，还蕴含着许多哲理。黑老师就在指出他问题的同时，开导他不要把过错当成前进的阻力，“事实证明，他经受住了这场考验”。

在学校，不管是新入职教师的岗前培训、学院的青年教师培训，还是上海市的青年教师培训，都喜欢邀请黑老师传授教育思想、教学经验。每一次，黑老师都欣然前往。“老师的授课本领过硬，受益的是一大群孩子。”他说。

编写教材：教育精华传承

“莫道桑榆晚，为霞尚满天”，退休后的黑老师比以前更忙了，除了上课、听课，就是不分日夜地泡在办公室，有的同事不禁纳闷，黑老师到底在忙什么呢？直到走进黑老师的办公室才恍然大悟，书桌上、椅子上堆满的书稿，无不凝聚着黑老师的心血。

教材作为最基本、最重要、最具有代表性的课程资源，对课堂教学的重要性不言而喻，但编写教材必须具有一定的积累，因此，一直负责物理化学国家精品课程建设的黑老师，责无旁贷地承担了多本课程教材和教学资源建设的任务。

2008 年 3 月，黑老师开始辅助胡英院士编写英文版《物理化学》教材，五年磨一剑，直到 2013 年 3 月，厚达 816 页的国内首部英文版《物理化学》教材终于诞生。来不及喘口气的黑老师又投入新一轮“战斗”——教学用的第五版《物理化学》教材使用期已满，需要修订。但在具体操作过程中，修订最终变成了再版，2014 年 6 月，他参加编写的《物理化学》（第六版）正式面世。

课堂教学是个系统工程，不光要建设好教材这个“龙头”，还要有配套参考书、习题集等面向师生。为此，黑老师先后编著了《物理化学导读》（2008 年）、《物理化学释疑》（2010 年）等多本凝聚教学、研究和阅读心得的教辅书籍，这些书籍的体裁和表达方式均具创新性。为此，《物理化学》（第五版）和《物理化学导读》作为套书，入选国家级首批“十二五”规划教材。2014 年，由黑老师和上海市教学名师史济斌等老师共同承担的教改项目，也获得了上海市教学成果特等奖的殊荣。

目前，黑老师的《物理化学：理解 · 释疑 · 思考》一书的编著和《物理化学教学与学习指南》一书的再版工作均已完成。实际上，这些书籍的建设工作，“占据”了他当年的全部暑假时间。

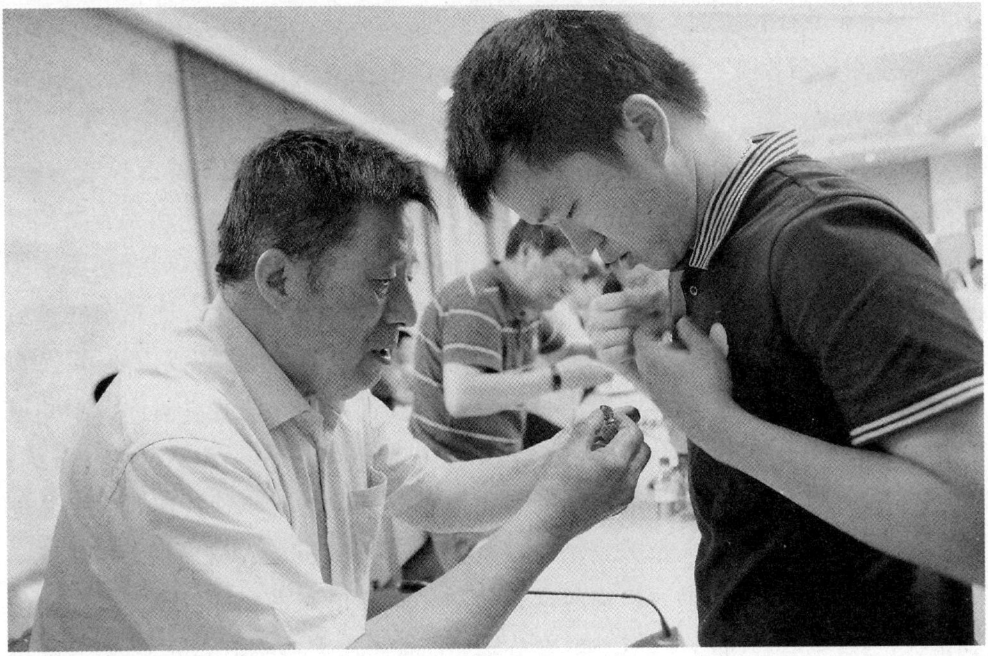

人生导师：促生“自热”破冰

除了名师、专家的称号，黑老师还有一个不为人知却让他深感自豪的身份：班导师。

2011 年 3 月，黑老师主动请缨，出山当了化 082 班的班导师。这个班可不一般：67%的不及格率，3 个退学，1 个休学，6 个试读，多名学生多门功课不及格。但是，黑老师说，学校遇到难事，老教师为学校排忧解难是应尽的责任，他“豁出去了”。

“咱们班现在结了一块很厚的冰，融化这块冰，要靠你们的自热，别人只能助你们一臂之力。”在第一次班会上，黑老师要求每个人都要讲一句话，主题就围绕“你对班级状态改变有什么建议，想为班级做些什么，为自己做点什么”。

接下来的一周，他天天下宿舍，督促学生起床上课。为了帮退学试读的学生改掉坏习惯，他专门借了个地方，盯牢他们集中自修，并请两个成绩好的女同学做辅导。

“早上，我还没有起床，黑老师叫早的电话就来了，就算你不愿意，他也会杀到寝室来，帮你战胜惰性。”“他到集中自修的地方去，一看谁没来，就立刻电话打过去说，你一个人在宿舍自修更有效率吗？来吧，大家都在这里。”汪东、杨洪雪、徐如希纷纷介绍黑老师的“盯人战术”。“黑老师就像长辈一样，他经常说，你们哪间宿舍打游戏多，我就搬到哪个宿舍去住。”汪东笑着说。

“不愤不启，不悱不发”，从最初的不理不睬仍旧埋头网游，到看到黑老师来宿舍就立刻把游戏页面切换掉，黑老师看到了学生们的变化。他感到战机已经到来，开始对“宝贝们”发话了：“下次，我再来的时候，你们不要切换页面，让我看看你们在做什么，如果每次来看到的都是游戏，就说明你太不知道自己的处境了。”

“用兵之道，攻心为上”，班级的变化像春草一样迅速蔓延。这次化工原理期中考试，全班不及格人数降到了个位数。还有小 Z 同学，这个曾经只差 0.5 学分就要退学试读的男孩，以前经常豪迈地手一挥带大家去打台球，现在却是经常抓住杨洪雪问功课，一有空就来自修，还报了海文考研辅导班。“黑老师说了那么多，做了那么多，我们如果还玩游戏、不学习，就很愧疚。”同学们说。

短短一年多，黑老师指挥的这场“大四保卫战”取得了全面胜利：他们班每个在读学生均顺利毕业。

临近毕业前，同学们推选班长邵伟祺去请黑老师。邵伟祺对黑老师说：“082 班曾经被人看不起过，现在大家终于赶了上来，我要唱首歌给你听。”五音不全的他把《我的祖国》连唱了 3 段，全班同学没有笑却哭了。“黑老师喜欢革命歌曲，我知道我唱不好，只是为了感谢他。”

40 多年来，黑恩成老师从未离开过本科讲台，也从未轻松地休息过一天，接下来，他还将继续为热爱的教育事业奉献力量。回顾过往，黑老师说，通过多年的从教磨炼，他渐渐明白，当好老师，一是要对教学有热情、有激情，它源自对教育事业的热爱，反映出教师对课程内涵的理解，能够为教学注入活力，二是要对学生渗透真情，只有这样，才能以学生为本，甘愿把心血都献给学生。

（本文原载于 2014 年 9 月 9 日华东理工大学校园新闻网）

【心语思】

教学是一种严肃的智力行为，是一种学术成就，是一种创造。我在华理教书 40 多年，依然对教学抱有敬畏之心。当好老师，既要热爱教育事业，对教学有热情、有激情，也要对学生渗透真情，以学生为本，把全部的心血和精力都献给学生。

帮助学生成长体现教师的价值

——记上海市“教书育人楷模”、机动学院马新玲老师①

人物名片：马新玲，机动学院教师，主讲6门本科课程，学生评教全部优秀；连续指导7届、8项国家级大学生创新创业训练计划项目，获得68项国家级奖、197项上海市级奖，指导本科生发表中文核心期刊论文7篇、国家专利已授权12项；曾获得全国基础力学青年教师讲课比赛二等奖、全国“周培源”大学生力学竞赛优秀指导教师、全国“徐芝纶”力学优秀教师奖、全国过程装备实践与创新大赛优秀指导教师、上海市大学生力学竞赛优秀指导教师等多项荣誉，获评2017年上海市“教书育人楷模”。

在华东理工大学有这样一位老师：她的理论力学课场场爆满，每年都有不少学生整学期地旁听，从教以来学生测评平均分高达96.5；只要她在奉贤校区，就会有一拨拨学生到教师公寓和实验室找她讨论问题；在教务处评选模范班导师标兵的答辩现场，还有一群学生粉丝专门跑来为她加油；她连续指导6

① 记者卞慧采写。

届、7 项国家级大学生创新创业训练计划项目并取得佳绩。她，就是视帮助学生成长为自身价值体现的老师——机动学院副教授马新玲。

为什么学生这么喜欢她？或许，将本科教学、创新实践活动和班导师工作有机融合，就是她的秘诀。

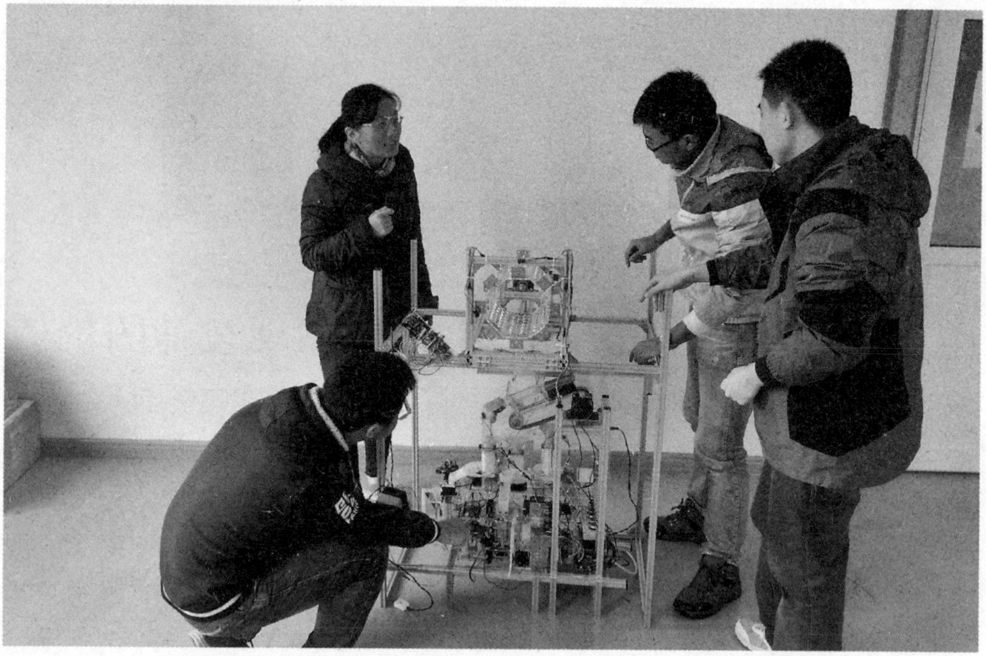

“好玩，有用”的课程

“老师，今天我们玩啥呀?”一个学生走进课堂，充满期待地看着马新玲。

这个问题，每个星期吸引着 70 多名学生来上她开设的专业选修课“力学设计与操作”。而这门原本设计 30 人的课，因为选的人太多，调整到 60 人，最后还是有 11 人“硬挤”进了课堂。

这门课没有固定的教材，方式与创新性竞赛一样灵活。马新玲准备好工具及材料，让学生自由组队自己动手设计并制作实物模型，以满足特定的需求。学期初，她就告诉学生：“本学期有 7 个主题，至于每次上课的主题嘛——

保密。”

“我想让他们像参加现场比赛一样，不能事先准备。这样更有趣味性和刺激性，更能调动学生的上进心和求知欲，锻炼创新能力、动手能力和团队合作能力。”马新玲说。

“做个不倒翁”“遥控车通过纸桥”“自启动小车跑得远”“纸的力量”“鸡蛋的保护伞”……每节课上，18 个小组创意迭出，甚至还相互打擂台。“纸的高度”要求用 1 张 A4 纸尽可能地搭出最高的结构。有一组搭到 1.7 米，看到另一组搭到 1.72 米，就仔细思考后加以改进，搭到 1.8 米。但是，另一组又不干了，继续想办法超越。“他们你追我赶，很有意思的。”马新玲推了推眼镜，笑着说。

最后一节课上，马新玲让每个小组做总结，同时给他们发奖——实力与创意一等奖、二等奖，学生们举着奖状和马老师精心准备的奖品——印着“愤怒的小鸟”等卡通图案的笔记本，一个个乐不可支。

“马老师的课好玩，有用。”“马老师太辛苦，时常为学生的事熬到凌晨一两点。”“我们在一起感觉不分老师和学生。”学生们毫不掩饰对马老师的喜爱。

马老师的其他课也一样“人满为患”，理论力学、材料力学、力学实验常常“满座”，甚至不少学生跑来蹭课。她每学年为本科生上课达到 192 学时、11.5 学分，所教课程在教务处匿名评教网站上学生评分均为 95 分以上，最高的有 99.06 分。

这么高的评分源于马老师对课程的精心雕琢——从课前制作 PPT、AVI 动画，课上结合工程实例与学生互动，到课后详细批改作业、归纳错误并为学生集中讲解，每个过程和细节，她都一丝不苟。

上 150 多人的大课时，她会借两个扩音器，笑称“这是双保险，能保证每个学生都听清”，以至于有学生在评教网上调侃：“对马老师上课的话筒印象最深。”

课后，学生们也常拿着错题去问她，她总是耐心解答。机设优班的吕荣安对马老师的细心很是感慨：“你当面说听懂了，她还不放心，隔了几天，还会让你再解释一遍给她听。”

“马老师有优秀的大局观。”机设 134 班的严武林评价马新玲。这种大局观体现在很多方面，课程设计就是其中之一。开设每门课之前，马老师都会问自己 5 个问题：要学生学习、掌握什么？如何帮助学生取得学习成效？通过何种方式评价学生的学习成效？该课程对专业培养有什么作用与贡献？该课程与其他课程之间如何衔接？

“理论力学和材料力学两门必修课的理论性较强，开设力学设计与操作这门选修课，就是要在工程实际问题和必修课的理论之间架起一座桥梁，不限制学生的思路和方法，自由设计制作，实现课堂、实验和竞赛的结合，目的是培养创新人才。”马新玲道出开课的初衷。她也真正在教学中贯彻了这点，把“以教为主”变为“以学为主”，做到了以学生为主体和中心，既让学生的知识根基打得扎扎实实，也激发了他们的兴趣和创新意识。

层层升级的创新实践活动

“上海市大学生力学竞赛和‘周培源’全国大学生力学竞赛、USRP、大学生创新训练项目、3D打印比赛、全国过程装备实践与创新大赛、上海市大学生‘创造杯’大赛，上海市机械工程创新大赛和全国大学生机械创新设计大赛，这7类赛事各有侧重、层次分明，可以让学生从设计绘图、写论文、制作模型、购买材料、加工零部件、组装实物样机、了解工程等几方面一步步得到全方位的锻炼，有点类似企业‘轮岗’，全面提升学生的综合能力。”工作12年来，马新玲通过指导学生，逐渐摸清了这些赛事的特点。

在给大二学生上课时，她就注意观察，看到有创意和潜力的学生，就会鼓励他们参加比赛。

在指导学生参赛时，她从不计较自己的付出，“只要他们好学，想做，我就全力支持，哪怕不睡觉”。备赛紧张的时候，学生们会连续几天熬夜，她往往每天也只睡两三个小时，学生们能感觉到马老师的疲惫，但看到更多的仍是她的笑容。

学生们也很争气，以上海市机械工程创新大赛为例，马老师总计指导了47名学生参赛，其中的35人保研或留学深造。从2012年的第一届到2016年的第五届，学生获得的奖项从上海市三等、二等、一等逐级上升到全国一等奖。他们共制作了14个不同功能的实物样机，创新成果目前已获国家专利。马老师指导的本科生们已发表中文核心期刊论文7篇，获得国家授权专利12项（其中实用新型10项、发明专利2项）。

在“福陆未来工程师”工程模拟竞赛中，马新玲带了24支队伍、91个人。让她最高兴的是，这么多人无一雷同创意，而且都很出色。决赛阶段，3个企业评委觉得个个都好，意见不统一，甚至“差点打起来”。他们笑称：“获奖的同学要出医疗费！”

对曾指导过的学生，马新玲如数家珍，刘辰、王杰、杨远舟、陈真儒、王卓然、马圣源、严武林、陈泽坤、钱剑勇……谁哪一年参加了什么比赛，作品是什么，得了什么奖，她都记得清清楚楚。

涉足各类创新实践，马老师感慨是因为“缘分”。“一开始学生找我做指导教师，我都一无所知，”她笑着说，“我一想不行，学生的兴趣在哪儿，老师的精力就要跟上投入。”

机械专业的学习很枯燥，如何调动学生的积极性？马老师一有机会便鼓励学生参加实践类、发明类的创新比赛和项目。比赛时，她还在不影响学习的前提下，尽量带一个专业或班级的学生去观摩。很多学生因此喜欢上了机械专业，“虽然准备比赛的过程很艰辛，但是感到非常兴奋，收获很大。”

“参赛获奖只是手段，培养学生才是目的。就像对一棵小树苗，当你努力引导、帮助他们长成大树的时候，那种喜悦是世界上任何东西都换不来的。我想，这就是教师意义之所在。”担任指导教师，让马老师最感到开心和欣慰的不是一项项荣誉，而是挖掘出学生身上蕴藏的巨大潜能和闪光点，看到学生的进步和成长。

过程 062 班的刘辰就是如此。最初，他的兴趣不在学习上，对专业的理解也有偏差，在马老师的鼓励下，报名参加了“奋进杯”和“挑战杯”。比赛之后，他对机械专业有了兴趣，整个人的精神面貌也焕然一新，现在已经在上海电气工作。

多年如一日，马新玲老师用她的行动感动着一批又一批学生，也让更多的同仁看到，精心、真心、热心对待学生，是一件非常有意义、有成就感的事。

“像朋友一样”的班导师

马新玲积极要求当班导师。她说那是亲近、了解学生最快的方法。从 2006 年第一次当班导师起，她一共带了 10 个班级，最多的时候同时带 5 个班，所带班级的及格率和优秀率年年高居学院第一。2008 年，她带的过程 102 班被评为上海市高等学校先进集体。她带的过程卓越 100 班成绩突出，每一名学生都曾获奖学金，30%的学生获评学校优秀学生和优秀学生干部，获得校级以上各种奖项的人数达到 100%，63%的学生在各类竞赛中获奖。

2010 年，机动学院过程装备与控制工程专业“卓越工程师”计划开始执行。卓越班在培养模式上有很多特色之处，如开展基于项目的学习，开设学科与工程前沿讲座，与企业工程师的互动较多。由于马新玲老师的出色表现，学院将这一重任交给了她。马老师兢兢业业，配合学院组织了很多有特色的活动，圆满完成了这一任务，并主动承担了两个低年级过程卓越班的班导师和两个普通班的班导师工作。

“她了解我们的喜好。”“有时我们坐在寝室里一起聊天，就像朋友一样。”“马老师经常来我们寝室，像个大家长一样，教我们被子怎么叠、东西怎么收拾。有时候像朋友一样出去走一圈，边走边聊。”谈起马老师到寝室，过程102班的同学们有说不完的话。

几次聊下来，她就摸清了班级的特点：女生成绩都不错，人数占多数的男生喜欢动手、创新，有上进心。由此，她确定了班导师工作的入手点——通过本科教学、创新实践活动，鼓励学生们动手制作、实践创新，引导他们的学习兴趣，做到学以致用。这一招，现在看来，确实颇有成效。

除了这一招，她还有其他“几板斧”。大一时，她要求每个学生都有自己的兴趣爱好，但是“打游戏不算”。她鼓励男生多到外面运动，拉他们打乒乓球、游泳。她要求班干部“零挂科”，一旦挂科要主动辞职。高年级学生参加创新比赛，她拉上40多个低年级学生去“围观”，激发他们的兴趣。

机动学院同事夏春明教授说：“学院里公认马老师做班导师认真负责。她经常跟学生一起上自习，还能给他们进行专业辅导和学术引导。她是个多面手，一个人带好几个班级，而且跨年级，包含普通班和卓越班。”

在马老师的教学生涯中，她曾获得全国基础力学青年教师讲课比赛二等奖、全国“周培源”大学生力学竞赛优秀指导教师、全国“徐芝纶”力学优秀教师奖、上海市教学成果一等奖、上海市大学生力学竞赛优秀指导教师等多项荣誉……但抛开这些不论，她，首先是一位将学生放在心上，用爱激发学生的学习兴趣，将帮助学生成长看成自身价值体现所在的教师，正如她的QQ签名一样——“追求卓越永无止境，天道酬勤”。

（本文原载于2017年9月10日华东理工大学新闻网）

【心语思】

我采取“爱心为先，教学为基，创新为要，培养为重”的工作方法，探索出“以赛促教、以做促学、知行合一”的教育模式，全身心投入本科教学工作。

我的工作方法是本科教学、班导师工作、创新实践活动相融合，用各类有意义的活动吸引学生，挖掘学生的潜力，培养他们积极主动的学习习惯，锻炼综合能力；同时以点带面，营造“比学赶帮超”的学风和氛围，传承“学在华理”的传统。

在班导师工作中，我努力做个“五心”班导师——用责任心做好每件事，面对琐碎繁杂、千头万绪的班导师工作，保持耐心，用爱心去关心学生，帮助学生成长，用童心保持好奇和年轻的心态，和学生亦师亦友，对学生永存感恩之心，因为从学生那里感受到激情，能够学习学生的活力和创造力，与学生共同成长。

我喜欢和学生在一起，热爱教学工作，秉持“用责任心担当、用智慧引导、用感情浇灌”的工作理念，希望能培养出更多优秀的学生。

创事业先　引师者风　为学生友

——记“我心目中的好导师”、机动学院安琦教授①

人物名片：安琦，机械与动力工程学院教授、博士生导师，上海市政协常委，曾获得国务院特殊津贴（奖）、宝钢优秀教师奖、上海市教学名师奖、上海市教学成果奖二等奖、上海市科技成果三等奖、上海市统战系统先进个人等多项荣誉，完成科研项目30余项，发表学术论文300余篇，获得专利40余项，是学者型的优秀教师。

2004年，华理组织全校本科生投票，安琦被评为“最具人格魅力的好老师”，同年被评为学校“师德标兵”；2013年，华理9911名研究生和校友网上投票评选“我心目中的良师益友”，安琦以全校第一的票数入选；他担任主讲教授的课程——机械设计，2006年被评为上海市精品课程，是全校最受学生欢迎的课程之一。

这位有着21年教龄的老师，为何会如此深受学生喜爱？他的身上，有哪些独特的魅力？

---

① 记者卞慧、学生记者王志文采写。

精益求精　做敬业教师

“上班很早，下班很晚，几乎没有双休日和寒暑假”，熟悉安琦的同事都知道他有多喜欢教学工作。他每年完成的本科生和研究生教学工作量，在机械与动力工程学院都位居前列。他先后承担本科生课程：机械设计、机械设计课程设计、专业英语、机械工程专业概论、现代机械科学与工程、现代设计方法、名师学术导航；硕士研究生课程：专业英语、工程摩擦学；博士生课程：现代流体润滑理论及应用、机械学科前沿研讨等多门课程的教学。

备课、课堂教学、课后辅导……各个环节安琦都精益求精，不断探索新的教学方法，努力提高教学效果。尤其是在课堂上，他的讲授艺术十分出色，总能以饱满的热情完成每一节课的教学。

“安老师很细心，每个知识点都讲得深入浅出。课程设计时，他会仔细在身旁看每个人画图，有问题随时指出。他到教室一般都比学生早。”2011 级学生

章倩说。

每次上课，安琦都会很早来到教室，与学生交流。下课后，他总是愿意回答学生的各种问题。他鼓励学生提问，尤其鼓励学生提探索性的问题。在他的课堂上，很少有迟到现象，学生们总是聚精会神地听课，而且很喜欢提问题。

安琦的课程很受学生好评，每次学校组织学生进行的课程满意度测评中，他的课都在 95 分以上，是全校得分最高的课程之一。因为出色的教学成绩，安琦于 2003 年获得宝钢优秀教师奖，2007 年获得上海市教学名师奖。

负责到底　做尽责导师

在机动学院，安琦带的研究生数量位居前列，在如何与学生相处的问题上他有着自己独特的见解。

“平等的交流，热爱学生，敬畏自己的岗位，这是教师与学生相处时最重要的东西。”安琦说，教师只有把学生放在第一位，学生才会从内心尊敬老师。两者之间要建立起平等的关系，如果一个教师总是高高在上，那么他就无法实现与学生的平等交流；同样，学生也一定要尊敬老师，对课堂、对学术有敬畏感，如果没有了这种敬畏感，就不可能在学业上有所进步。

“对我们的事情，安老师比我们自己还要着急。”他所指导的研究生有一个共同的感受。每一个学生的研究进程、目前的状态、出现的困难，都装在他的心里。不等学生来找他，他已经主动找到学生，一对一点拨也好，集体讨论也好，总是要帮他们解决困难。

学生每一篇发表的论文、开题报告、学位论文，安琦都要修改数遍。在安琦的笔记本电脑里，有专门记录每一位研究生学习情况的文件夹，从平时阅读的文献到发表的文章，从开题报告到毕业论文，都能从这里找到，包括已经毕业的学生。记者看到，一个学生的论文，从初稿到终稿，最多的一篇竟然修改有十几遍之多！安琦说这是他的坚持，“如果有一天我不能给学生修改论文了，我就不配带研究生了”。他谦虚地表示，这一辈子没有什么成就，指导毕业的研究生以及留下的这些给学生修改的论文是他最为宝贵的人生财富。

在指导研究生的过程中，要求学生阅读的文献，安琦都会自己先阅读；要

求学生进行的实验研究，安琦总是到实验室参与实验过程。他对学术、对教学的严谨作风深深影响着每一位研究生，他所指导的研究生培养质量一直处于高水平。目前，他已经培养了50余名硕士研究生、13名博士研究生，其中两人被评为上海市优秀毕业生。

教书育人　做学生的朋友

都说一个人“眉毛长，朋友多”，安琦老师不仅有长眉，而且还很浓密。健谈的他平易近人，喜欢和学生们打成一片。他的办公室总是不断有前来讨论、请教、交流的学生。学生评价说：“安老师不仅教给我们专业知识，还教育我们如何做人。”

他善于启迪和鼓励学生，引导他们积极为人处事，对学生们出现的思想问题，总是热情给予解答。他和同学们建立了一种平等、和谐、相互尊重的朋友关系，学生们有了思想上的问题也都特别愿意和他交流。对他来说，教会学生技术、知识之余，还能够在人生观、价值观上对学生起到一定的积极引导作用与影响，这期间所获得的快乐与满足是别的任何事物都不能取代的。“教师凭良心教书，学生凭良心读书。”他一直对自己的学生这么说。

“热爱自己的专业”，是安老师常常跟学生提起的话。有些学生对专业缺乏兴趣，提不起热情去学，安琦老师常用这句话开导他们。在他看来，对专业的掌握是个人立身于社会之本，兴趣可以是多种多样的，但努力学习专业是一个人成熟与否的标志，是责任感的体现。他用自己的经历告诉学生：“每当我遇到挫折困难，处于人生低潮的时候，都是我最埋头苦干的时期。因为我知道，要想做出成绩，不能逃避，除了努力干，还是只有努力干……”一个人要想取得事业上的成功，不能单纯出于兴趣喜好，要出于对事业的理解以及对自己负责，换句话说，也就是“对得起自己的生命”。很多学生都记住了这句实在话。

正因为如此，学生觉得安老师很贴心，愿意与他做朋友。

（本文原载于 2016 年 6 月 2 日华东理工大学新闻网）

【心语思】

我的父亲也是教师，他留给我一句很重要的话：做教师要凭良心工作。走上教师岗位以来，常常会想起父亲的话。

教师的课堂授课可以分为 6 个层次：一是正确的授课，二是有逻辑的授课，三是化繁为简的授课，四是艺术的授课，五是上升到哲学层面的授课，六是实现教书育人。教书育人是教师职业的最高境界，也是最难的一个层面，没有止境。将学生培养成德才兼备的人，能够为国家作贡献，如若培养出才胜德之小人，将危害国家和社会，那就是教师的失职，罪莫大焉。

作为一名教师，一言一行都会对学生产生难以估量的影响，说的某句话就可能影响学生的一生，做的某件事就可能改变一个学生的命运。我一直有紧迫感，常感自己学识不够、修养不够、能力不够，对教师这一岗位充满了敬畏，常有诚惶诚恐之感，担心无法承担起教书育人的责任。为此，我每天都在努力学习，检讨自己的不足。陶行知先生说：“出世便是破蒙，进棺材才算毕业。”教师这一职业注定是要终生学习的，唯有努力，再努力。

魅力四射的“潮师”

——记外语学院颜静兰教授①

人物名片：颜静兰，华东理工大学教授、博士生导师、澳大利亚研究中心主任，教育部全国高校教师网络培训中心特聘教授；主讲2门上海市精品课、1门上海市重点课程、2门校精品课程；曾获全国师德先进个人、全国宝钢优秀教师、上海市教学名师、上海市“我喜欢的好老师”金奖、上海市三八红旗手、上海市职工道德先进个人、华东理工大学第一届张江树教学名师一等奖等荣誉。

多年来，她每周上课10多节，碰上其他老师有事，甚至会多达20多节，而且分布在徐汇与奉贤两个校区。

14年前，她自告奋勇给学生上公选课“21世纪英文报导读”，如今，它已经是最受华理学生欢迎的一门“明星”课程，而且还有不少校外人和校友来旁听。

在人人网上，她有学生好友5千多，来访者近16万，是同学们的知心人。

---

① 记者房树芬采写。

她每年都受邀参加学生的婚礼，甚至当证婚人。就在几天前，毕业近 20 年的英语系 92 级学生林丛蓉还把亲手做的饼干快递给她品尝。

“这位老师太有魅力了!”“颜老师的课很精彩，让人收获许多知识和快乐!”无论是人人网、微博、评师网，还是豆瓣网、梅陇客栈，都有 N 多粉丝力挺她。

58 岁的她，甚至还有一个学生们起的亲切小名——“兰兰”。

魅力四射的“潮师”，华东理工的人气女王，这就是颜静兰教授。

享誉四方的“颜记”读报课

走近颜静兰授课的教室，总能听到一阵阵笑声。精神饱满的她，一边讲课，一边在教室里走来走去，时不时地把扩音器放到学生嘴边，让学生回答问题。

“‘Die for’是什么意思?”颜静兰问。

“愿意，渴望。”学生答。

“Good!‘我愿意’，王菲唱的《我愿意》，”说着，她就哼起曲子来，“我愿意为你，我愿意为你洗碗，我愿意为你扫地……”

教室里再次传出笑声。

“这不算什么，Lady Gaga 刚刚走红时，颜老师就在课上唱她的歌《Judas》!”一位学生说道。

说起来，这门享誉四方的“21 世纪英文报导读”课，还是源于颜老师的自告奋勇之举。

颜老师认为，创新是教学的灵魂，课堂教学一定要有启发和趣味，能够让学生参与和创造。而在现实中，很多学生学英语多年，却连份英文报纸都读不下来，连一些简单的事件都不能用英语清晰表达。于是，她就选择适合学生程度的 21st Century（《21 世纪英文报》），自告奋勇为学生导读，既方便学生了解时事新闻，又让学生学得鲜活的英语，“颜记”读报课就这样发展起来了。

读报课形式很轻松，大家聚在一起读读报，没有严肃紧张的课堂气氛，还时不时会有一些笑话的穿插，很欢乐。但是，如果你以为“颜记”读报课仅限于此，你就错了。这门课，可用“包罗万象”一词来形容。例如，读到介绍英美文化的文章时，颜老师会补充一些背景知识，讲述自己的国外见闻；读到胡戈时，她还把《一个馒头引发的血案》视频放给大家看。

“她上课非常风趣，信息量很大，总是将最新发生的事情穿插着知识点告诉我们，还会教给我们一些生活的哲理。”外语学院学生王妮茜说。

渐渐地，一传十，十传百，小教室换成了大教室，继而又换到更大的教室，英语专业、非英语专业，本科生、研究生，甚至一些非英语专业的老师和家住学校附近的上班族也慕名而来。每个人都看着一份报纸，聚精会神地边听边记。这一上就是十几年。现在，“颜记”读报课已成为华理的“明星课程”，不提前占座，上课就得站着听。无论刮风下雨，寒暑易节，都是如此。

“记得那些年每周都很早去书报亭买报纸，怕卖完了，然后通读，期待着每周欢声笑语不断的读报课。”一个网名“亮菁菁的星空”的学生在微博上留言说。

“上课有激情，学生就有热情，师生间就有感情。”颜静兰为了上好读报课也付出了相当的时间和精力。由于上课时间在晚上，她有时都顾不上吃晚饭，对贫困生，还自己掏钱买报纸送他们。

“全明星课程”老师

从教 31 年的颜静兰教授，从来没有离开过课堂教学一线，即使是当上教授和担任副院长多年之后的今天。越是像专业核心课、全校公选课这样备课量大、知识难点多的课，她越是身先士卒顶上去。她说：“我就是喜欢接受挑战!”

颜老师的课思维开阔，风趣幽默，让人常听常新。对许多热点事件，学生都是通过她的课首先知道。98 级研究生莫亚文毕业后，在电视大学闵行分校工作，出于兴趣，也是为了提高教学水平，她常回校听颜老师的课，每次都惊讶地发现，颜老师的课件又不同了，或者又开新课了。获益匪浅的她，足足听了 5 年的课。

“她上课，和学生沟通顺畅，学生非常积极，参与度很高，这种课堂气氛的调动能力非常难得。”同事王慧佩服地说。

31 年来，颜静兰已经为本科生和研究生开了 20 多门课。有时，6 门本科课程加上 2 门硕士课程，她基本上每周要上 16 节课，此外，还有本科生英语辅修专业的“跨文化交际”“英国文学”“高级英语”等课。遇到有老师生病或出国，她还会再帮忙。累极了，她就在班车上戴上遮光眼罩小睡一会，到站下车后，立马又满血复活。

而不管上什么课，她的课总是能成为受学生欢迎的“明星”课程。

6 月初的一天，颜老师又受邀到教育部全国高校教师网络培训中心讲授“高级英语”课程。到这里上课的主讲老师都是高校教学名师奖获得者、国家精品开放课程主持人或国家级教学团队带头人。颜老师上的课属于同步培训，采取现场讲授加全国直播的形式，录制后上传到在线平台，供全国相关课程教师学习。授课期间，包括西藏地区在内的全国英语教师都积极参加互动和讨论，对颜老师好评如潮。

除了上课，颜老师还有其他很多教学工作。她在 2002 年组织成立的英语演讲兴趣小组现在已经发展成为演讲辩论中心，还增加了模联活动。10 多年来，她带领指导教师和学生共计参加了 80 多项比赛，获得了 110 个奖项，包括“外研社杯”全国冠军、“CCTV 杯”全国亚军、“外研社杯”辩论赛全国季军、“21世纪杯”一等奖等，学生笑称“拿奖拿到手软”。不过，数得清获奖数，却数不清颜老师的付出——学生晚上经常有课，辅导得在学生 9 点钟上完课后进行，结束时往往都是 12 点钟。而回到家后，她或备课，或批改作业、论文，或协调教学事务、处理邮件，得到凌晨一两点才休息。工作日不够用，她就又泡上周末或节假日，即使出差在外，也是同样的节奏。

虽然家就在上海植物园边上，家人也帮她买了植物园的年票，但颜老师一年也只能去二三次。上海世博会期间，颜老师难得抽时间去参观，包里竟装着几十份作文本，趁排队时间批改。对于“批作业让助教干”的劝说，颜老师的回答是，自己批学生作文，就能了解学生的实际情况，从而进行到位的点评与辅导，这是别人代替不了的。

在她的带动下，英语教学团队拼劲十足，水平蒸蒸日上。以全国级别最高、公认最难的英语专业八级考试为例，华理学生的一次性通过率多年来始终保持在 90%左右，2014 年则高达 92. 31%，高出全国大约 50 个百分点。

“你是爱是暖，是希望”

任何一门好课，任何一位好老师，其“好”处都基于灵魂的优美。

学生喜欢颜静兰，上海西南片区高校选读华理辅修专业的学生也喜欢她，都不仅仅是因为颜老师风趣幽默，教给他们丰富的知识，还因为她赋予他们生活的启示。

“在我眼中，没有坏学生、落后生，只有我称之为‘潜力未充分挖掘’‘智力暂时错位’的学生，有学习困难的学生，就更需要我们热情帮助。”颜老师说，对学生心中有爱，这是教育成功的关键，也是衡量一位教师素质的重要内容。

“她充满阳光，洋溢着乐观，让人心里暖暖的，不由你不快乐、不开心。”和颜老师接触过的师生都说。甚至还有同学引用诗句来形容这种情愫——“你是一树的花开，是燕在梁间呢喃，你是爱是暖，是希望，你是人间四月天。”

有位女生学习不好并因此而自卑孤僻，逢考便称病，对老师敬而远之。颜

老师心里非常担忧。为改变她的状况，颜老师主动接近她，和她谈心了解她的兴趣，并让她负责班级黑板报，发挥绘画和摄影的特长，设计班级活动，有点滴的成绩都及时表扬。这个女孩子后来自信倍增，学业成绩和工作能力都不断提高，毕业时击败了几位竞争对手，被北京一所高校录用为教师。她对颜老师说："是你帮我恢复了自信，找回了自我。"

有位被调剂到英语系的男生，来自贫困家庭，理科不错，但对英语一点也不感兴趣，成绩落后，自暴自弃。颜老师看在眼里急在心里，说："这样的学生如果作退学处理，就把一个家都毁了！"她特别关照这个孩子，平时关心他的专业学习，逢节假日请他来家吃饭。偶然间发现他对计算机感兴趣后，颜老师就多次请他到自己家中修电脑。利用修电脑的时间，颜老师和爱人轮番与他谈心，鼓励他学习计算机知识。颜老师还帮他安排相关的勤工俭学岗位，对他取得的每一个进步都给以鼓励，甚至直到他毕业后。经过几年努力，小伙子已经成为一个大公司的总监了。他常说："是颜老师在我最困难时帮助我、扶持我，给了我信心。"

还有一个男生，在许多人眼里曾是个不受欢迎的怪学生：成绩不太好，上课总爱和老师唱反调。他自己也一度心灰意冷，开始质疑自己是否真的一无是处。但是，颜老师却鼓励他，除了在课堂上表扬他的独立思考能力外，还主动提出指导他的论文。他重新找回自信，开始自学会计，毕业后，先后进入汇丰银行和一家知名的会计师事务所工作，受到了公司的重用。

让学生们一个也不落下，是颜静兰最大的心愿。有位湖南籍女生父亲生病，弟弟打工受伤，家庭经济十分困难，她闻讯后自己拿钱资助学生渡难关。有位男生和同学关系不好，成绩也不理想，颜老师一次次鼓励他，帮助他，使他最终考上硕士和博士研究生。这个男生后来对她说：“没有你一次次鼓励，不会有我的今天。”哪怕是屡次重修的学生，颜老师也不放弃，让他们当课代表，给予“重点关照”，亲自指导他们的论文，逐字逐句帮助修改。

“我们要用赏识性的目光看待学生，尽可能地引导与发掘他们的优势。都说‘失败是成功之母’，但我要改一改，‘成功是成功之母’。”颜静兰说。

“我常听到她说，这同学文章写得不错，那位同学很有自己的想法，她总能够看到学生身上的闪光点，用各种方式鼓励学生发现自己的闪光点，告诉学生成功不只一种，也不是只有一条路。”学生陈叙说。

学生们都说颜老师好，但是，颜静兰老师却说：“当老师真好！”她说，学生理解你，欣赏你，这就是教师人生价值和成就感的体现。

和世界保持连接

其实，颜老师除了教育教学之外，还身兼徐汇区政协委员、华理农工民主党主委、农工市委妇女儿童工作委员会副主任、上海市政风行风监督员、上海市电信委员会委员、中国跨文化交际研究会常务理事、上海跨文化交际研究会副会长、上海外文学会理事等多个社会职务，社会活动、学术活动不断，忙碌异常。

但是，她从来没有被繁忙和冗杂淹没掉。她的微信、邮箱等各处签名都是美国诗人萨穆尔·厄尔曼的诗句：“岁月荏苒，衰微只及肌肤；热忱抛却，萎靡深入灵魂。”

她说：“我只要一走上讲台，就会精神无比饱满，热情无比高涨，面对一双

双渴求知识的眼睛，我有责任付出我的最好，我相信我能付出我的最好。”

除了钻研教学，她还喜欢琢磨时尚文化和年轻人爱玩的新玩意。她精通许多多媒体展示手段，并能自如地用到教学和管理中，由此在学校的多媒体课件大赛中获得一等奖。当 iPad 刚面世，许多年轻人还不知道其为何物的时候，她就买了一台，琢磨其中的玩法。如今，iPad、iPhone 和数码相机是她包里的“常客”，看到精彩瞬间，立即捕捉下来传到网上，看到适用于教学的视频资料，就收藏下来用到课件里，无论是校车上、地铁上，还是入睡前，她或者处理工作，或者阅读思考、收集资料，从来都不闲着。

“她很注重点滴积累，平时如果有新点子或灵感，或者听到别人的精彩发言、好的想法，她都会马上记下来。”同事高攀这样评论她。

狂热的求知欲和对新事物的敏锐度与接受度，让她与学生打成了一片。她是人人网、微博、微信达人，最多时每天在朋友圈里会发上 40 多条内容，从“海德堡大学：一个思辨之地”到“卷福教你地道英语”，以及“上海女人的作”，林林总总，主题广泛。有源源不断的活水滋润，她的课从来没有枯燥死板的教条和套话，始终紧贴学生、紧贴生活。

她始终如自己所说的那样，“和世界保持连接”。

“颜老师专业功底扎实，阅历丰富，喜欢接触新事物，并且不断更新自身知识，比一般的女老师多了一份豪迈的气概，同时又很细心，这些因素综合起来，才形成了她作为教师的独树一帜的魅力。”同事徐宝华对这位“潮”师由衷敬佩。

由此，你可能也就明白了她为什么能收获这么多的荣誉：上海市“我喜爱的好老师”金奖（2000年），全国师德先进个人（2001年），上海市“三八红旗手”（2002年），全国宝钢教育优秀教师奖（2004年），上海市教学名师（2012）……

（本文原载于2014年9月9日华东理工大学新闻网）

【心语思】

做一个称职的教师，一是要师爱为本，二是要教学有法。没有对学生的高度责任心、对教育事业的奉献精神，就不会对教学方法作孜孜以求的钻研。没有对教学方法的孜孜钻研创新以提高教学质量，就无法去实践爱学生、帮助学生、培育学生成才的良好愿望。

没有一位学生是“坏学生”“落后生”，只有我称之为“潜力未充分发掘”的学生。自由宽松的学习气氛、和谐平等的师生关系是学生个性发展的土壤。

因而，在教学上，我倾力投入，努力把每一门课程上好、上透、上精。对学生，我真心教导、悉心引导、努力指导。我是学生永远可以信赖的良师益友。

授课中，我努力做到3点：一是授课有启发性，以启发性的授课方式引导学生思索、讨论、回味，从而培养他们的思考分析能力，并激励其学习兴趣；二是课堂活动有互动性，要让学生在轻松、愉快的气氛中学习，提高教学效果和质量；三是授课要有激情，上课时要做到精神饱满、朝气蓬勃、以情感人。面对一双双渴求知识的眼睛，我有责任付出我的最好，我也相信我能付出我的最好。

数学很美　点“亮”课堂

——记理学院鲍亮老师[①]

人物名片：鲍亮，华东理工大学理学院数学系老师，2012年8月荣获首届全国高校青年教师教学竞赛三等奖；2013年1月荣获华东理工大学课堂教学风采杯授课大赛特等奖；2014年6月荣获首届上海高校青年教师教学竞赛一等奖；2014年7月荣获“华东理工大学2012—2014学年优秀共产党员”；2014年11月荣获华东理工大学首届青年英才校长奖一等奖；2016年5月荣获上海市教卫工作党委系统优秀共产党员。

“来华理没上鲍亮的课就亏了”“鲍亮就是教数学的语文老师＋段子手＋人生导师”“鲍亮的课就是High”“线性代数我超喜欢鲍亮的，就和他的名字一样超亮”……在人人网、贴吧里，许多学生或郑重或调侃地表达着对鲍亮老师的喜爱。

鲍亮，这位理学院数学系的“80后”教师何以如此受学生追捧？

---

① 记者张婷采写。

数学课堂也可以很幽默

对理工科学生来说，高等数学、线性代数、概率论与数理统计等大学数学的重要性自然不言而喻。但是想驾驭好这“三驾马车”，又让多少学子“夜夜枯灯伴，何日到天涯”。数学真的这么枯燥难学吗？如果你遇到的老师是鲍亮，或许就不会这么想了。

“线性代数就像平稳滑行后突然起飞的飞机，难度会陡然上升。”刚开学，鲍亮就用形象的比喻给学生打下了预防针。

在他的数学课堂上，许多抽象的概念和公式，都可以找到生动、风趣的类比。

“$AB=I$，I 就是爱，矩阵就是一个人的爱人，就像有的人成双成对，有的人光棍一根一样，在矩阵的世界中，单身的没有逆阵，已婚的是有逆阵，而且必须恪守‘一夫一妻’制，即他的爱人（逆矩阵）是唯一的。”在讲解抽象概念

“逆矩阵”时，鲍亮简单幽默的表达，让学生在欢笑中理解了逆矩阵的诸多性质。

讲到向量空间的封闭性，即两个向量的和或者一个向量乘上一个数都依然还属于这个空间，鲍亮喜欢拿动物做比方，就像两只猫生下的一定是小猫，而不会是兔子；一只小猫渐渐长大，当然还是猫，而决不会变成一只小狗，所谓封闭性就是这样的含义。

除了善于把数学概念进行生活类比外，鲍亮还像语言大师一样，用字正腔圆的普通话、抑扬顿挫的语调与学生互动，一句“对不”就可以拐好几个声调，逗得学生哈哈大笑。

难怪鲍亮的课堂上鲜有学生翘课和睡觉，甚至有学生在上完课后，发帖称“鲍亮老师上课生动有趣，求推广”。

勤练内功成就年轻名师

从教 7 年，在学生的测评中，鲍亮的得分从未低于过 90 分，上学期线性代数课更是得到了 98.3 的高分，这对上大面积基础课的老师来说非常不易。2012 年，鲍亮还收获了两项教学大奖：首届全国高校青年教师教学竞赛三等奖及校“课堂教学风采杯”授课大赛特等奖。

但 2007 年初登讲台的他，远没有如今的从容。“教学应该是对知识进行艺术性再创造的过程。”那时的鲍亮很希望自己的课堂教学，能像王朔的小说一样“画一把刀给读者，闪耀出刀锋上的光芒”。

为此，鲍亮下足了功夫。

鲍亮爱听评书、相声和小品，但他与普通听众又有区别，不仅是为了听觉享受，更是为了学习其中的艺术特性，并将其融入自己的课堂教学。鲍亮尤其喜欢听袁阔成的《三国演义》，精彩的地方，他会跟着练习自己的语音、语调；闲暇时，鲍亮还会朗诵诗歌，使自己的语言更富有艺术特质。

“诚于中而形于外”，课堂教学光靠起伏有致的语音、语调来激发学生兴趣还不够。教学最重要的是什么？这是鲍亮经常思考的问题。从房鼎业、黑恩成、刘剑平等老师身上，鲍亮学到了态度——尊重学生，对教学有热情；从施劲松

等同事身上，鲍亮学会了自然过渡——每节课用五分钟时间带领学生复习上节课的内容；在日积月累的教学过程中，他学会了读懂学生的表情、反应，进而控制自己的语速和课堂节奏。

“上课跟着老师的思路走，是最轻松的一条路，是效率最高的学习方法。”坚信于此的鲍亮，在教学中还注意与学生互动，以提问、讨论式教学来活跃气氛、吸引学生的注意力。“我不是勤奋型的学霸，能够上课搞得懂的知识就不想课后再看书，所以，上课基本不睡觉。但不睡觉这一点，光看学生本身还不够，更得看老师——至少于我而言，鲍老师做到了。”一名学生在测评时如此写道。

“我很享受站在讲台上的感觉，每次看见学生睁着大眼睛听讲，或者在互动中哈哈大笑，我都很期待下一次的讲课。”言语中，鲍亮对课堂教学的热爱表露无遗。

教学与科研的双重乐趣

“数学很美。”在鲍亮眼里，数学不是乌托邦，而是实实在在地存在于我们的生活中，甚至对人类社会的发展有着革命性影响，就像央视《大国崛起》解说词中表述的那样：牛顿为工业革命创造了一把科学的钥匙，瓦特拿着这把钥匙开启了工业革命的大门……

鲍亮很享受与数学亲密接触的过程。他主讲的课程有很多：线性代数、数值分析、数值逼近、数学软件及应用、计算方法、MATLAB 及应用，既有面向全校低年级学生的大面积基础课，也有面向数学系高年级学生的专业课。在具体的教学中，他会因材施教：对低年级学生，他重视对学生逻辑思维的培养，注重对课程进行层层递进、环环相扣的教学设计，希望学生能够让这些知识点按照它们内在的逻辑不断地“气息流转”，最后“像打通任督二脉一样，内功自然提升起来”；对数学专业的高年级学生，鲍亮更多是引导学生进行批判性思考，以科学发展的脉络，启发他们的探索性和创造性。

一名学生由于对一些理论推导的理解力总是慢别人半拍，一直埋怨自己踏进了数学系。但上了鲍老师的课后，“外推思想”的惊人效率使他重新认识了数学的力量以及这个专业的奥义，甚至开始遗憾当初没有认真学习数值分析、高数等课程。

“仍记得，最初不信鲍老师所说的‘6 节课教你学会乃至精通 Matlab’。现在想来，若鲍亮，确实可以！此生闻听鲍亮课，幸甚；踏进这个专业，无悔！”看到学生如此发自肺腑的评价，鲍亮感受到了身为教师的快乐。

如果说教学是给予的乐趣，科研带给鲍亮的则是发现和创造的成就感。

鲍亮醉心于计算数学的研究——利用计算机解决数学问题，无论是探测宇宙的卫星设计，还是大规模集成电路设计，都有大量的数据计算问题。目前，鲍亮作为项目负责人，主持了两项国家自然科学基金项目，发表了 28 篇科研论文，其中 SCI 检索论文 21 篇，EI 检索论文 7 篇。

“教学相长，将国际上的前沿热点研究加入自己的思考和探索，再融入课堂教学中，学生自然觉得耳目一新。”鲍亮说。

（本文原载于 2014 年 5 月 28 日华东理工大学新闻网）

【心语思】

数学逻辑严密，丝丝入扣，但讲课却不能机械罗列，因为听课的是人而不是机器，心理感受非常重要，否则你讲得再严丝合缝，换来的也只能是昏昏欲睡的课堂。此时一味责怪学生贪玩手机，其实是在推卸作为教师的责任。这就像直接扔一条活鱼给学生，你吃啊，营养都在啊，可是人又不是猫，实在难以下咽啊。

一个孩子从出生到大学毕业，坐在教室里上课占据了他漫长的生命时光，如果面对的是困难而枯燥的一个个45分钟，那简直是在受长期折磨。

教师如果可以把原本1个小时的课用10分钟讲清楚，把枯燥乏味的听课体验变成小品艺术给人的愉悦感觉，在网络时代，那其实就是节约千万人的时间，解除他们的痛苦而代之以愉悦，功德无量！

而这也是可能做到的，因为科学和艺术有密切联系，都是前人的心血和智慧，目的都是让后人们生活得更幸福快乐，而绝不是相反。我离做到这一点还差很多，但我觉得这非常有意义，因此是我努力的方向。

天生我材当为师

——记信息学院万永菁老师①

人物名片： 万永菁，华东理工大学信息科学与工程学院副教授、副院长，主要从事智能信息处理相关的教学科研工作。2014 年首届上海高校青年教师教学竞赛自然科学组一等奖；2015 年上海教师板书大赛高校青年组一等奖；2015 年获上海市三八红旗手称号；2016 年宝钢教育基金优秀教师奖。

认识万永菁的人，都惊诧于她娇小身躯里蕴藏的巨大能量：从教 14 年来，讲台上的她始终“精力旺盛，有股使不完的劲”，将理论性极强的数字信号处理课讲得风生水起，令上过她的课的学生印象深刻。在今年 6 月份举办的首届上海高校青年教师教学竞赛上，万老师获得自然科学应用学科组一等奖的佳绩；学校自 2000 年以来历次举办的授课大赛、多媒体课件大赛，在一等奖的获奖名单里，万永菁都赫然在列。

“我喜欢当老师，喜欢上课，没事就爱琢磨怎么讲课才能让学生明白。”这

① 记者张婷采写。

位天生的师者，除了授课精彩受学生欢迎外，还是备受学生爱戴的“万导”，她用爱心和行动当班导师，感化每一颗心灵。

善师者学逸而功倍

2014 年 9 月 26 日上午，在奉贤校区 D306 室里，一段旋律优美的小步舞曲响了起来。美中不足的是，里面有不少杂音。

音乐停止，响起了万永菁的声音：“这段小步舞曲中，我加了干扰音频。现在，我想请大家设计一个可以过滤杂音的陷波器。”

“设计系统零点”“把极点设置在零点跟前”……同学们的声音此起彼伏，万老师在讲台上“煽风点火”：“好纠结啊！这样设计要‘割肉’啦!”然后带着同学们一起，用学过的知识一步步推导出陷波器的模型。

“书上虽然直接给出了陷波器的公式，但没有学生自己的思考，很难理解和记忆深刻。”万老师说，实例可以让学生对陷波器模型建立的过程、参数的选择都有清晰的了解。

然后，被滤掉杂音的小步舞曲再次响起。万老师开始了提问：“请问这首曲子是谁演奏的？A. 钢琴家；B. 我儿子；C. 我。”不待学生回答，她就自己揭开了谜底：“答案是C。”又是一阵欢快的笑声。

“把钢琴曲跟信号处理结合起来，是她自己动脑筋想出来的。”已经退休的周又玲教授，与万永菁是同事，更像师徒，亲如母女。周老师告诉记者，数字信号处理是一门理论性很强的课程，万永菁却另辟蹊径，把许多理论做成实例。

“她给我的感觉就是‘天生我材’，她天生就该当老师，一上讲台就精力充沛，最主要的是肯花精力在教学上。”周老师亲眼见证了万永菁的“肯花精力”：参加市青年教师授课比赛前，万永菁把已经教了20多遍的数字信号处理重新梳理了一遍——哪些章节与高数、信号与系统相关，哪些章节可以做成实例，怎样把最新研究融入教学中，其他的国内外教材有无借鉴的地方……

不仅是备战教学竞赛，每年的寒暑假，都是万永菁雷打不动的做“功课”时间，开学前就梳理和更新一学期的课件；每次备课，都把板书的内容在纸上写一遍；给学生布置的作业或课堂举出的例子，自己先做一遍。

学生的反馈，是万永菁最大的动力。一名男生课后发微信告诉万永菁：“万老师，上您的课不走神了，本来对考研不抱指望的，现在又有信心了。”“上课到中午容易犯困，但听万老师的课就能坚持。”来佳说。张旭的感觉则是，“特别容易被万老师的热情感染。”

师者，所以传道授业解惑也

“万老师，这道题下面该怎么解?”2014 年 9 月 15 日晚间 21 点 16 分，张旭给万永菁发来微信，紧接而至是一张题目做到一半的照片。

很快，张旭得到万老师的引导式答复，尝试了一番，张旭仍有疑问，只好继续求助。在一问一答间，时间很快到了 22 点 44 分，张旭的第一个难题解决，却又碰到第二个“拦路虎”。自觉耽误了万老师休息，张旭很不好意思，就在朋友圈发了一条微信：“感觉自己已经渣得出神入化、羽化成仙了。”万老师看到后，很快添加了评论：“认真学习的孩子可不是渣哦!”

由于距离万老师的课还有两天时间，他们约定第二天继续通过微信讨论张旭不懂的问题。

“我的问题都很简单，由于之前的信号与系统学得不太好，我一直很担忧学不好数字信号处理这门课。”张旭说，“万老师每次都很耐心地引导我，给了我很大信心。”

第一次上课，万永菁就把手机号码、QQ 号给了全班同学，让他们随时可以提问。提起用微信答疑，万永菁笑言与时俱进地用上了新媒体。但不管是当面答疑还是用微信答疑，万永菁都坚持一个原则：不直接说答案，尽量一步步引导学生自己解决问题。“只有加入了自己的思考，才能真正掌握分析问题、解决问题的能力。”万永菁说。

为此，在课后作业的设计上，万永菁可谓煞费苦心。

首先是从根源上杜绝学生抄袭作业的可能：每一届学生的作业，都尽量与前一届的不同。向学长求助？此路不通。其次是作业来源较广：有的来自国外原版教材，有的是自行设计。向“度娘”求助？“度娘”表示爱莫能助。当然，还可以向身边的学霸“拷贝”，但抄袭的作业难逃万永菁的火眼金睛：要知道，每份作业她都要花 5～10 分钟来批改，学生做错的地方，她还会做标注、写评语。

每隔一段时间，万永菁都会发小贴纸给学生，既是为了做题互动，也是趁机收集学生对课堂的建议、要求等。一次收回的小贴纸上，万永菁看到了这句话："万老师，您批改作业的认真程度，真让我们汗颜呀！"

若没有倾心付出过，怎能收获彼时的幸福？

"万导，万导，oh，my love！"

去年12月16日晚上，奉贤校区800人剧场里，信息学院第十二届班歌班标大赛正在上演。万永菁坐在观众席里，正为她当班导师的班级——信工132班的表演录像。孩子们开始谢幕了，突然间，他们快速地组成一颗"心"的形状，齐声喊道："万导，万导，oh，my love！"

"太出乎意料了！特别特别开心！"回忆起当时的感受，万永菁笑得开心极了。

这已是万永菁第三次当班导师了。大一上学期，万永菁就分别邀请了周又玲老师及高年级学生与班里的学生座谈，帮助班里学生做学习规划和目标指引。尽管如此，第一次期中考试，孩子们的成绩却不理想。万永菁就建议班级组织集体学习会，同学之间互相讨论、讲解作业题。这一建议迅速被执行，每次的学习会，鲜有学生缺席。到了第二学期，同学们的成绩都有大幅度提高，不及格率明显降低。

9月17日下午的七、八节课，是本学期的第一次集体学习班会。专程赶到奉贤校区参加学习会的万永菁，一进教室门就不停地询问学生们的近况。

"最近学习情况怎么样？"

"大物课程难吗？"

"能不能跟上课程的进度？"

……

尤其对从石河子大学转来的插班生李冬和范东涛，她非常关心。石河子大学和华东理工大学的课程安排进度不太一样，万永菁在对比了两校的培养方案后，帮助他们设计了一个能够前后衔接的选课名单。"我们称之为最完美的计划。"李冬说。

"万导特别关心我们，过中秋节时，我们还没给她发祝福短信，就收到了万导的祝福。"范东涛说，开学初，他们还收到了万导的一封信，"这是我第一次收到老师的信，特别感动”。

其他同学却已是第二次收到万导的信了：漂亮的信纸、俊秀的手写字体。“每学期一封，每人的内容都不同，”班长张伟良说，万导的这种“古朴”做法让他既感动又羞愧，“觉得自己没有达到万导的期望，我下定决心要好好学习”。

张伟良说，“万导对班级倾注了大量心血，不但经常组织班会，也经常参加学习会。去年期末考试前，有几名同学反映C语言学得不够好，担心通不过考试。万导知道后，就专程赶到奉贤校区给同学们补了一天的课。”“我以前教过C语言，举手之劳。”万永菁笑道。

她曾为信工061班原创班歌，现在工作笔记上记录最多的是信工132班学生情况；毕业的学生们依然惦念她，每到节假日，祝福短信纷至沓来；班里的孩子铭记她的教导，以努力学习和测评时的100%好评作为回报。

“有幸结缘四年，他们就像我的亲人一样。”万永菁说。

（本文原载于2014年10月6日华东理工大学新闻网）

【心语思】

对于一名教师，师德的体现蕴藏在每一个为人师的细节之中：在于对每一堂课的那种兢兢业业的态度；在于在学生作业本上写下的那些催人奋进的留言；在于与学生交流时那些让学生们心灵如沐春风的话语。我们认真教学的态度和对专业执着追求的精神会深深影响我们的学生，他们从我们这里获得的不仅仅是知识，更多的是一种信念，一种态度，一种热爱专业、积极进取、努力攀登的精神。

师者，唯长存敬业、热爱、奉献之心，方可为人师表，成桃李不言、下自成蹊之功；

师者，唯孜孜不倦、上下求索，方可厚积薄发，行传道、授业、解惑之力；

师者，唯循循善诱、精益求精，方可与时俱进，彰显师者之范也。

故师者之道，有心、有力、有方法者得之。

有颜有才　华理学生口中的“女神姐姐”

——记外语学院高攀老师①

人物名片：高攀，女，华东理工大学2003级英语032班本科，2010年7月入职华东理工大学，现任外国语学院英语系讲师、外语演讲辩论中心主任，2014—2015年为中美富布赖特项目访问学者。曾获2018年上海市教学成果奖二等奖（第一完成人）、第二届上海高校青年教师教学竞赛一等奖、2016年上海市教学能手、2016年华东理工大学“优秀党员”、2014年华东理工大学“模范班导师标兵”等荣誉，并多次指导学生在国家级、华东区及市级英语演讲辩论等赛事中获大奖。

明明是英语听力课，她却用思维导图的方式带你玩嗨全场；就算是平常的微信聊天，她也能让你广交国外好友，练就一口地道英语；哪怕你是曾经抑郁的学生，她依然对你一视同仁，想尽办法帮你走出困境！没错，在华理外国语学院就有这样一位“神奇”的老师——她就是英语系的青年教师，在学生中享

① 记者李铁军采写。

有“女神姐姐”称号的高攀老师。

精心打造，她带你玩转英语课堂

站在三尺讲台教授“英语听力”课，面对的是一群活跃的“90后”大学生，传统的“听说”模式对这些生活在信息资源获取高度便捷的学生们来说，似乎难以满足，要想赢得认同、取得效果，就不是件容易的事。对高攀来说，“对付”这些萌萌的“小鲜肉”，她有一套自己摸索出来的方法，并且效果不错！在日常接触中，她发现，对于现在的学生来说，平等对话的氛围很重要。“各位亲！”“想我了吗？”是她在课堂上的“开胃菜”，而学生对此也报以热烈响应。

在高攀的听力课上，学生既不是根据限定教材“死记硬听”，也不是中规中矩地进行听力训练，而是经常会进行围绕时下热点的“思维导图”式讨论。随机分组的新鲜感与天马行空般的联想，悄然引爆课堂乐趣；分类引导进行的知识梳理，又让学生加深对相关词汇的认知；再配上主题视频的“视听”冲击，枯燥的听力课居然变得魅力十足。虽然准备新颖的教学素材很花时间，但高攀觉得，“能让学生受益就值得”。

“很新颖，很喜欢！”“讲课充满热情，有感染力，收获很大。”“我给高老师118分，多出的18分是666，不怕她骄傲，哈哈！”学生们在课程评教里留言，表达着对“女神”老师的喜爱之情。

执着探索，她为你成长开疆扩土

学生时代就曾获得过“外研社杯”全国英语辩论赛全国季军的高攀，在选择留校任教后，依然不忘发挥自身特长，鼓励、带领学生通过英语演讲和辩论来提升自我。

无论是国内经典的英语赛事，还是国外新兴的辩论模式，她都会用心关注、及时对接；无论是自己课堂中的英语小能手，还是其指导的演讲辩论协会里的好苗子，她都愿意悉心指导、全力支持；无论是担任校内的英语主持，还是受邀担任国内外知名赛事评委，她都想着提升华东理工大学的影响力。

6 年的时间里，她所指导的学生在各类国内外赛事中屡获佳绩：从 2014 年的“外研社杯”全国英语辩论赛三等奖，到 2015 年“21 世纪杯”全国英语演讲比赛上海赛区冠军，再到 2016 年“21 世纪杯”全国英语演讲比赛总决赛一等奖和 China Open 中国辩论公开赛全国冠军。让她高兴的是，学生在参与辩论的过程中，不是仅仅停留在如何赢得比赛，而是能反观到自身的优势和劣势，学会公正地展示自我。

2014 年 8 月，高攀作为富布赖特学者赴美交流访问，期间，她萌发了一个想法：能不能依托成熟的社交技术，在华理学子和美国学生之间搭建起一个有效的汉英互助学习平台？这个设想立即得到了美国拉法叶学院中文教师骆涵博士的响应，在两校支持下，“中美学生远程互助学习项目”很快运作起来，两校学生一对一结成对进行线上交流。

项目要求每对学生每周要在 Skype 或微信上进行不少于 30 分钟的视频交流（前 15 分钟用汉语，后 15 分钟用英语），并在微信上进行日常互动，同时还要在 WordPress 平台上就校园生活、家庭关系、时事政治、职业发展等话题进行讨论。学生纷纷表示，这是“第一次交到真正意义上的外国朋友”。

经过三个学期以来的尝试、摸索和完善，如今，这一项目已发展为华理的短学期实践项目，并于今年 9 月起新增与美国威拉姆特大学的中文班级的合作，将在更大范围内为学生的成长提供支持。

坚持传承，她用心践行教书育人

1998 年，华理外语学院就开始指导和带领学生参加英语演讲辩论等比赛，随后成立了英语演讲小组，并于 2008 年成立了演讲辩论中心。而高攀正是从前任演讲辩论中心负责人颜静兰教授的手中接过了这一接力棒。

成立演讲辩论中心，就是为了让更多的学生参与进来，特别是为非英语专业的学生提供一个平台，提升英语的综合能力和思辨能力。高攀与其他指导教师一起，以原有中心为基础，成立了学生演讲辩论协会，作为指导老师的她，除了日常的培训和演练外，还坚持在每周四中午为学生提供针对性指导。

“在我还是学生的时候，外语系的老师就经常用自己午休的时间指导我们，现在我走上了讲台，这些自然也成了我的烙印。”高攀笑着说道，能为学生的成长多出一份力，就值得坚持。

在担任2010级英104班班导师的日子里，高攀始终坚持与学生平等对话，努力发现每个学生的长处。面对问题时，她从不批评任何一位同学，而是尝试去挖掘他们身上不一样的闪光点，来强化优势、弱化不足。英104班的顾凌霄对此深有体会，“她不仅教会我们怎么去学习，同时也教会我们怎么做人”。

对于高攀来说，无论是教书还是比赛，无论是担任班导师还是指导老师，最终的目标都是助力学生的成长成才。而如今，她也正在传承经典与创新开拓的育人道路上摸索前行……

（本文原载于2016年9月10日华东理工大学新闻网）

【心语思】

也许是受父亲影响，我对三尺讲台有着发自内心的热爱，并享受站在讲台上的每一堂课。我坚持“以学生为中心”的教学理念，注重师生互动，提高学生跨文化交际能力、思辨能力、人文精神与语言技能，力求在轻松的授课氛围、新颖的课堂设计中用心上好每一堂课。

在创新教育方面，我坚持每周利用午休时间，对演讲和辩论队学生进行不少于1小时的培训和指导；多次担任国际和国内最具影响力的比赛评委和裁判长，并通过将演讲辩论等能力训练与专业课程、公共选修课程、创新实践课程结合等举措，持续扩大我校在演讲辩论方面的影响力。

在导学工作上，我认为每个学生都是独特的，都有其优点和特长，要尊重学生的个性和人格，鼓励他们运用适合自己的学习方法，选择适合自己的发展道路。我注重与学生平等交流，以朋友的角色分享心得和经验，在大学生活规划、职业生涯准备、为人处世等方面现身说法，提出诚恳而可行的建议。

从现实问题入手　启发学生思考

——记马克思主义学院卢杨老师①

人物名片：卢杨，华东理工大学马克思主义学院教师，主讲《毛泽东思想和中国特色社会主义理论体系概论》课程。曾获上海市青年五四奖章、第三届上海市高校思想政治理论课教学比赛一等奖及第二届长三角地区高校思想政治理论课教学比赛二等奖等荣誉。

她教授的思政课每学期人数都“爆满”，并在测评中获得学生的一致好评。她是怎样把同学眼中枯燥无聊的课上得生动有趣，成为学生口中的“女神”的呢？

“80后”的卢杨是华东理工大学马克思主义学院思想政治理论课青年教师，主讲《毛泽东思想和中国特色社会主义理论体系概论》课程，曾获第三届上海市高校思想政治理论课教学比赛一等奖、第二届长三角地区高校思想政治理论课教学比赛二等奖及上海市首届高校青年教师教学竞赛三等奖等多个奖项。

---

① 《青年报》记者刘昕璐采写。

每学期她教学班的选课人数都堪称“爆满”。近三年，学生测评成绩平均分为97.32分，距离最高分数98.58分仅一步之遥。学生们眼中的卢杨是一名“女神”。“老师很耐心很细心很强大很有力量!”“卢女神的课百听不厌!”“您是我见过的最喜欢也是最好的‘毛概’课老师!”

卢杨一直希望自己成为一名亲和的、有力量的思政课教师。在她看来，思政课教师要具有亲和力，因为对于学生来说，“亲其师而后才能信其道”，如果“板起面孔”的话，再科学的知识、再完美的理论、再深刻的思想也无法在学生身上发生作用。所以，她上课都是面带微笑。

至于成为有力量的思政课教师，卢杨的理解是：用理论的自信激励人；用理论的魅力感染人；用理论的智慧启迪人；用理论的成果鼓舞人！这也是她的教学理念和教学宗旨。

与此同时，她对自己的课程定位是：上完她的课，学生能感受到一种力量!什么样的力量呢？它能给人以乐观的精神；它能增加人的智慧；它能提高人的精神境界；它能鼓励人前行；它能帮助人明辨善恶、明辨是非……就是一种“正能量”！按学生们的话说，就是：“上完您的课，让我有种使命感!”

思想政治理论课，如何把理论的魅力在讲课中体现出来，需要老师多动脑筋。卢杨说：“我现在的举措是，从基本理论入手，尽量提炼浓缩概念，并进行引申拓展。”现在，她每节课只主讲一个核心概念，但一定把这个核心概念讲透、讲活，由点到面，同时结合学生关心的中国现实问题进行拓展，先引导学生发散性思考，然后再对问题进行聚焦和引导，最终用这个核心概念作为钥匙，打开解读中国具体问题的大门。

能达到这样的效果，与让思政课课堂充满活力分不开。“一定要把学生们的积极性调动起来，让教师和学生、学生和学生之间实现积极的互动。我的经验就是让学生多想、多说、多听，老师多回应，多引导。”卢杨认为，课堂上，老师要多抛出些开放性的问题，让学生思考，而抛出的问题要具有现实性和针对性。

只有从学生关心的现实问题入手，才能在老师与学生的互动中增强马克思主义理论的解释力和思政课堂的吸引力，例如对于社会主义的本质，大家直观上是如何理解的呢？结合中国的现实，你认为社会主义的优越性有哪些呢？

此外，每学期开始的时候，卢杨都会向学生表明自己的态度：她的课堂上，回答问题从没有对错之分，只有观点不同。只要大家想说，就可以表达自己的意见和看法。

“只有学生愿意开口、愿意表达，老师才能在学生们回答的基础上，通过自身的专业知识、理论修养、人生阅历和社会经验对学生们所关心的现实问题进行言传身教。在头几节课，只要有学生愿意主动表达他的观点，我都给予积极的肯定和鼓励，还可以用平时成绩加分作为奖励。几次下来，班级就会形成良性循环，同学们上课回答问题就会积极主动起来。”卢杨说道。

在课堂讨论时，卢杨经常跟学生说：“大家不仅要会表达，更要学会倾听。先听别人怎么说，先搞清楚他的观点是什么，然后再进行思考和回应。”这样，同学们讨论问题的时候，才会有很好的衔接和互动。老师也能够准确把握学生的核心观点，从而进行点评和引导。

（本文原载于 2016 年 12 月 23 日《青年报》A7 版）

【心语思】

作为思想政治理论课教师，必须坚持正确的思想政治方向，始终明确我们的教育责任和教育使命，在教学过程中注重对学生价值观、信仰观的培养，向学生传递“正能量”。“用理论的自信激励人，用理论的魅力感染人，用理论的智慧启迪人，用理论的成果鼓舞人。”这是我的教学理念和教学宗旨。

思想政治理论课教学，既要使教学内容与教材、时代发展、课程特点同步，也要和学生自身发展需要的实际同步。在教育教学活动中，教师要坚持理论联系实际，贴近实际、贴近生活、贴近学生，及时更新教学内容，做到与时俱进；要注重教学方法和教学手段的灵活运用，善于运用启发式、讨论式、案例式教学，力求生动活泼、以理服人；要耐心倾听同学们的想法，多给他们表达和交流的机会，并给予理性的分析和引导，从而使同学们真正有所思考、有所收获！

大物老师的“哲学范”

——记理学院张孟老师①

人物名片：张孟，华东理工大学物理系副教授，主要从事大学物理课程教学，发表SCI论文60多篇，主持国家和上海市自然科学基金；获上海市首届教学新星、上海市物理基础课程讲课比赛二等奖、上海市高校青年教师讲课比赛三等奖等荣誉。

在张孟老师所上的大学物理课堂上，有一位大一女生坐在第一排，两节课，整整90分钟，她不曾碰过一次手机、没有走过一次神。偌大的200人教室，几乎没有空座，而且鲜有低头的学生。

记者不禁疑惑，这真的是大学课堂而不是中学课堂吗？我真的没有走错教室吗？大学物理课真的这么有意思吗？

学生们给出的回答斩钉截铁，就一个字：“赞！”

① 学生记者刘禹采写。

人文思想是“粉笔”

老师课上得好不好，学生最清楚。

“孟哥是我男神”“为孟哥点赞”“有气质的诗人”……这些简短有力的评价表达了绝大多数学生的心声：“我们很喜欢张孟老师的课。”

张孟究竟有什么魔力，可以吸引那么多的学生？如果说有魔力的话，就是将人文和物理教学内容有机结合。

“我很喜欢中国的传统文化，特别是儒释道方面的思想。”张孟说，“禅宗的渐悟和顿悟对我上课很有启发。”

儒释道思想？渐悟、顿悟？这些似乎风马牛不相及的东西，如何会应用到大学物理教学上呢？

张孟解释说，“大学物理一方面需要循序渐进，让学生不断积累，时刻反思，达到润物细无声似的渐悟；另一方面需要巧妙地引导学生思考，在学生懵懵懂懂的临界状态下设置特殊的问题和情境，使他们突然有所感悟，豁然开朗，达到顿悟。”

此外，张孟还会为教学内容作诗。“心怀环流与通量，电场磁场皆一统。”这是张孟在讲解电场和磁场时给学生的诗句片段，如今不少大二大三的学生都能随口背出。

张孟用人文思想做粉笔，勾勒出大学物理世界的多彩线条，生动有趣，学生怎能不喜欢？

像编剧一样备课

学生上课睡觉、玩手机让不少老师反感，张孟却表示他“并非如此”。

他说：“听课就像是看电影，你不能阻止观众在电影院睡觉。但如果剧情足够精彩刺激，又有谁会傻乎乎地继续睡觉呢？”

张孟还告诉记者，一个学期几十堂大学物理课，他得像写小说一样，为课程构建一个整体构思，还得像编剧一样构思好精彩的剧情，像导演一样推演，时不时地埋下伏笔，吸引学生兴趣。

说到伏笔，高材专业新生俞小舟脸上露出无奈的笑容，并表示“这是个坑”。

原来这是张孟上课警示学生的一个小技巧，记者在听课过程中也深有感受：张孟通过 PPT 一步一步地讲解某道题的解题步骤，学生们奋笔疾书地记录着，生怕错过什么关键步骤。突然，题目旁闪现一个大大的红叉，醒目地告诉学生：“错了！错了！这样的解答有问题!”

张孟本人却笑着解释说：“我这是将心比心，先帮学生犯一遍错误，才能让他们印象深刻，以后少走弯路。这也是从教研室老教师那里学来的。”

当然张孟所埋的伏笔并非仅限于此。比如在讲能量与时间的测不准原理时，他会首先引出“爱情测不准原理”。“测不准原理这样的理论本来就很抽象，也很难理解，但是以爱情话题为例，学生不可能不感兴趣，理解起来也就容易得多。”

“我只是个平凡的老师”

张孟虽深受学生喜爱，但在采访过程中却不止一次表示自己只是个平凡的老师，真的不是什么典型。

说起平凡，张孟有时真的很“平凡”。

比如他也爱“蹭课”。30 多岁的“大龄生”和一群稚气未脱的学生坐在一起，认真听课做笔记。不仅仅是大物课，其他各种课他也经常蹭听。“华理优秀的老师非常多，我从他们那里学到很多，对我帮助很大。”张孟感慨。

同时，对于给过他指导和帮助的诸多华理老前辈，他也始终念念不忘。“房鼎业老师曾亲自到理学院送我他的《教海拾贝》一书，黑恩成老师也曾多次和我交流教学上的心得。”张孟多次强调，“他们就像华理的灯塔，指导着像我这样的晚辈们前行。”

此外，张孟老师每天都会回复很多学生的邮件，有关于物理学习的内容，

也有关于生活等各方面的，像个“知心哥哥”。当他得知学生们对他的亲切称呼时，竟乐呵呵地笑出声来，率真得像个大孩子。

然而就是这位再平凡不过的老师张孟，在学术上一步一个脚印，于2011年获得首届上海市高教系统“教学新星”称号，2014年获上海市高校基础物理讲课比赛二等奖，目前在主持国家自然科学基金和上海市自然科学基金项目。

“路没有好坏，风景不一样而已，关键在于你的眼睛。”张孟说他走上物理这条路虽并非出于本意，但他现在最大的目标就是“教好大物”。

（本文原载于2014年10月3日华东理工大学新闻网）

【心语思】

古人云：师者，传道授业解惑。师者首先要了解自己和学生，知己知彼才能因材施教。我通过担任班导师，指导学生参加竞赛、创新项目和科学研究等方式融入学生，了解他们。每一届学生都不一样，每一年的我也变化许多。只有了解自己的特长以及学生的特点和想法，才能有针对性地安排教学方法。

在讲解《大学物理》课程时，我适时引入中国传统文化和人文因子，不仅可以有效提高课堂教学效果，而且会让相对枯燥的物理课堂变得丰富多彩。课堂上，我会把物理原理与学生日常案例结合起来。比如，在讲授测不准原理时，我引出爱情的不确定性，既活跃了课堂气氛，又加深了学生的印象。我也会像学生一样去蹭课，向华理众多优秀教师和前辈学习。

教无定法，没有固定不变的教学方式，一切都因时、因地、因人而变，唯有“用心”二字不变。愿与诸君共勉之。

“60后”的年龄　“90后”的激情

——记化学学院化学实验教学中心王燕老师①

人物名片：王燕，女，毕业于华东理工大学化学制药专业，现工作于华东理工大学化学与分子工程学院，从事本科教学和化学实验教学中心的管理工作，曾获华东理工大学“名师风范杯”课堂教学授课名师奖、“育英奖”一等奖、校“教学管理奖”，带领实验中心获“全国三八红旗集体”荣誉称号。

无论酷暑寒冬，还是刮风下雨，工作日的清晨，王燕老师总是乘坐校车到达奉贤校区，然后立刻投入分析化学或实验化学的教学工作中。即使是没有课程安排的日子，她也会准时到办公室，统筹安排化学实验中心的各项工作。忙碌了一天后，回到家的她，依然不放松工作，修订教材、修改教案或实验内容，努力对学生的学习负起最大的责任。

日复一日，年复一年。奉贤校区启用十年来，化学实验教学中心的王燕老师，就像看着自己的孩子慢慢成长一样，为奉贤校区化学实验教学的不断完善、

① 学生记者杨少妍、赵璐采写。

为一届届学子的成长倾注着心血。

虽为“60 后”的年龄，王燕老师却用“90 后”般的激情在平凡的工作岗位上熠熠生辉。

严寒酷暑，实验中心有她守护

作为化学实验教学中心的副主任，王燕被同事亲切地称为“大总管”：实验室改造建设、实验技术人员和实验教师的管理、实验教学管理、实验教学改革等方方面面，她全部都参与其中，几乎每件大大小小的事都需要她过问。

化学实验教学中心作为国家级工科化学实验教学示范中心和国家级化学化工虚拟化学实验教学示范中心，承担着全校 20 多个专业、每年近 1 800 名本科生的 10 余门化学实验课程任务，王燕老师作为教师和管理者，工作量十分庞大。但是尽心尽责的她，总是把工作安排得有条不紊。

十年前，奉贤校区初建时，王燕和同事们就参与了奉贤校区化学实验室的建设工作。从对实验楼的内部构造设计，包括水、电、煤气线路等的基础建设的合理化提出建议，到对每间实验室的具体布局，各种仪器设备的配置，化学试剂药品的存放等，她都亲力亲为。

2007 年，化学实验教学中心搬迁时的紧张和忙碌，王燕老师至今记忆犹新：既要等到 6 月份徐汇校区的实验教学结束，又要保证 9 月份奉贤校区实验课程的正常开课，时间之紧可想而知！面对 2 000 人使用的各种仪器设备、玻璃仪器和化学试剂药品，整个搬迁过程任务繁重和复杂。在搬迁过程中，玻璃仪器要小心包装，大型仪器要拆开分组，还有大堆的实验药品要谨慎搬移……顶着酷暑，王老师和同事们在徐汇和奉贤之间往返了多趟，逐步完成各项工作任务。那个暑假，成了最忙碌的假期。

2014 年，化学教学实验中心申报国家级化学化工虚拟仿真实验教学中心。由于申报的时间紧迫，王老师和组里的几位同事一起放弃国庆长假的休息，在奉贤校区完成申报材料的整理、自主拍摄编辑申报片等工作，使得该中心顺利落地。

即使在假期里，奉贤校区的应急情况也牵动着王老师的心。2016 年寒假，严寒使得化学实验教学中心的 4 栋实验教学楼的水管相继爆裂。“大总管”一接到电话，就急着赶往奉贤校区，由于寒假期间班车较少，她辗转乘坐了两个多小时的公交车才到。面对实验室里的积水，她毫不犹豫就开始了行动。没有其他合适的容器，她就用扫把和簸箕将水舀到塑料桶里，整整舀了 30 多桶！上海的冬季又湿又冷，因为长时间泡在冰冷的水里，王老师的鞋子完全被浸湿，脚都冻僵了。但能保证实验仪器设备的完好，对王老师来说，再苦都值了。

对工作的尽心尽力，使王燕老师成为身边同事学习的榜样。同事张凌怡老师说：“王老师工作非常认真负责，周到全面，她负责的事情很多很杂，工作量很大，但是一直以来都完成得非常好，是大家的楷模。”

言传身教，指导创新有她尽责

尽管承担了大量的实验室管理工作，但对王燕老师来说，教师才是她真正的职务——这是她 30 年来辛勤耕耘的舞台。

王燕老师负责两个大班的分析化学理论课程，加上大量的实验课程的教学，一年下来，她上的课总学分达到 15 学分以上，有 400 多学时。

虽然课时量大，但每节课王老师都认真对待。环境 163 班的唐绍国同学说：“王老师性格和蔼可亲，讲课非常细致，同学们都抢她的课呢！”

除了上课，王燕老师还是化学学院本科教学创新实践基地的负责人。学院一年 50 多个“大创”项目、40 余项 USRP 项目的开展过程中，她除了要组织开题立项、中期检查、结题和项目评审外，还要审理各个项目的经费报销，她的办公室俨然成了半个“财务处”。

王燕老师一直提倡大学生在本科期间多参与课题研究。一方面，实践是提高实验技能、培养理论学习兴趣的最好方法；另一方面，专业实验的经历对于个人定位和未来的专业发展都起着有力的推动作用。因此，她多次鼓励学生参加创新实践项目，组织和带领学生参加上海市和全国化学实验竞赛，并多次获全国和上海市化学实验竞赛的一等奖，自身也获得了“上海市化学实验竞赛优秀指导教师”的称号。

培养学生的同时，王燕老师还注重对年轻教师的传帮带，尤其注重“德行”的言传身教。她说：“教书育人绝不仅仅是一份赖以生存的工作。作为教师，传道授业解惑是本职，师者的风范是德行。年轻教师们在专业学术水平过关的前提下，应尽其所能地为学生付出。”

与她“结对子”的小杨老师说：“入职以来，我从王老师身上学到了很多，她的每节实验课我都去听，王老师在课堂上能有效调动学生的积极性，让学生对化学实验产生浓厚兴趣，起到很好的启蒙作用。”

在积累多年的教学工作经验的基础上，王燕老师还参与编写和出版了 10 余本教材，并获“名师风范杯”课堂教学授课名师奖和华东理工大学“育英奖”一等奖等荣誉。

十年一日，扎根奉贤诠释责任

如今的王燕老师虽已年过半百，却丝毫没有懈怠自己的工作，依然以百分之百的热情拥抱工作，按照同事的话说，“就像拼命三郎，做起事来连我们年轻人都比不上”。

“老当益壮，宁移白首之心”，对王燕老师来说，逝去的是青春岁月，不老的是年轻心神。

如今，奉贤校区的实验教学体系日趋完善，但日新月异的科技发展也给化学带来了与时俱进的挑战。从十年前到现在，先进的实验仪器接连引进，新的实验方法逐渐引入教学中来，实验课程不断发展，每年都有新的变化。对于教师们来说，假期就是跟紧时代进行教学二线工作最好的时机。实验室设施的更新换代、课程的改革、教材的改编、示范中心的建设……为实验教学付出已成为王燕老师生活中必不可少的一部分。

“学校把奉贤校区的化学实验室交给我，我就必须对它负起责任。没有人约束，但事情在那里，工作在那里，责任在那里，不管有没有课程安排，我必须自觉准时出现。”王老师的这份责任和热爱，使她一日日地行走在这条教书育人的道路上，使她成了师生们的“定海神针”——只要她在，师生们总会是踏实些，遇到问题也会安心许多。

（本文原载于 2017 年 6 月 14 日华东理工大学校园新闻网）

【心语思】

作为在本科教学第一线的教师，工作是传道授业解惑，三尺讲台赋予教师神圣的职责。作为人类灵魂的工程师，教师要有满腔的热情、渊博的知识，要忠于职守、尽心尽责。同时自身也要乐于学习、追求新知、勇于创新。作为教学的管理人员，工作平凡而琐碎，会花费大量的时间和精力。要有耐心和韧性，不计得失，甘于奉献。要从小事做起，注重细节，全局考虑。要注重团队协作，发挥每个人的作用。要有服务意识，做学生和老师的后勤保障。

教师的职业绝不仅仅是一份赖以生存的工作，教书工作是师者的本职，育人才是师者的本质，怀才抱德才体现师者的风范。教书育人，是师者一生的追求、一生的责任，当桃李芬芳誉满天下时，教师是最幸福和最光荣的。

“文火慢炖”得真心

——记“模范班导师标兵”、商学院龙丽群老师[①]

人物名片：龙丽群，华东理工大学商学院副教授，工商管理系副系主任。研究方向为人力资源管理及员工关系。主讲的本科、MBA及EMBA课程包括上海市精品课程“人力资源管理”、员工关系管理、人力资源管理实务与实验、行动学习理论和行动学习实践等。作为一名资深班导师，曾获校“优秀班导师”“模范班导师标兵”称号。

“我想做学生的良师益友。”“当他们遇到困惑时，首先想到我，我就很高兴。”担当商学院班导师已有十余个年头的龙丽群，仪态淡定而优雅，说起话来柔声细语，那慢慢的、柔柔的语音语调有种清风拂面之感，很快就会让人放松下来。

“其实我没做什么，就是好好工作而已。”学生测评成绩连续几年为优秀，2013年就曾获得“优秀班导师”称号的龙丽群，没有夸夸其谈，但一些难办的事情摆到她手边，做着做着，就慢慢做成了。

---

① 记者石翎采写。

“松土施肥”帮戒网瘾

龙丽群曾经解决过一个“老大难”问题。一次，她班上转来一个已经留了一级的学生。这个学生多门考试不及格，补考也是由父母“押送”过来的。家长焦心又头疼，母亲有一次气得都撂下了狠话：“再这样，我就和你断绝母子关系!”

龙丽群从侧面了解到这个学生成绩不好的原因是沉迷于游戏。面对这个棘手的难题，龙丽群首先想到的就是要和这名学生交朋友，经常用电话、短信和他沟通。

刚开始，龙丽群的努力并没有用，学生不领情，有时候甚至不接电话。但龙老师没有放弃，她找机会和那名学生长聊了一次，站在学生的立场，从他将来想做什么入手，耐心地以他能接受的方式作引导、分析，帮助他建立信心、确立目标。这次长聊终于有了突破。

此后，龙丽群的努力就更有的放矢了。有时候给他方法：“你是不是很喜欢

打游戏，是不是自己也很想拔出来但有时就是拔不出来？这很正常，男孩子都爱玩游戏。要不，我们来想个办法，当你控制不住的时候，就看看手机分散注意力，我给你发一些订阅号，对你实现自己的目标很有帮助的。”有时候她也会拉他过来帮忙：“哎，听说你在信息技术方面挺厉害的，我这有个难题，你来帮我解决一下！”就这样，常常“松土施肥”，再加上考前盯一盯，慢慢地，这名学生不及格门数减少了，成绩一门门补回来了，竟然还当选了班级团支书。更让龙丽群高兴的是，他以前会躲她，现在却主动来求助了：“老师，这个报告怎么写，我没太听明白……”

赶跑“高数恐惧症”

有一年，龙丽群接手了一个新班级。令她想不到的是，有一个各方面都不错的班干部居然第一次高数考试就不及格，而且分数还很低。她马上就找学生进行个别谈话，这个学生表示，因为忙于班级和社团活动，所以对高数没重视，

下次会努力。然而，第二个学期情况依旧，这让龙丽群感到问题或许没那么简单。

于是，龙丽群利用晚上住在奉贤教师公寓的机会，找这个女生聊天。她特意买了些女孩子喜欢的零食边吃边聊，宽松的氛围令学生卸下心防，道出了从小就惧怕甚至抵触数学的心结。原来这个女孩子从中学开始就由家教陪着学数学，高考时数学考得也不太理想，当初报考文科专业也是为了躲避数学，没想到大学还是碰到数学了。她父母也希望能让她转专业，但是转专业并不那么容易，一家人一时都一筹莫展。

找到了问题的症结，龙丽群开始对症下药。她首先安抚他们一家人的情绪，帮助他们树立信心，分析问题，寻找对策。龙丽群一边建议她和成绩好的学生一起学习，一边跟数学课老师沟通并为她指点迷津。功夫不负有心人！最终，这名学生的数学成绩及格了，此前落下的高数学分也补了回来。

和风细雨水到渠成

做班导师多年，龙丽群遇到了数不清的大事小事，有时也会为棘手的情况头疼，但她始终不断想办法去解决问题。

“尊重人性，以学生为本”，人力资源管理专业出身的龙丽群深谙此道。她始终认为，班导师的工作更应着重于因人制宜的“理”，而非简单的“管”。她的“理”着重在于，一入校就帮助学生理清大学四年的目标，理出互帮互助的优良学风，一旦出现问题，就理清原因与症结，尊重学生并且有针对性地解决问题。

在她看来，跟学生沟通一定要讲究方式方法，因为一旦处理不当可能就会让学生远离或者排斥你。与学生平等相处，不高高在上地批评说教，不伤学生的自尊心，注重激发和鼓励，是她秉持的原则。

她与学生的相处，好比文火慢炖，是不疾不徐的贴近，而她的付出与点拨是绵长的，久而久之就自然而然地融入学生的心中。

（本文原载于 2017 年 3 月 10 日第 1432 期《华东理工大学周报》第 2 版）

【心语思】

多年的班导师工作使我深刻感受到，在我们身上承载着所有学生的信任和期望，特别是在学生遇到困难与困惑的时候，这种感受尤为深刻，责任感油然而生，不敢懈怠。大学生完全不同于中学生，有独立的人格和思想，思维活跃，容易接受新鲜事物，同时又有较强的叛逆心理。作为大学班导师，如何正确引导学生圆满完成大学学业，实现他们下一个目标，成为对社会有用的人才，是我们义不容辞的责任。

所以，我的班导师工作理念是：引导、服务、奉献于学生，成为学生的良师益友，使他们无论在学习上，还是生活上，只要遇到困惑，首先就会想到我。教师不仅仅是知识的传授者，其一言一行都是人格的体现，会对学生的发展产生影响。因此，工作上认真负责，诚实守信，严格自律，是我做事的准则。我始终坚信，只要用心去做，用爱去教，就可能让一个平凡的学生焕发光彩。班导师工作，付出的是心血，收获的却是幸福。

在学生心里装台“发动机”

——记“模范班导师标兵”、生工学院谢静莉老师①

人物名片：谢静莉，工学博士、副研究员、华东理工大学生物工程学院教师，2005 年 4 月来校工作，曾任食品科学与工程系副主任、常务副主任、生物反应器工程国家重点实验室常务副主任。其主要研究领域为食品生物技术，曾获上海教育系统“三八红旗手”、上海市教育系统优秀共产党员、上海市育才奖、上海市科技进步一等奖（排名 14）、上海化工区理工教学奖创新奖等荣誉。

“谢老师不怕麻烦。她指导我毕业课题的时候，为了帮我确定研究方向，写了满满一张 A4 纸的建议。”研一学生吴俊杰口中的谢老师，就是他本科时期的班导师——华东理工大学生工学院的谢静莉。

第一次班会——大学怎么过

“刚进大学的孩子就像一张白纸，做老师的先画上几笔，帮他们做个规划，

① 记者卞慧采写。

大学 4 年会顺利很多。”2000 年读博士研究生一年级就开始带班的谢静莉对班导师工作驾轻就熟，她非常重视大一“领进门”的工作。

“食工都发瑞班”——食品科学与工程 142 班的第一次班会上，谢老师给班级起了这么个昵称，希望他们“才财都发，吉祥如意”。

大学和高中的生活有什么不同？挂科很容易、什么都要自己做、没人唠叨……

大学能学到什么？专业知识、能力、人文情怀……

毕业了能干什么？食品科学与工程专业能干些什么？保研、考研、托福、GRE 哪个学期就该开始准备？大学该设立怎样的目标？大学里不能做和“坚决要做”的事是什么……

从学习到生活，从大一到大四，谢老师把孩子们可能碰到的问题一股脑地抛给他们，同时也给出了建议，让他们“大学不迷茫”，尽快树立个人的“小目标”。

融入集体需要找到存在感。精心准备的 PPT 里，班级每一个人都能找到自

己的“坐标”——介绍班级成员生源地的页面上，男生用绿色数字、女生用红色数字分别表示，国防生的数字旁边，还配了一把宝剑的图片标明身份。用这种方式，谢老师让学生们找到了大学里最初的存在感。

公益接力——关爱小说说

2013 年秋天，华理校园里落叶缤纷，几个大学生陪着一对母女参观校园。“这里是实验室，我们每天在这里与各式各样的化学物质、细菌打交道。这里是图书馆，百万册的藏书量，堆起来比一栋 500 米的摩天大楼还高 300 倍呢。这里是教学楼……”学生们兑现了 4 个月前的承诺——“将来一定带你走进华理，亲自告诉你大学是什么样的。”

这对母女和华理学生之间有怎样的缘分？

几个月前，小名叫说说的 9 岁女孩来上海治疗先天性心脏病。她的养母是个 60 多岁的单身女性。生工学院食质 111 班的一名学生偶然得知了这个信息，告诉了同学。全班决定前往医院探望，并带去了刚刚获得的“班级攀升计划”优秀班集体奖金和谢静莉的优秀班导师奖金，希望说说高高兴兴地出院，开启新人生。

2014 年，谢静莉接手食工 142 班。第一次班会上，她提及食质 111 班和说说的故事。初来乍到的新生们一致表达了接棒慈善的决心：“学长学姐的爱心事业不会中断，从今以后，帮助说说就是我们的事业了。”

食工 142 班用班费购买了书本、彩色铅笔、卡片，寄给在家休养的说说。“上一届的哥哥姐姐毕业了，还有我们呢”“不要悲伤，微笑着成长”“无论如何，我们与你在一起”，手写的卡片盛满了祝福。

当年 11 月，说说来上海复查，食工 142 班的学生们邀请说说母女参观校园，兑现了师兄师姐们的承诺。

作为两个班的班导师，谢静莉说：“决心帮助说说的时候，食质 111 班学生即将毕业，他们的行动让人相信，这群学生走出校园也一定能很好地融入社会，因为他们心中有爱。而初入学就接过爱心接力棒，对于食工 142 班的学生则是一份新的成长经历，学会用爱与人相处，用爱回报社会。”

“区别对待”——谢老师心里有个谱

“我有时候也把他们当孩子，但该当大人的时候，必须把他们当成大人。”当食工 142 班物理化学这门课考了学院第一名时，谢静莉买了一堆零食奖励学生们。“虽然我们学食品的人知道这些零食没营养，但架不住学生喜欢啊。”她笑着说道。

“需要他们承担责任时，我不会心软。”南方潮湿寒冷的冬天让有的学生窝在寝室里，谢静莉找他们单独聊天：“出去学习是你必须要做的事，要利用各种机会锻炼自己的内心。内心强大的人才是真正的强者。”一番鼓励加动员，缩手缩脚的学生拿起书包走出了寝室。帮助小说说的事也是这样。除了一开始联系医院，其他的捐助、看望、参观校园全是学生自己策划组织。

这种“区别对待”也表现在不同的时间段。低年级时，谢静莉跟学生聊学业、专业多一点。“中国的食品行业，食品科学人才不缺，但是食品工程人才还是少，你们最好多掌握点食品机械、AutoCAD 之类的东西。”她觉得，要让学生对专业有信心，觉得学这个专业有前途，才能搞好学习。到了大三，“再谈学习就是看低他们啦!”。对即将毕业的学生，她语重心长：“出国留学要记住自己是中国人，参加工作要记住自己是华理人。‘任性地活着’只是理想状态，现实中不存在的。”

对不同的学生，谢静莉一样“区别对待”。为了锻炼某个班委的能力，她关照同学们：“有事尽管找他，多‘折磨’他一点。”为了保证参与社团活动、班级事务多的学生学业上不掉队，她硬性规定：“连续两次挂科的班委必须主动请辞。”

谢静莉曾对学生们表示羡慕：“你们这一代人，是幸运的一代，既承担了中国梦的筑梦责任，又能享受实现中国梦的成果。”她其实是想让学生们知道“原来我还可以做很大的事”，产生使命感，将个人的发展和国家发展有机结合起来。

“谢老师让我们明白，对社会，我们有责任，对他人，我们要关怀。”现在读研究生一年级的刘雅凡仍记得谢老师每次出差带回来的巧克力、中秋节全班在她家里包的饺子。不管是学业，还是社会责任，谢老师已经给学生的心里装了一台“发动机”。

（本文原载于2017年2月16日华东理工大学新闻网）

【心语思】

香樟花开，毕业季到来；毛主席像下，黑帽齐飞。你的梦想，是展翅高飞；我的梦想，是教会你飞翔，飞得比我高，比我远。我恨不得把所有我懂得的、知道的、了解的、感悟的，都教给你！我的最大心愿，就是能听到遥远的你，捎来好消息！

我想教会你严谨的工作态度、追根问底的探索精神、积极进取的创新意识，还希望你能具有奉献精神、批判意识和家国情怀。尽管你可能只是一名普通的劳动者，但你的身上也会有深刻的华理烙印——“勤奋求实、励志明德”，为我们共同的使命——中华民族复兴大业贡献力量。所以，上课的时候，你们会发现，我不仅给你们讲专业知识，还会谈人生和理想；组会的时候，不仅讨论学术问题，还会有诗和远方。为了能做到这些，我也在不断学习。我要求你们勤奋，我自己要更勤奋；我希望你们有理想，我更不能轻言放弃自己的梦想。

栀子飘香，分别在即。分离之后，你奔赴前程，会不断给我带来丰收的喜悦；分离之后，我坚守这铁打的营盘，让你知道，无论你飞得多高，飞得多远，这里始终有人牵挂！

温润无声，在前行的路上陪你成长

——访材料学院学生辅导员李廷雨老师[1]

人物名片：李廷雨，男，中共党员，2007 年 7 月入职华东理工大学，目前在材料科学与工程学院从事学生思政辅导员工作。2016 年 12 月，获第七届上海高校心理健康教育“移动微课程”大赛“最佳人气奖”；2016 年 11 月，获校第四届辅导员职业能力大赛决赛一等奖；2014 年 12 月，获上海化学工业区理工教学创新奖；2012 年 3 月，获校学生党建工作“先进个人”称号；2010 年 9 月，获校“优秀专职学生思想政治教育工作者”称号；2009 年 9 月，获 2007—2009 学年校“先进工作者”称号。

热爱京剧，用传统经典曲目演绎大情怀；喜欢读书，在言传身教中影响身边学生的习惯养成；温润如玉，贴近客观实际助力学生成长成才……材料学院辅导员李廷雨，始终坚持“你成长，我快乐，和学生一起成长”的工作理念，以京剧为“药引”，用关爱来“灌溉”，在平凡的岗位上默默奉献，积极创新，

① 记者李铁军采写。

探索出了一条“文化搭台，同行共勉”的思政育人道路。

用好京剧这张“王牌”　俘获学生“芳心”

提起辅导员，有人或许会想到“勤杂工”“保姆”这些戏称。如何打破这一现实困境，值得思考。

酷爱中国传统文化，更是一名资深京剧艺术发烧友的李廷雨，从 2007 年起，就在学工部的支持下，结合自身特点，在新迁入的奉贤校区担任“京剧票友会”社团指导教师，既要丰富新校区文化氛围，也要探索如何将传统文化融入大学生思政工作。

一名合格的指导者，先得赢得学生的真心认可。

李廷雨正是通过京剧这个“法宝”，引起了学生对自己的“兴趣”。“京剧中蕴含着忠孝节义、礼义廉耻等文化精髓。这也是拉近师生关系，帮助学生了解中国文化，塑造正确价值观的重要源泉。”李廷雨表示。

“对李老师的第一印象，感觉像是谦谦如玉的古代君子，对中国传统文化那么热爱、坚持，值得我们学习。”2008 级艺术学院学生李丹对此印象深刻，“跟李老师相识就是因为当时他指导的‘京剧票友会’”。

然而，一开始，不少学生对京剧几乎一无所知。例如，在 2011 级材料学院学生杨宁的眼中，京剧是爷爷奶奶级别的人才喜欢的“老古董”，“我甚至觉得怎么会有年轻人喜欢呢”。

为了加深学生对京剧的直观感受，李廷雨带着他们参加上海市京剧院活动，感受京剧艺术，邀请青年昆剧新秀来校开讲座，拉近学生与传统艺术的距离。此外，他还开设中国戏曲艺术概论课程，现场还原精彩的戏曲……

“慢慢发现，其实京剧和流行音乐、歌剧一样，都是艺术的表现形式，值得更多人喜欢。”在多频次、近距离的接触中，杨宁和小伙伴们享受了“流水席”式的熏陶，加深了对京剧文化的理解。“接触时间长了，发现它能让人更加稳重、有深度，不再容易变得浮躁。”

拉紧阅读这条“纽带”　牵动学生自我“修炼”

除了通过戏剧来俘获学生的“芳心”，李廷雨还有一个小诀窍来牵动学生进行自我“修炼”。

要知道，学生不仅看你怎么说，还会看你怎么做。

“经常和学生接触，不能固步自封，要以诚实不欺的心态去主动了解，避免与学生越来越远。”他感叹道。这也是工作至今，他每天必抽时间读书的一个重要原因。

办公室的橱柜里，有一个专属于他的小天地——不宽的三层小木架，上面摆放着他的“私家藏书”。“既要了解这个日新月异的社会和青年的共性与个性，也要让自己更有深度。”他不仅注重自我修炼，更是将这些“私家藏书”作为融入学生的另一个渠道。

橱窗里的一个小本子上，记录着一个个学生的借阅信息，犹如这一诀窍的忠实见证者。

一次，一名家境贫寒的大四学生找他推荐几本书。对这名学生基本情况了如指掌的他，从书橱里取出早就想好的《平凡的世界》。学生在假期连续花了3天时间认真看完，还写了将近两万字的读后感，表示书里主人公的成长经历让他有特别大的触动。

“经书易遇”与“人师难求”之间，也许就只是隔着那一双慧眼和一颗真心，而李廷雨将其融入日常点滴之中，从师生谈心、下寝室交流，到读书分享、分类引导……每年年底，李廷雨都会整理出一年来的阅读书目和感悟，在班级和朋友圈里进行分享，让师生交流不断延续和深入。

创立“思研会”平台　助力学生“成长”

多年的坚守，学生从“80后”变成了“90后”“95后”，新时代的特征在学生身上更为突出。面对这群个性鲜明的“小伙伴”，“老一套”的教育模式碰到了难题。

在信息获取极为便捷的当下，“学生知道的东西非常多，知识面可以说很

广，对于所处社会有自己的一套评判体系，但认知有时片面或者不够深入。”李廷雨深谙其理，在日常工作中并没有急于简单说教。

2008年，他与同事盛雯雯一起创立了“思想研讨会”，将学院里的学生党员和入党积极分子分成若干小组，聚焦校园或社会热点，由学生自主拟定调研选题，通过小组讨论、资料检索、实地走访和现场展示等环节，让学生增加对社会现实的接触与了解，不断重塑、完善对社会现象的认知与理解。

就这样，在符合学生“自我认同”诉求的基础上，以学生党员为主体的“朋辈”教育模式在一年又一年的推动中不断得到完善。学生们从医患关系的走访中发现问题的复杂性，进而更加客观、理智；针对农民工子弟学校进行调研，开展力所能及的志愿服务活动；发现身边大学生的共性问题，尝试分析和探索适合自己的解决方式……

如今，“思想研讨会”已开展了八届，研究课题也不断扩充，学生工作意义探索、恋爱观、网购现状、时间管理、就业情况、网络应用等热点话题，都是学生发现、思考、解决问题，实现自我探索的可能方向。

“从数量上来说，每个学生可能只是一届学生的几百分之一，但对于一个家庭和学生本人而言，那就是百分百的。”经过近10年的探究，李廷雨对此坚信不疑。

“凡是做思政辅导员的老师，都是有理想和情怀的，唯有如此才能坚持，”他笑着说，“大家都在结合自己的特点努力，大有可为吧。”而他将继续坚持的，就是进一步贴近学生实际，打好京剧这张“文化牌”，当好学生前行道路上的引路人。

（本文原载于2017年5月12日华东理工大学新闻网）

【心语思】

从事学生思政辅导员工作至今，已经超过十个年头了。任何一件工作，干久了都有可能使人产生职业倦怠，倦怠的根本原因是我们在其中已体会不到自己的成长和价值，感受到的只是日复一日地机械重复。幸运的是，这份工作让我一直和学生保持“教学相长”的状态，而让我对学生工作永远感觉新鲜的秘诀则是：永远思考如何对不同时代特点下的青年大学生给出真正有价值的指导。正是这一永恒之问时刻催我向前，不敢止步。

传统文化是学生工作可以汲取的源源不断的源泉，我结合自身兴趣特长，利用“京剧票友会”和“华理京剧茶座”，将国粹京剧艺术作为学生思政教育的有力抓手，带学生去看戏，和学生一起探讨高雅文化的当下处境，以这种“润物细无声”的方式，让学生感受中国文化中的道德情操。

2008 年，我与同事盛雯雯一起创立了“思想研讨会”，聚焦校园或社会热点，通过小组讨论、资料检索、实地走访和现场展示等环节，让学生不断重塑、完善对社会现象的认知与理解。在信息获取日益便捷的今天，如何让大学生看待社会问题更加全面、客观和深入，避免认知的片面和极端？这也将是我一直坚持探索的方向。

给学生的心松松土，让“生涯”的种子生根发芽

——记 2016 年校就业工作先进个人周璐老师①

人物名片：周璐，2008 年华东理工大学社会保障管理专业硕士研究生毕业后，留校担任社会与公共管理学院思想政治辅导员，2017 年 1 月至今负责学院研究生招生和学位工作；曾获上海市高校辅导员论文征文比赛三等奖、上海市辅导员职业能力大赛三等奖、上海化工区理工教学奖创新奖，华东理工大学优秀专职团干部、优秀思想政治辅导员、毕业生就业工作先进个人等荣誉。

近年来，“史上最难就业年”的说法每每流行于网络，更有人整理出所谓的“最难就业的十大专业”，而社会学类专业也总是“中枪”。那么，在以理工科见长的华理，读社会学类专业究竟是怎样一种体验呢？难道真的读了个“假”专业？当然不是。

华理社会学院 2016 届毕业生的就业成绩是最好的证据：98%的就业率，35%的升学率，其中，国内升学的三分之二被“985”高校录取，海外留学被常

① 记者李强采写。

春藤名校录取的也不在少数，选择就业的学生也大都得到用人单位的认可与欣赏。

之所以能取得这样的成绩，在负责 2016 届毕业生就业指导工作的辅导员周璐看来其实并不意外，因为优势融合、合力育人的工作理念，让学院在学生培养上底气十足。

新生报到先来定个“小目标”

每年开学季，告别高中时代的“Freshman”都是满怀好奇和憧憬来到大学校园。然而新鲜劲一过，迷茫之痒或多或少会让他们坐立不安。对此，社会学院的“新生快乐成长营”便是一味很好的“止痒药”。

自由宽松的大学环境让很多缺少自我管理能力的新生措手不及，没有了“小目标”，就整天混日子。“新生快乐成长营”抓住这个痛点，聚焦新生的大学适应问题，通过以班级为单位、以游戏为载体、以老生带新生的形式，为新生搭建了一个系统化的成长支持平台，帮助新生实现角色转变，促进行为养成，规划成长路径，为大学学习和生活建立一个良好的开端。

“把职业生涯规划做到最前面，用团队辅导的方式把生涯教育的理念从大一开始就根植入心，让学生对今后的职业生涯有比较清晰的预期，这样，就业时就能方向明确、少走弯路。”周璐总结“新生快乐成长营”的主旨时说到。

2007 年还在社会学院读研并做兼职辅导员时，周璐受导师朱眉华教授启发，把所学的社会工作专业与辅导员工作结合，把社会工作的小组工作法引入到本科生培养和班级建设中。2008 年，在社会学院费梅苹教授的悉心指导和鼎力支持下，这种新生教育形式得到了更好的改进，并在 2014 年成功覆盖全校，让更多本科新生受益。

社会学院“优势融合、合力育人”理念结出的另一个创新果实——“全程导师制”，以研究生培养模式为载体，用导师的专业学识和人格魅力，为学生的成长发展树立榜样，保驾护航。

“生涯”的种子就这样在学生心里扎下根，在小心的呵护下发芽成长。

“啰嗦”的陪伴者

就业工作中经常会有“皇帝不急太监急”的情况——不管用人单位和辅导员怎样干着急，需要就业的学生倒优哉游哉。就业难，难就难在择业心态上，说转变，不容易。不过，周璐却真能把职业生涯规划意识“谈”进学生心里。

8年的辅导员工作经历、完整两届的学生指导经验，让周璐能够清晰认识到大学各阶段学生存在的突出问题，从而提前加以引导。女性的特质让她更贴近学生，与学生建立起良好的师生关系。尽管她把自己和学生的谈话界定为“啰嗦”，但学生的职业规划就在她的不断“啰嗦”中建立起来：一对一的个别谈话，引导学生探索自己的兴趣和特长；建立和完善学生就业个人档案，以学生的就业意向为关键词建立就业信息数据库；对就业困难的学生开展就业心理辅导，走进学生的内心，想学生所想，急学生所急。

目前在西藏联通工作的藏族学生拉巴琼达，当初想都不敢想自己能够找到现在这份工作。大二时，她从药学院转到社会学院，那时她正处于人生的低谷：

学习成绩跟不上、家庭经济困难、自我效能感差……因此初来社会学院的时候，她总是很沉默。

第一次见面后，拉巴琼达就让周璐一直放不下心。刚开始，每次谈话基本上是周璐一个人在讲，到拉巴琼达偶尔回应，再到后来拉巴琼达主动找周璐聊学习、聊生活，这个藏族姑娘慢慢地向周璐敞开了心扉。在前后跟踪一年有余的时间里，周璐做的第一步是帮助她建立自信心，有意识地为她牵线搭桥找兼职，丰富实习经历，一遍遍地修改、完善简历，多少次的模拟面试，终于让拉巴琼达在找工作的路途上绽放出了自信的笑容。

说起让她最有成就感的事，周璐觉得是能够在学生成长的重要阶段留下自己的身影，陪伴学生，在学生成长时自我也在成长。毕业生脸上浮现的自信笑容就是对她的奖励，让她毕生难忘。

暖人的“小太阳”

作为高校就业指导工作的主体，辅导员面临着不容忽视的短板——许多辅导员留校工作，缺乏相关的职场经历。“知心姐姐”周璐对此的应对是，通过更专业、全方位的职业生涯指导成功“逆袭”，成为温暖学生的“小太阳”，做好学生生涯规划的领路人。

毕业后进入学而思培优教育培训机构的唐洁莹，自打大一进校来就有一个教师梦。每次暑假，她都会在老家为留守儿童免费开设培训班，既帮助乡里邻居，也锻炼自己的能力。毕业时，成绩优异的她放弃保研，选择到教育培训机构积攒经验，并希望有机会把这种培训模式推广到家乡。这一路的选择与坚持，与“知心姐姐”周璐的耐心咨询与专业指导都分不开。

无论是面临选择时的困惑与茫然，还是如何制作一份完善的简历和准备面试，抑或是职场新人如何适应工作及规划职业愿景，学生们都愿意征求周璐的意见。她陪伴两届学生度过了大学生涯中每个关键阶段，“人头熟、家底清”的她成了学生最亲近的师者。这种得天独厚的优势，让她能给予学生更理性、更有针对性的指导。

不过，工欲善其事必先利其器，回答这些问题，光靠对学生的了解远远不够。“只有给‘孩子们’更专业的职业生涯规划指导，才能对得起这份信任。”周璐秉持着更专业的信念，拿到了上海高校心理咨询师中级、上海高校职业咨询师中级、上海心理咨询师二级等资格证书，参加了“焦点解决生涯咨询实战技术工作坊”等各类专题培训，不断提升帮助学生解决就业问题的能力。优秀毕业生、企业 HR 等经常成为座上宾，被周璐请来与学生聊成长经验、谈职业发展。此外，她还全方位发掘校友和社会资源，开拓就业市场，点对点推荐学生，尽力把合适的学生推荐到合适的岗位。

种子的落地生根，离不开阳光的滋润。周璐一直希望自己能成为学生心中的那个“小太阳”，照耀他们的“生涯”种子发芽，陪伴他们成长成才。

（本文原载于 2017 年 4 月 25 日华东理工大学新闻网）

【心语思】

研究生毕业后，我成为一名思想政治辅导员。这似乎是冥冥中的安排！本科和研究生阶段的专业学习给予了我做好育人工作的专业滋养，辅导员繁杂的工作内容给予了我发挥育人成效的实践锻炼。

习总书记在全国高校思想政治工作会议上提出，提升思想政治教育亲和力和针对性，满足学生成长发展需求和期待，是新形势下提高高校思想政治工作实效性的关键。作为一名辅导员，让自己成为学生成长成才的助力者，督促我不仅要有温暖的角色意识，关怀呵护学生生活成长的点滴，更要运用科学系统的方法，有针对性地引导学生成长。我一方面真诚地贴近学生，了解他们的特性和需要，立足他们大学生涯的每一个发展关键期，做好生涯规划的引导教育；另一方面积极地学习充电，主动参加学校的各种专题培训，利用业余时间考取相应的资格证书，不断完善和充实自己的知识储备。

我始终坚信，唯有自己先成为一个有能量的小太阳，才能把他人照亮！

用 30 年时间，把大型煤气化技术做到世界最好

——记上海市 2016 年“为人、为师、为学”宣传典型、洁净煤技术研究所团队①

人物名片：洁净煤技术研究所团队长期致力于气流床气化技术应用研究与技术开发，拥有具有国际影响力的装备齐全、设施一流的煤气化研究基地，开发出国内首套自主知识产权、具有国际领先水平的煤气化技术，是国际上唯一一家同时拥有两大类先进煤气化技术的研究院所。目前，团队煤气化技术已在国内广泛应用（55 家企业、156 台气化炉），为国家能源化工产业发展作出重大贡献，曾荣获国家科技进步二等奖、上海市科学技术发明特等奖、上海市科技进步一等奖等荣誉。

2005 年，成功开发中国第一套自主知识产权的煤气化技术；2008 年，首套中国大型化工成套技术出口美国；2014 年，建成国际上最大规模的水煤浆气化装置；2014 年，成功开发中国第一套劣质煤清洁高效气化技术；获 2015 年上

① 记者文轩采写。

海市科学技术发明特等奖和上海市科技进步一等奖；入选上海市 2016 年“为人、为师、为学”宣传典型……这些瞩目成就的取得，均来自同一个团队——华东理工大学洁净煤技术研究所。

华理洁净煤技术研究所团队做成了一件最自豪的事情：造出了中国人自己的煤气化技术。同时，团队已成为国际上唯一一家同时拥有水煤浆气化和粉煤气化技术的研究单位，开发的气化技术也已成为与 Shell、GE 气化技术并驾齐驱的国际三大煤气化技术之一，对煤炭清洁高效转化利用、保证国家能源安全、缓解煤炭传统利用方式带来的严峻环境压力具有重大意义。

创新煤气化技术，打破国际垄断

我国富煤贫油少气，煤炭是能源消费的主体。要想使煤得到清洁高效利用，煤气化是其中的关键、是龙头技术。通过气化，可以把黑乎乎的煤转变为洁净的气体，并制造各类产品，但长期以来，大型煤气化技术一直被外国垄断。开发具有自主知识产权的大型煤气化技术是中国煤化工界几代人的心愿。

“一定要造出中国自己的煤气化技术！”三十年前，洁净煤技术研究所原所长、团队创始人于遵宏先生立下誓言。“三十年磨一剑”，于遵宏先生率领团队，终于建成了国际一流的煤气化研究基地。结合煤气化技术的组成单元，洁净煤技术研究所构建了七大研究平台，确定了团队每一位成员的主攻方向，重点对煤气化过程和工业装置的所有核心单元，开展深入细致的应用基础研究和技术攻关，形成了一支团结协作、联合攻关的团队。

围绕“做大、做强”这一目标，洁净煤技术研究所团队中的每个人既是一颗普通的螺丝钉，又各有自己的绝活；既能发表高水平论文，又能为两大类技术提供科学支撑。据上海市教委 2013 年统计，以学校为单位，华理近 5 年在煤气化方向发表的论文总量居世界第一、高被引论文数世界第一。

一流的研究平台，加上团队共同的努力，洁净煤技术研究所的煤气化技术已经在全国遍地开花，大规模气化市场占有率达到了百分之百。团队也早已实现于遵宏先生的誓言。2008 年，就在团队与美国 Valero 公司签订技术许可合同时，于遵宏先生因积劳成疾，永远离开了他毕生为之奋斗的岗位。但是，于

遵宏先生打造的这支团队，秉承“汗水哲学”精神，团结一致，继续为国家和社会的需求努力拼搏。

产学研结合，与企业协同创新

煤化工项目有一个特点，动辄就是十几亿、几十亿、甚至几百、上千亿的投资。对一个企业来讲，技术的可靠性和运行的稳定性非常重要，否则就可能被拖垮。所以，在工程实施的过程中，提供面向工厂的优质技术服务，是团队非常重要的任务。

为了确保自主研发的首套煤气化技术工业化成功，在装置建设及初期运行期间，团队先后派了 8 名成员轮流常驻山东现场。对于这类复杂的高温高压大型化工装置，任何一点施工、装配上的疏漏都可能会带来严重的后果。为了节省开支，团队教师在工厂附近租了一套简陋的房屋，每天与现场工人一起上下班，一起讨论解决问题。50 多米高的气化框架，每天要多次往返爬上爬下，为的是对所有的管道、仪表、设备进行逐一盘查。白天劳累一天后，晚上还要整理进展报告，明确解决问题的方案。就这样，成员们在现场一待就是两年，亲历了研究所的技术从蓝图变成一座现代化工厂、再到一次投料运行成功的全过程。成员们说："很辛苦，但更感欣慰和自豪。"

为了能掌握装置运行后的情况，团队教师总是会第一时间出现在现场，亲自对设备进行检查。一次，团队的一位女教师负责的设备需要进入内部进行检查，那是新技术的首次使用。可要想到里面观察，必须从一根 10 多米长、悬挂在设备中间的软梯进入，再一点点地沿来回摇摆的软梯往上爬回来。在设备里面爬软梯，对男同志来说都不容易，既需要胆量，也要有足够的臂力。可是团队的女教师二话没说，穿上工作服，和现场的工人一起爬进了设备，因为只有她才更清楚应该检查的要点和关键，才不会在细节上有疏漏。这位女教师在闷热、漆黑、沾满了煤灰的设备中取到了宝贵的一手信息资料。

2014 年 1 月，正值第一套劣质煤清洁高效气化技术装置首次运行。这是一套中石化花费 13 亿元、专为技术示范而建造的装置，相关企业都在密切关注，更有投资 300 多亿的超大型项目等着使用。由于部分仪器尚未完成调试，缺少可供操作人员直接参考的分析数据，再加上新技术、新装置、新人员，一旦参数设置不妥，就会直接导致装置停车，工厂操作人员对如何操控没有把握、心里没底，压力也很大。

经历过无数次工业装置现场开车的团队教师，十分清楚这段时间的关键，主动坚守在现场，深夜里冒着严寒，每隔 20 分钟亲自去数百米外的装置上取出灰渣，凭着多年研究积累的工程经验，分析比较，指导操作人员调控气化炉参数，七八个小时下来，装置终于运行平稳了。直到大年三十前一天，老师们才放心离开装置现场。

这一新技术、新装置的投运，创下了国内煤气化示范装置首次开车连续运行时间最长的纪录。2014 年春节，团队老师每天都收到一条来自装置现场的短信，技术成功的喜悦陪伴他们度过了一个有生以来最开心、最难忘的节日！这是团队奋斗和期待了近 15 年的一刻！

这套装置首次停炉时，为了掌握高温气化炉内的状况，团队的两位年轻教师，在严冬里顶着寒风，站在 50 多米高框架的气化炉炉顶上，把配有摄像机的六七米长金属杆，一点一点地按照方位和深度，伸进气化炉里，清晰、准确地记录下其内部情况，为团队进一步分析研究取得了宝贵资料，而这些资料，国外专利商对我们是严格保密的。连续半个多小时的弯腰工作下来，小伙子冻僵了双手，腰酸腿软。在场的企业技术人员感动地脱下自己的手套给老师带上，连连称赞团队老师的敬业精神。

传承汗水哲学，深耕毕生事业

在华东理工大学，大家都知道洁净煤技术研究所有一个心照不宣的惯例——星期六上班。为工作，团队成员放弃的节假日不可胜数。

洁净煤技术研究所团队的科研任务可谓繁重，既有“973”项目、“863”项目和国家自然科学基金项目等国家级科研任务，需要高质量完成，出高水平成果；还有众多面向企业的专利技术转化与技术服务项目，这些项目都是企业投资几十亿元所建设装置的技术龙头，稍有闪失，就会给企业造成巨大损失。因此，团队成员精益求精，深入现场，精心指导，力求每一个工厂一次性投料开车成功。面对如此繁重的科研任务，团队成员克服个人和家庭困难，勇挑重担，放弃享受，为研究所事业的发展作出了巨大的贡献。

“我相信汗水哲学”，这是团队创始人于遵宏先生终生践行的精神。为了煤气化事业，于遵宏先生几十年如一日，5 点多钟就到实验室制订实验方案、构思创新计划，天黑了才回家。一年 365 天，他只休息大年初一一天；在煤气化中试基地，66 岁的他，冒着 40℃酷暑高温，吃着降压药片，坚守在生产一线，确保了中试成功；2005 年，首套煤气化装置运行，于遵宏先生硬是要拖着中风后不便的身体，登上 50 多米高的装置框架，看一眼自己用毕生精力开发的中国人自己的气化装置；在病床上生命垂危的时刻，还牵挂着技术出口美国的合同进程。于遵宏先生过世后，厂里为了纪念他，把于遵宏先生走过的路命名为“于遵宏路”。

于遵宏先生的“汗水哲学”已经浸透在洁净煤技术研究所团队每一个人的血液里。在于遵宏先生的影响下，多年来，团队始终以求实创新的作风、拼搏奉献的精神，坚持围绕行业和国家重大需求选题，开展基础研究和工程开发，以服务行业、报效国家为己任。

有女教师加班做实验，没人带小孩，只好把 3 岁女儿圈进实验室大桶里；有壮汉患病还坚持搭建实验装置，最后倒在了装置边；有白天做实验，夜里赶着分析处理数据、撰写论文，常常在实验室沙发上过夜，睡塌了沙发的教师；有未休满产假就回到工作岗位上的年轻妈妈；有不顾高原反应立即赶赴生产一线的教授、副教授；有一个月瘦了 20 多斤，往返于上海与企业之间的棒小伙……为了中试试验和生产装置平稳运行，跟工厂技术人员一起熬夜攻关、牺牲寒暑假期、节假日坚守岗位，对洁净煤技术研究所的每一位教师来说都已经是很平常的事了。

可以说，“汗水哲学”造就了洁净煤技术研究所团队的成绩，更是团队不断发展的法宝！2006 年入选教育部“长江学者和创新团队发展计划”创新团队，2015 年入选科技部重点领域创新团队，这群普通但孜孜不倦践行着“汗水哲学”精神的科研工作者，他们的科研故事永远也讲不完，而未来的故事还会更加精彩动人。

（本文原载于 2016 年 9 月 9 日华东理工大学新闻网）

【心语思】

煤气化是煤炭清洁高效利用的龙头技术。洁净煤技术研究所自创立以来，长期致力于气流床气化领域的基础研究和应用技术开发，在国家各类科技计划支持下，通过产学研结合，先后开发了具有国际先进水平、适用不同煤种的两种煤气化技术，对煤炭清洁高效转化利用，保证我国能源安全、缓解煤炭传统利用方式造成的严峻环境压力具有重大意义。

团队始终以求实创新的作风、拼搏奉献的精神，坚持围绕国家和行业重大需求开展科技开发。思想上，他们信奉“汗水哲学”，崇尚团结奉献精神。行动上，他们中的每一位成员都在各自的学术领域和技术单元上勤奋而又卓有成效地工作。他们既能发表高水平学术论文，又能在成套技术的集成创新中发挥各自的独特作用。实践中，他们注重产学研结合，深入生产一线，努力将论文写在祖国的大地上，成为中国高校—企业合作的典范。

言传身教　几度春风终化雨

——记“我心目中的好导师”、化学学院朱为宏教授①

人物名片：朱为宏，男，教授、博士生导师，教育部“长江学者”特聘教授、国家杰出青年科学基金获得者。1999年7月在华东理工大学获应用化学博士学位。现任华东理工大学科学技术发展研究院常务副院长、*Dyes and Pigments*编委。主要从事精细化工（功能性染料）研究，发表SCI论文210余篇，SCI他引9 000余次，H指数59。曾获上海市自然科学牡丹奖、国家自然科学二等奖、上海市自然科学一等奖等。

在化学学院，每天都可以看到一位忙碌的人，来得比学生早，走得比学生晚，经常奔走于各个实验室，他就是朱为宏教授。在短短的两年内，他接连被评为国家“杰青”和长江学者特聘教授。

除了学术上的卓越成就，朱为宏在学生中人气旺盛，2013年，在华理第三届“良师益友”评选活动中，被学生评为“我心目中的良师益友”。

① 学生记者王志文采写。

到底是怎样的厚积薄发，让朱为宏铸就了如此的辉煌，不禁让人心生好奇与向往。

“有这样的导师，真好”

每天第一个打开实验室门，晚上也是最后一个离开，朱为宏对实验室的安全非常上心。精细所的大型仪器核磁共振仪需要定期维护，每到假期，这件事就落到了朱为宏身上。不论寒暑假，他都坚持到实验室办公，一刻也不松懈。他这种严谨的作风深深地感染着课题组的每一个人。

据他的学生“爆料”，周一到周五，每天早上 8 点 15 分，在朱为宏课题组的实验室里，都会出现一个奇特现象——分在 3 个实验室里的所有研究生要集合起来，架起自拍杆，“咔嚓”拍照。为什么每天都要拍集体照？原来，这是朱为宏教授发明的独特的微信点名法，集体照拍好后，就发送到微信群里，从而起到了点名的效果。

“这种方法不见得对所有的课题组都适用，但目前我们使用的效果还不错。”朱为宏说。

组会不仅是学术的天地，更是生活、思想交流的沙龙。课题组每周组会上，学生一一报告一周的工作近况以及科研上遇到的问题，朱为宏会认真听取每位学生的报告并提出意见。除了科研、学习问题，他还经常在组会上询问学生生活当中遇到的问题并及时帮助解决。“大家还有什么问题”“注意劳逸结合、实验安全”，这些都成了朱为宏的口头禅，每周组会可谓风雨无阻。

“记得有天晚上下着瓢泼大雨，朱老师从深圳赶回上海给我们开组会，本来他完全可以一个电话取消组会，但是却依然拖着疲惫的身躯出现在组会上，我们心里都非常感动。”朱为宏的一名研究生回忆说。

“每当我们很晚离开实验室，看到朱老师的办公室还亮着灯，心里就油然而生一股敬佩之情。他为科研、为学生奉献了他的一切，有这样的导师，我们学习、科研更有动力！”这也成了朱为宏的研究生们的共识。

“没有教不会的学生，只有教不好的老师”

面对实验中层出不穷的难题，朱为宏总能为学生指点迷津，提出一些建设性的意见。他对学生要求严格，注重培养学生良好的实验习惯，规范实验记录，在学生出现懈怠时，也总是及时纠正。

“与学生充分沟通，特别是要换位思考，站在学生的角度上。”朱为宏非常关心学生的思想动态，在学生情绪低落、实验受挫时，会给予鼓励，帮助他们树立对科研的信心。

课题组的一个硕博连读研究生，有一次跟早已踏入工作岗位的同学接触后，思想发生了变化，认为如果继续读下去，对未来也不会有多大助益，毅然决定退学。朱为宏及时与这位研究生进行沟通，前后长达一个月之多，晓之以理，指出其思考中的不成熟之处，使其成功地放弃了退学的打算。这位研究生也于最近在一流化学期刊《美国化学会志》上发表了论文。

对不同类型的学生施行不同的管理方法，也是朱为宏遵循的准则。曾经有一位硕士研究生刚进课题组时，因身体原因休学一年，朱为宏了解情况之后，认为这名学生不太适合做有机合成方面的研究，多方协调后，安排去做染料敏化太阳能电池方向的研究。结果发现，这个学生细心周密，特别喜欢在器件上下功夫，在这个研究方向上，把自己的长处发挥得淋漓尽致，最终在 *JMCC* 上发表了自己的研究成果，并于 2015 年获得国家奖学金。

“没有教不会的学生，只有教不好的老师”，朱为宏一直坚持着这样的教育理念。

“做好科研是对自己的未来负责”

作为导师，朱为宏关心学生的生活，也注重实验室的建设，为学生创造了一个良好的科研环境。

在朱为宏的课题组，如果学生在 *JACS*、*Angewandte Chemie* 之类的国际学术期刊上发表了高水平文章，不仅会获得国家奖学金，还有非常可观的组内奖励，其余的文章则是以文章的影响因子来决定。

对此，朱为宏说，这些都只是鼓励创新的手段，更多的其实要靠学生自觉，学习、科研除了靠自己，别人都无能为力。他希望学生能知道，做好科研是对自己的未来负责，无论是求职还是深造，科研水平和成果所给予的帮助都是不可估量的。

朱为宏不仅要求学生有严谨的学术态度、扎实的实验技能，还特别注重培养学生英文论文的写作能力，总是全程对学生论文进行修改。他所带的研究生反映，经过朱老师修改后，自己的论文往往会有长足的提升，使自己获益良多。

如此肥沃的科研土壤，当然也会结出累累硕果。朱老师的课题组历年来发表在 SCI 上的文章近 180 篇，组员们获得的各种奖学金加起来超过 40 万，其中获得国家奖学金的就有 9 人。

优秀的老师是优秀科研团队的核心。正如一名学生所言：“如果课题组内一名学生发表了很多好文章，说明这位学生优秀；如果课题组内人人都发好文章，

那就是导师优秀了。”

细品之下，诚如斯言！

（本文原载于 2016 年 6 月 7 日华东理工大学新闻网）

【心语思】

“注重‘传帮带’，潜心育人。”这是我多年来从事教学科研工作得到的体会和感悟。

在教学科研中，我注重“传帮带”，全心全意搭建科研团队，积极做好应有的支持和奉献，助力青年教师成长。令人欣喜的是，团队中的青年教师有 1 人被聘为上海市“东方学者”特聘教授，1 人为国家优秀青年科学基金获得者、青年“长江学者”。

面对科研中层出不穷的难题，我会结合实际情况，想尽办法努力为学生指点迷津，在第一时间提出一些建设性的意见建议。同时，对学生要求严格，注重培养学生严谨的科研态度，规范实验记录，在学生出现懈怠时，也总是及时纠正。

“与学生充分沟通，特别是要换位思考，站在学生的角度上。”我非常注重这一点，会及时、有效地关心学生的思想动态，在学生情绪低落、实验受挫时给予鼓励，并帮助他们树立对科研的信心。

科学研究没有捷径

——记华东理工大学首位女性“长江学者”特聘教授杜文莉[1]

人物名片：杜文莉是信息科学与工程学院院长、化工过程先进控制和优化技术教育部重点实验室副主任，教育部“长江学者”特聘教授、国家杰出青年科学基金获得者。

她从事化工过程控制与优化技术研发十多年，形成自主知识产权研究成果，并在大型石化装置应用验证。她研发的多项技术国际领先，填补了国内空白，获4项国家科技进步二等奖、10项省部级一等奖等科技奖励，曾获上海市及教育系统“巾帼建功标兵”称号。

“长江学者奖励计划”是我国重要的高层次人才计划，旨在落实科教兴国战略，延揽海内外中青年学界精英，培养造就高水平学科带头人，带动国家重点建设学科赶超或保持国际先进水平。

信息学院院长杜文莉是我校入选该计划的首位女教师。她对科研工作有

① 记者卞慧采写。

何感悟？

合作："长江"是个团队

"'长江'是个团队，我是跟着团队成长起来的。一个人做的事情有限，'七手八脚'协同好就能做很多事。"杜文莉很感激团队成员的理解和默契，"系统、软件、接口、算法、实验……做每一份工作的老师都对我们的成果有贡献。"

杜文莉所在学科为控制理论与控制工程。这个团队建有"化工过程先进控制和优化技术"教育部重点实验室和"过程系统工程"教育部工程研究中心。长期以来，团队面向石化与化工过程智能制造与绿色制造的需求，聚焦工业过程复杂特性描述与建模、过程控制与系统集成优化等应用基础理论方法与工程应用技术的研究开发，形成了乙烯、精对苯二甲酸、芳烃、苯乙烯等工业过程系列自主产权技术和软件，主持承担了"973 计划""863 计划"和国家自然科学基金等十余项国家级科研项目。

2000 年，杜文莉从大连理工大学毕业，进入华理读博士。从最初进工厂跟项目，到自己主持国家级项目、带团队，她也一步步成长起来。

"我们现在这个团队自律性特别好。无论周末或节假日，只要不出差都会出现在实验室，每位老师都满满的正能量。"虽然科研强度大、教学和社会服务事情也不少，但每一个成员都没有怨言。大家相互配合，写方案、现场调研、搞计算、做测试……跨学科跨专业的老师共同成长完成既定目标。

导向：解决现实问题

科研讲究"顶天立地"，杜文莉更喜欢"立地"的研究："做工程的总是希望解决现实的问题，听到工厂里的操作员夸我们的项目'太神奇了''有用'，那时最开心。"

近些年，杜文莉的科研项目都来源于工厂的实际需求，研究对象都是大型工业装置。她聚焦化工过程的运行优化，在过程建模、智能控制、系统优化三个方面开展研究，取得了一系列成果：乙烯裂解炉炉群负荷优化配置技术被鉴定委员会评定为“达到国际领先水平”，PTA 装置全流程优化运行技术被同行专家评定为国内首创；近 5 年承担国家自然科学基金重大项目等科研项目 16 项，合同总经费 1 800 余万元，研究成果已在 5 家单位 7 套工业装置上成功应用，每年可创直接经济效益 2. 2 亿元；获得 4 项国家科技进步二等奖等十余项奖励，以第一完成人获得教育部科技进步一等奖等十余项科技奖励。

国内乙烯和 PTA 生产的研究刚起步时，工艺包技术都垄断在国外公司，其核心控制与优化工作公开发表的论文几乎没有。杜文莉团队靠着长期泡在工厂慢慢积累和摸索，开发的系统能够与企业原有系统无缝连接，从稳定控制到运行工况的实时优化，“降低了劳动强度，产生了经济效益，我们在国内打出了自己的品牌和声誉，技术产品也走出了国门，做出有用的东西，努力是值得的。”杜文莉说。

坚持：科研没有捷径

杜文莉还记得 2010 年春节的新年愿望——“希望能够每天 12 点之前回家，能睡上‘美容’觉。”杜文莉说，做科研是一个“跟自己较劲”的过程，只能一件件脚踏实地地做，不能怕、躲，虽然可能尝试了也会失败，但不尝试就一点成功机会都没有，先从能解决的做起，没有捷径可走。走上科研道路十来年，她几乎每天都是凌晨一两点到家，几乎从没休过周末，洗澡的时间都用来想问题。

她笑着说：“那时候就是愣头青，无知者无畏，只知道闷着头做，不知不觉就坚持下来了。”她特别怀念在工厂的日子，虽然一年中 280 多天都在厂里，甚至怀孕了也是直到生产前 2 个月才回来，但她觉得特别有意思，因为可以在实实在在的工厂装置上用自己研发的系统调控，看到科研工作在实际发挥着作用。

“科研肯定不是每天 8 小时按时上下班就能做出的，这不符合研究发现规律。”杜文莉推崇“一分耕耘一分收获的守恒定律”，团队的老师、学生也是这样。不管是去工厂，还是在实验室，研究组的 QQ 群、微信群的网络化沟通方式已十分普遍，讨论研究进展，分析各种问题。周末是大家回学校碰头集中交流讨论的时间。“团队成员理念一致、志同道合，只要花功夫，不愁没有科研成果。”当然，作为女儿、母亲、妻子、儿媳妇，她特别感激家人的理解和支持。

作为“长江学者”特聘教授，杜文莉在科学研究、人才培养、创新团队建设、学科建设等方面还有很多任务要完成，未来，她会和团队一起坚持前行。

（本文原载于2017年9月12日华东理工大学新闻网）

【心语思】

石油化工行业是我国重要的能源和基础原材料工业。我国从20世纪70年代开始引进国外装置和技术，花了几十年的时间消化吸收再创新，有了现在的大型石油化工自主国产技术。但其运行过程中变量之间的复杂耦合关系、日益庞大的调控范围等，都为其精准调控提出了挑战。我们多年来聚焦于此，融合了化学工程、自动化、计算机、机械工程等不同背景的知识，为企业提供融合工艺机理的工业过程优化调控的定量解决方案，不仅能够实力PK国际著名公司的技术，而且形成了我国自主技术。当前，人工智能技术的兴起，为后续开展智能制造中不确定系统决策的研究提供了很好的解决方案。这需要更多的智者加入，提升我国在石油化工领域的国际竞争力，在国际上占有一席之地。

中国的科研要扎根在祖国的大地上，要把国外卡脖子的关键技术掌握在自己手中，需要沉得下心、吃得了苦、耐得住寂寞的人守住初心、敢为人先。科研工作从来就不是风花雪月浪漫的事，但也只有攀上峰顶的人才能更深刻体会什么是科研的美好。

“超级”科研团队养成记

——记材料学院杨化桂教授①

人物名片：杨化桂，华东理工大学材料科学与工程学院教授、博士生导师，国家杰出青年科学基金获得者，上海硅酸盐学会理事及新能源材料专委会主任。主要从事光化学能转换功能材料的研究，迄今已在 *Nature*、*Nature Energy*、*Nature Communications*、*JACS*、*Angewandte Chemie* 等学术期刊发表 SCI 论文 150 余篇，被 SCI 他引 10 300 余次。曾获第十二届上海市自然科学牡丹奖，连续三年入选爱思唯尔中国高被引学者榜单（2015—2017）。

春节刚过不久，华东理工大学材料科学与工程学院教授杨化桂就出现在学校的实验室里，指导学生开展太阳能高效转化利用新材料的研究。

由杨化桂带领的清洁能源材料与器件课题组成立时间虽然不长，但却取得了多项标志性成果，最近四年，在 *Nature Energy*、*Angewandte Chemie* 等国际一流学术刊物上发表了 8 篇高质量研究论文。除了这份不错的“学术账单”让

① 作者张婷、《中国科学报》记者黄辛采写。

他感到科研的幸福之外，“最开心的是培养出了一批闪耀的科研新秀”：以第一作者身份在 *Science* 上发表论文的青年教师张波，以第一作者身份在 *Nature Communications* 上发表论文、获得上海“市长奖”的师资博士后侯宇，“看文献像看新闻一样享受”并以第一作者身份在 *Nature Communications* 上发表 2 篇论文的师资博士后李宇航，以第一作者身份在 *Nature Energy*，*Nature Communications* 等学术期刊发表 11 篇学术论文的杨双……

那么，这个超级科研团队是如何炼成的？

导师领航：以初心影响学生爱上科研

2005 年获新加坡国立大学博士学位后，杨化桂作为研发科学家任职于美国通用电气（GE）公司高新材料集团，从事高新复合材料、碳纤维材料等方面的研发工作，并且连续两年获得“GE 爱迪生发明奖”。但在工业界，一旦产品投放市场，研发人员就得投入到下一个新产品的研发中，这让一向喜欢探究事物内在影响机制的杨化桂深感意犹未尽。

“相对于研发工业产品，我更喜欢做基础研究。”正是由于这样的初心，2007 年 3 月，杨化桂毅然做出抉择：从 GE 辞职，转而去澳大利亚昆士兰大学功能纳米材料中心从事博士后研究。2008 年底，他受聘为华东理工大学特聘教授，开始组建自己的实验室和团队，并将研究方向由纳米材料转向全新领域：太阳能转换与储存新型材料和器件的理论设计、制备和应用基础研究。

杨化桂的科研初心也影响着他的学生爱上科研并自觉投身其中。从硕博连读到留校做师资博士后，侯宇已师从杨化桂七年，在他眼里，杨化桂是个把科研当信仰、把实验当孩子的人：“他经常对我们说，不管你做什么，科研始终是你的核心价值。”博士生钱岭亦感同身受：“简直可以用‘夸张’来形容。他有时一天只能睡两三个小时，看文献时依然精神饱满。”

科研品质：既潜移默化也严格要求

在杨化桂课题组，从没有打卡、点名、签到之说，但是学生们却自觉养成了自律的科研习惯：工作日期间，从早上 8 点到晚上 11 点，实验室内都有学生的身影；就连双休日，实验室内的仪器设备也处于工作状态。

这一切，源于杨化桂对学生科学素养的培养。

不论是硕士还是博士，学生加入课题组伊始，杨化桂都有同样的关于科研品味的要求："成为研究生之后，你就进入了另一个阶段，由接受知识转变为探索知识，这是身为一名研究生最大的特色。所以，你从一开始就要投入到'从无到有'的创新当中去，并努力实现领域内里程碑式的突破。"

杨化桂以身作则，时刻关注研究领域内的最新研究进展。他强调，在研究生这个阶段，学习是一种"独立自主"的过程，学生的学习要基于对研究问题的好奇和兴趣，怀着一颗赤子之心进行探索。"学生和老师在科研面前是平等关系，共同拟定实验方案、解决难点问题，从而实现研究工作的不断创新。"他说。

即将博士毕业的陈潇感受特别深刻。硕士二年级时，他所从事的热化学制氢方向虽然前景很好，但以当时的项目经费和人力难以达到预期目标。经过充分准备后，他向杨化桂提出更换研究方向的想法，立刻得到了杨化桂的全力支持。

在科研方面，杨化桂对学生既有平等对话也有严格要求。对他而言，科研是实实在在的"全身心投入"，所以学生在实验室内只能做与科研相关的事情，如开展实验、阅读文献、查阅资料，从而为整个团队营造一个良好的科研氛围。

实验室的管理也反映了杨化桂对学生科研品质的高要求。他将企业的管理制度适度借鉴到实验室，如实验仪器实行预约制度，使实验室资源得到最优化的安排和使用；实验室有详细的药品清单，额外购买了药品安全柜，将易制毒易制爆药品单独放置，制定了严格的废液处理规定，所有气体都安装安全阀，安装了氢气检测装置，每天工作完成后都进行一次安全检查；实验室每天都安排专人打扫卫生，每月一次大扫除，保证大家在一个干净整洁、井然有序的环境中工作等。

严格规范的管理制度，使得这间不足 80 平方米的实验室里，虽然有 20 余名师生轮流使用，却始终干净整洁。

扁平化管理：将“苦干和巧干”合二为一

学生的努力工作加上老师孜孜不倦的指导，使杨化桂课题组实现了“苦干和巧干”的合二为一，而扁平化管理，更是让学生的工作效率大幅提升。

八年多时间内，杨化桂的学生由最初的 6 人发展到如今的 20 多人，即便如此，杨化桂依然坚持每周与每位学生进行一对一的交流指导，及时为学生指点迷津，让学生在正确的方向上事半功倍。

“年轻人思路开阔、有创造力，作为老师，我要做的就是了解研究方向的最新进展，及时与他们讨论研究思路与主题。”这是杨化桂对自己导师角色的定位。

除了每周的一对一指导之外，杨化桂每月还要组织各个方向的研讨会，每一名同学在会上进行实验进展和科研问题的汇报，然后这个方向上的全体成员集思广益，杨化桂再进行总结提炼，力求使每一名同学在科研上得到最大程度的支持。

重视学术交流是杨化桂门下群英荟萃的又一法宝。他不但重视让学生参与学术交流，而且开辟的种类繁多：长期与昆士兰大学等联合培养博士生；组织学生参加国际、国内学术研讨会、论坛；与兄弟高校、研究所建立合作关系，定期互派学生学习等。

“对我们的合理需求，杨老师不计成本，无条件支持。”李宇航说，不管药品多贵，只要做实验需要，杨化桂总是二话不说就支持，参加学术交流也是一样。2014 年 5 月初，一场有关太阳能的国际研讨会在德国召开，侯宇和李宇航提交的论文被接收，还受邀作口头报告。侯宇是华东理工大学 2013 年“优博培育计划”的重点培养对象，出国交流费用由学校资助，但李宇航却有些犯难，而杨化桂却安慰他说：“放心去吧，别担心费用。”最后，两位学生顺利完成了学术交流。

（本文原载于 2017 年 2 月 16 日《中国科学报》第 6 版）

【心语思】

自 2008 年底回国到华理从教已近 10 年，作为师者，我也在不断学习并改善自己的育人模式。我一直坚信“好的教育应该给学生好的生活”，让学生能大胆追求自己热爱的事业，未来无论从事何种职业，都能保持独立思考的习惯，同时具备独当一面的处事能力，帮助学生成为自己幸福人生的创造者。因此，在和学生教学相长中，我一直努力做到以下几个方面。

“跳一跳摘到的苹果最甘甜”。好的成果不是靠吹灰之力就能实现的，根据学生自身特点，鼓励他们挑战高于自己目前认知和发展水平之上的研究课题，同时作为导师也需不断“充电”，让自己始终能够给予学生最有益的指导。

“有一种爱叫作信任”。相信学生，给他们提供独立自主完成课题的条件和时间。鼓励学生大胆提出自己的设想，支持学生勇于创新，不断尝试，匹配良好的科研条件，让学生在收获知识的同时亦能收获自信。

“好的教育需要有向善的力量”。引导学生用自己的眼睛去观察，用自己的心灵去感受。让每个学生尽早树立起对未来工作、生活的价值观和积极向上的心态，尽自己所能帮助他们拥有属于自己的幸福生活。

“研究生是导师的镜子”

——记“良师益友”优秀导学团队、修光利教授和他的学生①

人物名片：修光利，教授，博士生导师，华东理工大学资源与环境工程学院院长。主要从事大气污染化学与控制、环境标准与风险管理等研究。曾赴美国加州大学伯克利分校等访问。执笔完成国家及地方标准 8 项。曾获“宝钢奖教金”优秀教师、环保部“科技工作先进个人”等称号。

忙！这是资环学院教授修光利的日常状态。“本科教学和研究生教学一学年课时最高曾经接近 200 学时，每年平均有 300 万元以上的科研项目，家庭也照顾不过来。”担任资环学院院长后的他，更是忙上加忙。

“尽可能做好每件事！”“多做对社会有益的事！”晚上十点睡，凌晨两三点起床，每天至少工作 12 个小时的修光利，身上每个毛孔都透着“勤奋”二字。他常年效力于上海市环保事业，曾 1 年跑遍上海上百家企业实地调研，起草了多个行业污染物排放标准，包括上海市大气污染物综合排放标准、上海市恶臭

---

① 记者石翎采写。

（异味）污染物排放标准……

14 年研究生导师生涯，已毕业 57 名学生，在读 18 名学生，修光利带学生的履历同样也很实在。“工作狂”当起研究生导师会怎么样？在修光利麾下历练过的研究生又是什么样的呢？

跳出实验室视野

忙！2012 年，钱妮生读研时，开始刷新自己的日常状态：每天早上七点四十五分去办公室报到；上课之外，要么做实验，要么去社会实践。“修老师一般早上六七点就来了，有时会让我六点就去找他。”

充实！回顾读研的日子，钱妮生可以娓娓道出一连串颇有意义的实践项目。

2013 年，上海市推行“清洁空气行动计划”，目标是 5 年将 PM2.5 降两成，钱妮生参与了其中的 VOCs 减排项目以及 2 个行业标准的制订工作。当时，他们走遍了上海市 16 个区县数百家企业，对企业状况、环保政策、政府管理的

难处有了深刻的认知。

国内环境安全事故频发时，上海市着手加强化学品管理。2012 年，在市环保局支持下，华理与上海市固废中心合作，调研排摸了上海市所有企业的化学品情况，提供具体管控方案，开发了相应的数据库和监管软件，为政府管理提供支持。钱妮生全程参与其中，从调研、数据统计、数据库完善、实地核查、培训企业使用数据库一直到上海市化学品环境管理体系成文。

有一段时间，某个区域投诉比较多，居民们感到有异味，当地环保局就委托华理做恶臭调研，查找原因，事关哪些企业，如何整改。钱妮生一个人跑了 30 多家企业进行调研，整改建议细到重点企业、一般企业该怎么做。而后，大家联合召开综合会议，商量具体整改事宜。

“修老师对社会实践要求很高，常常为学生创造机会。”钱妮生说，这些经历令人受益至今，既深入触摸到了复杂的社会现状，又磨炼了许多解决现实问题的本领。

一切以兴趣为导向

发表 2 篇中科院一区的 SCI 论文，提前一年毕业，这是王震文硕博连读期间交出的好成绩。提起这个“很有想法，有个性”的学生，修光利坦言两人曾经有过一段磨合期。

“修老师脾气急，我性格耿直，看法不同时会发生不愉快。”王震文直言，“但事后修老师总会给我台阶下，他是个不错的老师，宽容，有耐心”。

论文选题时，王震文感兴趣的“生物法处理废气”是偏工程中的技术工艺方面的，与修光利擅长的环境监测与污染控制等环境科学与管理的方向也并不十分匹配。尽管如此，修光利仍然鼓励王震文以兴趣为导向，并尽力提供帮助。事实证明，在兴趣的牵引下，王震文的论文做得很不错，影响力也比较大，修光利由衷地为他感到高兴。

“不仅在论文选题上很民主，修老师在我读研时期的每个点、每个环节上的提醒和安排都很到位，使得我很顺利地提前一年毕业了。”王震文至今仍心怀感激。

“We are family!”

发表 4 篇 SCI 论文，赴德国吕贝克大学交流学习，目前临近毕业仍在实习，赵梦飞的读研历程同样丰富而充实。

“修老师很热情”，大三下半学期忐忑地发邮件给修光利后，大四时，赵梦飞就开始参与项目、做课题了。“团队氛围很好，平等、开放，有事会互相讨论。”赵梦飞介绍，毕业的师兄师姐也时不时会回来一起吃饭聊天。“刚进组时，师兄师姐给了很大帮助，教我用软件、给我推荐书籍。”有时遇到问题，甚至可以直接冲到单位或者家里找师兄师姐解决。

每年圣诞节，修光利课题组都会搞互赠礼物的活动，这已经形成了传统。大家先抽签，抽到谁就匿名给他/她送礼物，收的人则要猜礼物是谁送的，连续 3 次没猜中就要表演节目。每次活动，总是其乐融融。

“修老师没有架子，总是冲在第一线。”赵梦飞描述，有一年暑假高温近 40℃，去企业采样时要爬到厂房顶上，那里太阳直晒，大概有 50℃，修老师身

先士卒，直接就上去了。深入一线时，有时还要爬烟囱，修老师的衣服总要湿个好几遍。“尽管很忙，修老师总是亲自修改论文，抽时间参与论文讨论、指导实验。”赵梦飞说。

“修老师总是通过各种实践活动，有意识地培养我们的学习能力、科研能力和解决问题的能力。”令赵梦飞印象深刻的是，了解上海市大气污染源排放清单时，凌晨两三点要去高架道路上扫扬尘，大家轮流，每次三四人，坚持了一个多月，扫了 30 多条道路，取得了上海本地的一手数据。“不仅在专业技能上得到了锻炼，在与其他单位共同完成项目中，也锻炼了沟通交流和相互协作的能力。”

赵康在杜克大学从事废气治理技术研究，徐薇在华盛顿大学开展环境观测与流行病方法研究，雷晓宁赴宾州州立大学开展黑炭环境健康合作研究，段炼在得克萨斯 A&M 大学学习二次有机气溶胶……修光利对国际化培养举双手赞成，他的博士生几乎都有海外留学经历，“研究大气环境要有全球化视野，不能输给别人”。

对课题组，修光利有 4 条准则：我要学！团结合作不计较！绝不弄虚作假！外语好！作为研究生导师，他要求自己做到：合作、开明、宽容，相互尊重，向学生虚心学习。“让学生的思想得到成长，更多地认识社会、融入社会、贡献社会。”这是修光利最大的心愿。

（本文原载于 2017 年 9 月 15 日华东理工大学新闻网）

【心语思】

高校教师是一个神圣的职业，其教书育人的核心是内心价值塑造。我非常欣赏王阳明的“心即理，致良知，知行合一”。我对教育的理解是将学生培养成为拥有“高尚情操、高贵人格、家国情怀、真才实学”的能够探究世界，引领社会发展的人。因此，教师首先要成为典范，做到知行合一。

当前教育需要教师改变传统的知识传授与学习的模式，形成与学生共同学习，推崇知识创造的模式。师生相互尊重与欣赏是共同学习的基础，我更希望自己能成为学生的朋友和知己，与学生一起融入实践，共同成长。解决好科研和教学的关系是抓住时间的碎片，将科研融入教学。无论教学还是科研，我都觉得要站在更高的高度，并用国际视野看问题，才能有更好的发展。生活中则要做到“对人要真诚，做人要真实，做一个简单的厚道人”。

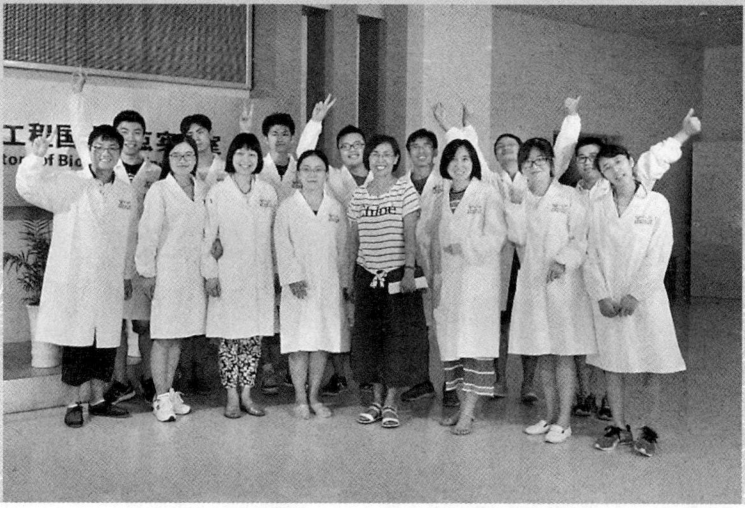

“严中有爱”才是好导师的底色

——记“我心目中的好导师”、生工学院卢艳花教授①

人物名片：卢艳花，毕业于中国药科大学，获理学博士学位。现任华东理工大学生物反应器工程国家重点实验室教授、博士生导师，生物工程学院副院长。研究方向聚焦在来源于海洋资源和植物药的天然产物在新药开发、功能性化妆品与功能食品等领域的研究。曾获华东理工大学第四届良师益友“我心目中的好导师”、研究生课程优秀任课老师一等奖、上海市科教系统三八红旗手等荣誉称号。

她带过的学生都觉得她值得信赖，她共事过的同事都觉得她靠谱。华东理工大学第四届“研究生心目中的良师益友”之“我心目中的好导师”的称号，对生物工程学院卢艳花老师来说，可谓实至名归。

---

① 记者李强采写。

学术上的良师：精益求精，因材施教

作为生物反应器工程国家重点实验室功能天然产物研究室的负责人，卢艳花的研究方向聚焦在来源于海洋资源和植物药的天然产物在新药开发、功能性化妆品与功能食品等领域。近年来，她承担重要科研项目30余项，包括国家自然科学基金、“863计划”重大项目子课题以及雀巢、联合利华、上海家化、相宜本草等知名企业的委托技术攻关项目，发表相关研究SCI收录论文60余篇。

一个好老师不仅要有良好的专业素养，还要有一颗设身处地关爱学生、为学生成长发展竭尽所能的心。卢艳花用自己的心血和汗水，为实验室的研究生搭建了一个装备精良、管理科学的科研平台。她始终坚信：没有不优秀的学生，只有不科学的培养方法。她潜心钻研教学及研究生培养理论与实践，坚持因人而异，因材施教，其承担的本科生和研究生课程均受到历届学生的高度好评，个人也获得了华理研究生课程优秀任课老师一等奖等荣誉。在实验室，除了科研工作，她会鼓励研究生多多参加高水平学术会议、组织筹办会议、做学生志愿者、承担实验室部分管理工作等，全方面锻炼提升自己的能力。

学术端正是所有科研工作者的底线。对于学生的学术不端或者不守纪律的行为，卢艳花是“零容忍”。缜密的她对实验数据非常敏感，并要求每一个学生对自己的研究生生涯乃至今后人生中的数据承担起责任。严谨成了卢艳花研究团队的一种习惯。

生活上的益友：先做人，后做学问

教育的本质不仅是传授，更应该是如何鼓舞和激发。卢艳花认为这是研究生导师应该花毕生精力去做的一道思考题。她说，好老师不应是“老好人”，“严中有爱”才是一位好老师的“底色”。好的教育沟通方式不应该是刻板说教，而应该是像朋友一样，倾听学生的想法，尊重学生的观点，在分享和讨论交流中，给学生积极的引导。

她认为，做学问之前先要学会做人，所以更关注学生为人处事能力的培养和品德修养的提升，并一直要求学生努力做一个靠谱的人。她告诫学生真诚勤勉是人生最好的捷径。学生在科研中遭遇挫折，她会耐心细致地指导和鼓励；在生活中有什么困难，她会及时了解情况，并在第一时间给予支持。

在卢老师办公室的书架上，有一张去年毕业的一个女孩寄来的贺卡，上面写着："三年前，我站在您的面前泣不成声，您告诉我擦干眼泪勇敢面对；三年后，再次站在您的面前，您说：'你长大了，遇到问题可以勇敢面对了。'老师，您可知道，没有您的支持，我哪来的勇敢？没有您的微笑，我哪来的坚强？没有您的鼓励，我哪来的从容？千言万语，只能再说一句，谢谢您，我的女神老师。"

"其实我只是在这个女孩遇到困难时，挤出时间耐心地鼓励、帮助、引导她解决了困难而已。"卢老师微笑着说，"谁年轻时没有遇到过迷茫和挫折？我们应该将心比心，尽全力帮助和引导学生。其实研究生成绩 80 分和 90 分没有什么本质区别，但有没有独立思考行事的能力、有没有感恩之心，却有天壤之别。"

卢艳花至今已经培养指导了博士、硕士研究生 50 余名，其中 1 人获校优秀博士学位论文，8 人获校优秀硕士学位论文，4 人获得研究生国家奖学金。她指导本科生 7 次获得国家级或上海市级大学生创新项目资助。从她的研究团队出来的学生，不管是已经毕业的，还是在读的，用生工学院研究生办公室老师的评价说就是："卢老师实验室培养出来的学生都很优秀，靠谱。"

热心公益事业：用心去爱，以爱践行

教学、科研加上作为学院副院长、副书记的管理工作"三合一"以后，卢艳花每天早晨七点前就会出现在办公室。但热情开朗的她多年来仍然一直热心于公益事业。

作为学校妇委会兼职副主任和女教授联谊会常务副会长，卢艳花精心策划并发起了女教授和女大学生结对帮助的"彩虹工程"活动。以"用心去爱，以爱践行"为宗旨，女教授们结合自身的成长经历，和女大学生分享如何科学合

理安排生活和学习、当前学业和未来职业规划如何统筹等经验，把爱心与关怀传递给每位结对学生，用榜样的力量感染和激励女大学生。四年多时间里，20余位女教授参与结对子，100余名女大学生受益。

原本普通的师生关系，却因“彩虹工程”而有了更密切的联系。学生郑转感慨道：“卢老师就像我人生图画中的彩虹。在她的细心指导下，我现在能以平和的心态去看待生活中的不顺，变得更自信了。”

在网络评选“研究生心目中的良师益友”时，学生们纷纷在网络中留言：“（她）待人温和但严格，为人谦逊有原则。宁可学生完不成任务，也不可以抄袭他人成果或编造数据。从老师身上学到很多，谢谢依然年轻的卢老师!”“最棒的老师，也是我特别爱的老师，我会像妈妈一样对待的老师，研究生三年得到她太多关爱，永远不会忘的恩师!”……

提及这些留言，卢老师再次爽朗地笑起来：“我深信，教育不是注满一桶水，而是点燃一团火。真正的爱是可以传递的，更是可以感染的。”

（本文原载于2017年9月20日华东理工大学新闻网）

【心语思】

近二十年的教师生涯，在师生互动、教学相长的过程中我感触颇多。不过归根到底，其实是两道题目。

第一道是选择题，要把学生培育成一个什么样的人。学生获得的各种成绩和荣誉，只是一种水到渠成的结果。我更关注学生综合素质的提升。我一直要求学生要努力做一个靠谱的人。靠谱本质上是一种对于推动社会与科技发展的使命感，一种自我约束、自我激励、自我发展的责任感。我不是很看重学生单纯的课程成绩，但有没有担当、责任心、感恩之心，是否勤奋、真诚，倒是我关注的焦点。

第二道是思考题，就是怎么培养的问题，如何立德树人。教育的本质不仅是传授，更应该是如何鼓舞和激发。没有不优秀的学生，只有不科学的培养方法。我坚持严中有爱、因人而异、因材施教。好老师不应该是“老好人”，“严中有爱”才是一位好老师的“底色”。有效的教育沟通方式不应该是刻板说教，而应该是像朋友一样，倾听学生的观点，尊重学生的想法。在讨论、分享和互动交流中，给学生以积极的启发和引导。

真诚和勤勉是人生最好的捷径。是以共勉。

与“糖”较劲的海归青年

——记药学院国家“千人计划”青年人才杨友教授[①]

人物名片：杨友，教授，博士生导师，主要从事糖化学和糖类药物的研究。迄今，已在*Chemical Reviews*，*JACS*等国际著名期刊发表近30篇SCI论文，撰写英文学术专著1个章节，申请发明专利4项（授权1项）。入选国家“千人计划”青年人才（2015）；上海市浦江人才（2015）；华东理工大学青年英才（2015）；获华东理工大学青年五四奖章（2017）。

中国科学技术大学优秀毕业生，安徽省高校品学兼优毕业生，获得德国马普学会奖学金和欧盟重大项目工作合同，在*JACS*、*Advanced Materials*、*Natural Product Reports*、*Chemical Science*和*Cells*旗下子刊*Chemical Biology*等国际知名期刊发表论文22篇，申请欧盟专利1项、PCT国际专利1项，研究成果共被引用900多次……履历证明了杨友的优秀。

去年9月，杨友学成归国，来到我校。现在，作为国家“青年千人计划”

---

① 记者石翎采写。

专家、学校特聘教授、博士生导师，杨友踏着扎实的步伐，在科研之路上前行。

由被动到主动

高中考大学时，和大多数同龄人一样，对于未来要做什么、会怎么样，杨友的心里也没谱。当时，他考上了地处家乡安徽的中科大，选择了学校的优势专业，攻读无机纳米材料。不出意外地，一贯的勤奋使得他的成绩名列前茅。

大学生涯行至后半段，他开始思索未来，想要更多的挑战。此后，他逐渐意识到有机化学合成是个广阔平台，可自由创造新物质。奔着这个方向，他以优异的成绩，被中科大化学系录取为硕博连读研究生，师从中科院上海有机化学研究所俞飚研究员，成为一名“所系结合”联合培养的研究生。

读研期间，杨友推开了糖化学这片新天地的门，从此便“咬定青山不放松”，埋首于科研。博士毕业后，他继续赴德深造，在马克斯-普朗克胶体与界

面研究所，跟着世界顶尖的糖化学和糖生物学家 Peter H. Seeberger 教授，进击该领域研究最前沿。

“努力做到最好”，是他内心坚定的声音。

遨游在糖化学前沿

“糖”是杨友科研工作的核心，但这个“糖”指的是千变万化的糖类化合物，而绝不仅仅是我们日常所食用的糖类物质。据杨友介绍，其实，我们的身体里到处都有糖，类型可以达到千百种之多。糖的结构不同，功能便不同，它的结构若发生一点微小的变化，就可能对细胞识别和信号转导等产生巨大的影响。比如说，正常细胞表面的糖链结构发生微妙的变化，就可能标志着此细胞已转变为癌细胞。通过研究糖的结构与功能，就有可能开发出预防、诊断和治疗相关重要疾病的方法。

虽然糖遍布于自然界，但其结构太过复杂，要从自然中提取、分离再鉴定

困难极大，因而，人工合成是个更好的途径。用高效、实用的方法快速得到符合需要的糖化合物，一直是杨友努力的方向，他认为："这个领域很有意思，可以自由发挥创造力。"

在糖化学研究的基础上，杨友进一步瞄准了糖疫苗和糖药物领域，"我希望自己的研究所得是有用的，能够有很多人来用它，去解决一些实际问题。"

以糖疫苗为例，杨友力图人工合成作为致病因子的糖抗原，将它们连接到载体，形成糖缀合物再注入人体内部，发挥作用。由于人体有排外性，这些糖分子进入人体后就会被免疫系统辨别出来，同时产生抗体。由此，聪明的免疫系统就会记住这种糖抗原，下次它们再来侵袭人体时，就会快速、大量地产生抗体来抵御它们。

虽然科研是艰辛的，要实现目标，还有大量的工作要做，还有很长的路要走，但在杨友看来"向未知发出挑战的科研，已经慢慢地变成了一种享受"。每当有所突破，"同行的认可"最能令杨友感到满足。

中国也可以做好！

"本科打下基础，研究生阶段找到方向，博士后经历开阔视野"，回望自己走过的科研道路，杨友总结，"我觉得自己比较适合做科研"。经过这些历练后，对于"自己想要做什么"这个问题，杨友心中的答案已经十分清晰了——围绕国家战略发展需要，形成创新团队，在糖科学研究上与国际接轨，开发出有重要市场价值的糖类药物和糖类疫苗。

博士后期间，读论文、做实验、自主选题、提升写作、参与国际会议……杨友充分领略了所在研究领域的前沿发展，也认识了很多专家学者。惊叹的同时，杨友会在心里暗暗较劲：外国人可以做得这么好，中国人也行！

回国后，杨友来到华理的第一件事就是建实验室，接下来便是招研究生、开设全新的课程、寻觅新的科研伙伴……他的到来无疑为药学院注入了一股新鲜的有生力量——学院原本没有这个研究方向。

杨友的崭新征程已在华理开启。他准备与国内外著名糖化学家、糖生物学家、糖药学家和糖工程学家进行密切合作和交流，尽力破解糖类分子介导细胞表面生物过程的糖密码，争取取得糖科学领域的重大标志性成果。

（本文原载于2015年10月20日华东理工大学新闻网）

【心语思】

响应国家“双创”工作的时代需求，科研工作者需要尽力达到“顶天立地”的境界，在学习和理解大自然的基础上，面对一个又一个科学难题时，要敢于突破自我，站在科学研究的最前沿和学科交叉点来思考问题，取得优于自然的原创性科研成果。同时，科研工作者也需要接地气，大力推进科研成果的转化，为人类的健康事业贡献智慧。

在新时代中国特色社会主义思想的指引下，科研与创新迎来了大有可为的历史机遇期，科研工作者更是需要紧紧抓住这个难得的机会书写辉煌的篇章。科学研究从来不是一帆风顺的，经常伴随着辛勤的汗水和失败的沮丧，但偶尔也会有意外的发现和成功的喜悦，最后的胜利往往青睐于毅力坚强和善于思考的人。“长风破浪会有时，直挂云帆济沧海”，尽管通往成功的道路上铺满荆棘，但每一个怀揣着勇敢和坚持的科研人员定会在这条路上不断尝试和探索，相信我们的科技强国梦终会实现。

35岁的博导

——记首届“青年英才校长奖”特等奖获得者白志山老师[1]

人物名片：白志山致力于吸附颗粒制备、界面的调控和机制、分离强化技术与装备等基础理论前沿探索和重大工程支撑技术研究；主持了“973计划”、国家自然科学基金项目等10余项课题，发表论文50余篇，其中SCI收录26篇，EI收录13篇，授权中国、荷兰、美国发明专利15件，申请中国发明专利12件；入选“长江学者”特聘计划青年学者、“973计划”青年科学家专题负责人、国家自然科学基金优秀青年科学基金、中共中央组织部首批青年拔尖人才支持计划等。

1979年出生，双鱼座，老家河南南阳，“我是个农村孩子，性格嘛，不知道算外向还是内向”。

白志山，这样一个在导师汪华林眼中“长相一般、勤奋、肯干的普通人”，博士期间已获得上海市科技进步一等奖，是当时最年轻的第一完成人，此后，

① 记者卞慧采写。

又两获国家科技进步二等奖，入选国家高层次人才特殊支持计划青年拔尖人才，被评为第五届上海青年科技英才、上海市青年科技启明星，在重要国际刊物上发表创新性论文22篇，获得14项授权专利（其中包含美国专利1项、荷兰专利1项）。

更值得一提的是，在34岁那年，他以副教授的身份被学校破格晋升为博士生导师。

“小材大用”催生科研良材

他为什么这样热衷科研？“受课题组氛围影响，课题组老师非常上进，晚上十点多都在实验室，读了硕士之后更加热爱科研”；“做了实验，发了文章，有成就感”；在工厂做现场实验，解决厂里的问题，“很享受这个过程”……

“回想起来，硕士期间发表的那篇SCI论文对我走上科研之路起到了很大的推动作用”，白志山如是说。

那是他人生中的第一篇SCI，2006年发表于《化工技术》（*Chemical Engineering Technology*）。那时候，他们组里发表SCI文章的学生不多，他“激动了好几天，感觉世界都特别美好”。

在硕士、博士研究生阶段，先后被导师汪华林、涂善东派到工厂里做项目也给了他很大的锻炼。与做基础研究不同，做工程类的研究项目必须要学会“与工厂打交道”。汪华林介绍说，那时候他带的学生不多，大概五六个人，很多项目只能派学生去做，算是“小材大用”。20出头的白志山就这样被导师“扔”到了工厂第一线。“在现场真是千头万绪，每次实验都像是一场奇遇”，白志山说，“这里要找操作工，那里要找测试员，有时候一个简单的实验就需要花一周的时间跟师傅们协调沟通……厂区又特别大，下车到装置走路都要走断腿，7点出发都太迟”。后来他索性搬到了厂里的招待所，“蹲点实验”加紧出活儿。

在这种奔波和高强度的实验要求下，白志山的热情和创造力被更大限度地调动了。“从高桥的实际需求和工况出发，结合我们组在旋流器上的积累，运用当时还算时髦的数值模拟，我构思了我的第一篇 SCI 论文”。“现场的工作不能间断，只能利用晚上休息的时间搜索和阅读英文文献，看看如何能把从工厂中找来的问题放到论文中去，还得用英文把故事讲给人家听，这是我当时最直接的想法”。论文得到了审稿人的褒奖并顺利接收，白志山的构想取得了成功，汪华林教授“小材大用”的人才培养策略也收到了满意的效果。他的博士学位论文获得了上海市博士优秀论文，并被提名为全国优秀博士论文。

把根扎进科研沃土

2010 年，石家庄炼化上马一套年产 6 万吨的组合工艺，整个工艺投资近五个亿，但由于一个“轻、重相分离”的难题无法解决，产品质量不合格，只好停车，并请来巴陵石化的技术人员作诊断，巴陵石化推荐了初出茅庐的白志山。

白志山接到电话后，立马奔赴石家庄开始了实验。做了两天实验，效果尚可，但厂里有点担心，总经理找他谈了好几次。但白志山认为“有数据说话，非常有把握”。白志山在谈及这段经历时，神情变得笃定而霸气起来，头头是道地解释起他当时的设计思路，从国内外研究、应用的现状到反应原理，仿佛一套套装置就在眼前、触手可及一样。

“这个轻重相分离的问题包含两个难点：一是内含热敏物料，要求快速分离，时间长了会发生副反应；二是轻重相的含量不稳定。因此，操作需时 30～60 分钟的重力沉降和聚结分离两种方法都用不了。”白志山用了新的方法，使石家庄石化整套工艺原先生产的等外品变成了现在的一等品，每吨产品能多卖五六百元。

这是他博士毕业后接的第一个工程项目，“到现在还受益，石家庄石化很认可华理，现在他们遇到分离问题首先想到的是我们”。2009 年博士毕业后，他完成了齐鲁石化、武汉石化等十几家企业大大小小几十个项目，“一年有 1/4 的时间在厂里，做工程项目的特点就是经常要与厂里沟通”，因为“很多机会要自己争取，多沟通才知道企业的需求”。

做科研最重要的是什么？白志山认为还是坚持，“人都很聪明，关键是坚持住”。如果把人比作一棵树，他这棵长势旺盛的树，已把自己的根深深地扎进科研的沃土之中。

从误打误撞到矢志坚持

现在，白志山有件“睡觉都在想”的事——汽油提质的课题。“环境污染很大程度上是因为汽车尾气。而将汽油提质、减轻环境污染，建立硫酸烷基化装置正是目前最佳的方法。”

现在，国内硫酸烷基化装置尚无自主知识产权，中石化经过多年攻关的自主开发工业化装置即将落户石家庄炼化。硫酸烷基化的核心技术包含 3 个方面，酸烃分离、反应器和废酸处理。白志山掌握的技术有了更大的用武之地——酸烃分离技术即将被列入中石化“十条龙”科技攻关项目，“这对我们非常有利，分离可以做成专有技术，上一个大台阶”，他的兴奋之情溢于言表。

“高考算我的人生低谷吧”，白志山回忆说，“农村学生还是想考个电力、水利这样‘挣钱多’的专业”，但他最终却被调剂到了东北石油大学。当时他连“大庆在哪儿都不知道，只知道在东北，是个棒打獐子瓢舀鱼的地方”。去了以后才发现学校在一个县城里，总共只有十一道街，每条道街四五百米长，学校虽然偏僻，但学风浓厚，养成了学习阅读的好习惯。

这一学就一发不可收拾。本科毕业他在中石化工作 1 年后，考到了华东理工大学，然后一路硕士、博士，再留校任教。

他非常享受做科研的过程，也遇到过苦恼。“苦恼的时候应该有很多”，比如做好的方案未被采纳，或者某项科研“不知道方向在哪里”，但是碰见难题，解决了就会很开心，他说会“极力寻求新的突破点”。

问到现在的计划，白志山的回答很朴实，就是“踏实做好事情，把学生带好，多些工程项目让学生锻炼”。汪华林常用一些年轻英才的事提醒白志山，未来的时间“干什么事，自己要有规划，不能像以前那样零敲碎打，要做些大的事”，希望他“有长远规划和高远目标，对得起单位和父母”。

“工程领域追求完美，还有很长的路，一个重担需要很多肩膀去扛”“他们这一帮年轻人很团结，经常交流，相互帮一把，氛围很好。”汪华林教授欣喜地表示，让我们期待白志山这样的良材团结催生出一片茁壮的森林吧。

（本文原载于 2014 年 11 月 25 日华东理工大学新闻网）

【心语思】

在硕士、博士研究生阶段经常到现场做项目，虽然很辛苦，但都是充满热情地去实验，确实学到了很多东西。有时某项科研碰见难题，我都是极力寻求新的突破点，享受做科研的过程，当然也要感谢导师汪华林教授、涂善东教授的指导与帮助。从博士期间接到的第一个工程项目到现在，已主持“973 计划”青年项目、国家自然科学基金项目等课题 30 余项，我认为做科研最重要的是坚持。每个人都很聪明，关键是坚持。科研工作者要把自己深深地扎进科研的沃土之中，不怕吃苦，勤奋肯干。担任博导和硕导以来，我感觉身上的担子更重了，但我时刻高标准要求自己，踏实做好每一件事情，和学生之间亦师亦友，重点培养学生做人、做事的态度，提高学生创新和解决问题的能力。

从普通青年到有为教授究竟有多远

——记首届“青年英才校长奖”特等奖获得者龚学庆教授①

人物名片：龚学庆，教授，博士生导师，华东理工大学研究生院常务副院长。主要利用密度泛函理论（DFT）计算开展材料、表面科学以及催化化学等领域的研究工作。2007 年 6 月回国工作以来，已发表 SCI 论文 100 余篇，论文 SCI 他引 4 000 余次。其中，与实验合作者一起在 *Science* 上发表论文 2 篇。作为项目负责人承担国家自然科学基金青年基金 1 项；作为骨干参与国家“973”项目 3 项，科技部国际科技合作项目 1 项，国家重点研发计划项目 1 项。

从考进大学到成为教授究竟要花多少年？龚学庆给出了他自己的人生算式——4 + 1 + 3 + 3，共计 11 年。2007 年，龚学庆 29 岁，作为青年海归人才被引进华东理工大学。那一年，他是华东理工大学最年轻的教授。

3 年后，龚学庆开始陆续拿出更为亮眼的成绩单：2010 年，和硕士生初丽娜与美国学者合作撰写的论文在国际顶级期刊 *Science* 上发表；同年，入选上海

① 记者石翎采写。

市“东方学者”特聘教授；2011 年，与英国牛津大学教授合作撰写的论文再次发表于 *Science*；2013 年，入选国家自然科学基金委“优秀青年科学基金”项目以及上海市“曙光学者”项目。

“年轻有为”，2014 年 11 月 2 日，校外专家在华东理工大学青年英才校长奖评审会上对龚学庆给出评价：“发表论文数量多、他引次数高，是国际化人才，积极参与国际合作项目且成果显著。”这样一位“有为教授”究竟是怎样炼成的？

勤勉“点金”机缘巧合

“随遇而安”，这淡淡的 4 个字是龚学庆对自己一路走来的总结。然而，龚学庆“4+1+3+3”的人生经历是有些戏剧化的——幸运考进交大；苦读四年却遭遇保研失利，在家待了一年；由“贵人”黄德音教授推荐，赴英国贝尔法斯特女王大学留学，三年读完博士；赴美国普林斯顿大学深造，做了 3 年博士后；博士后做完，经英国的导师胡培君推荐来到华理成为教授。

这是一条先抑后扬的曲线，生活好像跟龚学庆开了个玩笑，先让他栽了个跟头，耽误了 1 年时间，而后又给了他机缘，让他驶入科学研究的高速路。事实上，在背后支撑龚学庆渐渐升华的人生境遇的，是他始终不变的乐观心态与勤勉作为。

高三那年，交大来校宣讲，听了应用化学系老师的介绍，他就定下了选读化学专业的方向。进了交大，发现自己读的既不是优势学院，又不是热门专业，这些都没有令他灰心，他倒觉得“专业挺有趣的”。当时，他每日早出晚归去自习，周末也不休息，全身心投入学习，每周五晚上稍稍看看碟或者打打游戏就是他仅有的放松方式。他如此勤奋，只因为“周围同学成绩都挺好的，我也要努力”。

4 年后，一门心思保研的他却落了个空，那时再准备考研已来不及了，即便如此，龚学庆也只是短暂低落了一下，紧接着就开始计划出国留学了。由于平日里的踏实与勤奋，黄德音教授乐意推荐他去英国留学。经过准备，一年后，龚学庆赴英国贝尔法斯特女王大学，以全额奖学金攻读博士。

刚到英国的时候，他对自己所学的理论模拟还只是“摸不着头脑”的程度，但他每天两点一线，坚持努力学习，恶补物理与数学等各种知识。读博期间，龚学庆共发表了 6 篇 SCI 文章，其中 2 篇分别刊登于国际知名刊物《美国化学会志》（*JACS*）与《物理评论快报》（*Physical Review Letters*）上。当时，他想得也很简单，“看到师兄做得很好，我也想要做好，尽快发一些好文章，尽快毕业”。

“我本科时就想过要去美国。”龚学庆很实在地表示，所以博士生涯结束后，他就申请去了美国读博士后。在美国普林斯顿大学，他生活的重心依然是研究与学习。博士后期间，他又在《自然》（*Nature*）杂志子刊《自然-材料》（*Nature Materials*）上发表了 1 篇有分量的文章。2007 年 6 月，刚做完博士后的龚学庆在量子化学计算方面积累了大量的系统性学习与训练，在英国的导师胡培君的推荐下启程回国，来到华东理工大学担任教授。当时，胡培君是华东理工大学的客座教授，他表示，计算机模拟在催化研究中是不可或缺的，需要引进人才。

打开一个个“黑盒子”

“黑盒子”里的“魔力作用”，这是过去人们对催化过程的描述。那时，催化剂的制备主要依靠经验，缺少严格的科学理论指导。然而，无法清楚地认知黑盒子里化学反应的机理，人们就难以摸清隐藏其中的规律，难以精准地对反应过程进行调控，那么，要高效率地提升催化剂的性能也就无从谈起。

龚学庆的科研工作恰恰有助于揭开黑盒子里的秘密。“我们掌握了一套计算化学的工具，可以运用它来计算、分析并解释一些实验现象。”这套工具就是基于密度泛函理论（DFT）的第一性原理计算。简单地说，龚学庆的工作就是利用计算机程序模拟并揭示实验过程与结果。实际上，要有效运用这套工具来解决具体问题并不是件容易的事，这是个多学科交叉的工作，需要化学、数学、物理与计算机等知识背景。并且，计算不是盲目的，需要事先进行合理的猜测，针对具体情况，还要对工具本身进行修补或完善。

龚学庆的到来，填补了华东理工大学理论催化人才方面的空白。“早在2002年，卢冠忠教授就提出所里要大力加强理论催化领域的建设。我看到胡培君教授发表的相关文章后，就积极与他联系，他先是做了客座教授，与学校开展合作，后来又推荐了龚学庆到学校来。现在，龚学庆已成为理论催化研究室的骨干。”工业催化研究所所长郭杨龙介绍。

汽车尾气治理方面的催化研究是华东理工大学的传统强项，曾获国家科技进步二等奖，其中一大特色是将我国富余的稀土材料应用于催化过程。龚学庆来校后，对其中的催化过程进行了大量研究，揭示了稀土元素特有的高度局域的 f 轨道对催化性能的影响作用本质，首次提出了其作为“化学反应杠杆”的理论模型。通过多年持续、深入的研究，龚学庆正在一步步揭开汽车尾气净化这一“黑盒子”里的秘密，为设计、制备高性能稀土催化材料提供了一系列重要的理论依据，并构建起了较为完善的理论框架，积累了进一步研究的方法和思路。

“坚持投入地做一件事，直到形成完整的、系统化的，具有普适性的理论体系。”这既是龚学庆的目标，也是他全身心投入科研的写照。

其实，不单单只有催化领域才有黑盒子的困扰。科研工作者在实验过程中发现新的实验现象，需要科学理论加以阐明与分析的情况还有很多。比如，材料学院杨化桂教授就在实验中发现了一个很有意思的现象——二氧化钛纳米颗粒会呈现类似菱形、平行四边形、橄榄球形等不同的形貌，他找到龚学庆来帮忙，经过计算与分析，最终阐明了这一现象的作用机理与形成原因，也因此在新材料领域取得研究突破，相关成果发表于《自然-通讯》（*Nature Communications*）上。

事实证明，龚学庆所掌握的这套工具大有用武之地。作为骨干，他参与了国家“973”项目3项，科技部国际科技合作项目1项，共发表SCI论文66篇，他引次数超过1 200次，H指数为23。2011年，华东理工大学计算化学中心的成立，也给予了他更大的施展才华的舞台。11月18日，华东理工大学“长江学者”龙亿涛教授领衔的基金委“创新研究群体”项目启动会，龚学庆也参与其中，未来，他还将在光电催化领域发挥作用。同时，他还加入了中科院科技创新“交叉与合作团队”。

“暖男”执掌自由探索乐土

实验十四楼315室是个挺神奇的地方，那儿没有严格的考勤制度，学生们却自觉自愿，坐在电脑前勤奋地做着研究——有的在查阅文献，有的在编程序，有的在看分子结构图……遇到不懂的地方或者冒出一个新想法，可以随时跑到导师龚学庆的办公室去请教或讨论。记者走进去，看不出科研的严肃，倒是弥漫着一种乐土的感觉。对！那儿正是龚学庆所带的研究生的实验室。

一提到龚老师，大家喜笑颜开，冒出了好多形容词：“帅！”“很绅士！”“英伦范儿，气质好！”“非常理解、体谅人的‘暖男’！”“学术上很厉害！”……最后，还是自称大师兄的吴新平一语道破天机：“龚老师对我们那么好，我们也要对他好！”

记者抬头一看，实验室墙上一张2014（秋）羽毛球排队安排表映入眼帘。原来每周打一次羽毛球已成为了实验室的必修课。吴新平介绍，这起源于一个男生的感冒，细心的龚老师由此发现，大家经常一头扎进实验室里，不利健康。于是他拿出经费，动员大家一起去打羽毛球。“龚老师还专门给我们装了排风扇，买了空气净化器。”余燕燕说。

“基础研究领域自由发挥的空间还是比较大的。”龚学庆主张，idea是科研的灵魂，要给研究生充分的自主探索空间，激发他们的工作热情，鼓励他们提出新想法。他给学生创造了良好的科研条件，在生活作息上也比较宽松，但在学术研究上却异常严格。讲解问题时，他会先透露一个大概的方向，留给学生思考的余地。论文撰写也由学生先自由发挥，但绝不能随便糊弄。余燕燕介绍，她每次有了想法去找龚老师，龚老师总能疏通她的想法，点到要害。丁攀说，龚老师常常用逆向思维启发他们全面思考、寻找灵感。

作为博导，龚学庆至今已招收研究生21人，其中7人已毕业，1人获上海市优秀毕业生，1人成为公司新成立的计算化学部门的带头人，2人经他推荐或支持正在海外留学。作为教授，龚学庆承担了2门本科生课程与2门研究生课程的教学，每年指导4～5名本科生完成毕业论文。同时，他全面参与了华东理工大学计算化学中心的建设，并2次组织召开理论化学国际研讨会。他的到来着实带动了华东理工大学“理论催化”学科的建设与前沿人才的培养。

“乐观、积极向上，他身上有满满的正能量，能够带动身边的人也变得积极起来。”同事王海丰毫不吝惜赞美之词。

（本文原载于2014年11月21日华东理工大学新闻网）

【心语思】

科学研究是一个既枯燥又充满乐趣的工作，摸索的艰辛、被拒稿的沮丧、成果产生的喜悦、获得认可的自豪，都是科研的一部分。要想做好科研工作，以下两点必不可少。一是要持之以恒。作为专职的基础科学领域的研究者，每个人都有自己较为集中的研究领域，可能在其中已经深耕了十几年甚至几十年，时间虽然漫长，但正是长时间的思考和探索才能“摸到”其中的脉络和精髓。就像我们细细咀嚼食物，才能磨细磨碎，品味出全部味道，而不是大而化之、似是而非、囫囵吞枣。同时，深耕过程的积累也是灵感迸发的基础、创新的源泉。二是要广泛交流。有的时候，自己苦思冥想远不及与人交流中思路碰撞所带来的思想火花。因此，一定要花时间和同行交流、和同事交流，甚至和学生交流。

就学生培养而言，既要教给学生科学研究的规范、方法以及基础知识，也要在潜移默化中传递科研品味、科研理念和科研追求，帮助学生克服焦虑，发现自己的不足，正视差距，弥补短板，实现自我提升。

揭开催化剂“神秘面纱”的探究者

——记第二届“青年英才校长奖”获得者王海丰老师①

人物名片： 王海丰，男，教授、博士生导师。2005 年和 2012 年分别获华东理工大学应用化学专业学士、工业催化专业工学博士学位，2012 年 3 月入职华东理工大学。主要从事计算化学和理论催化研究。入选国家“万人计划”青年拔尖人才、国家优秀青年科学基金、中国科协“青年人才托举工程”、上海市“曙光学者”、上海市青年科技启明星计划等，2014 年获“中国催化新秀奖”。

阳光、亲和，这是与我校第二届“青年英才校长奖”获得者王海丰老师会面的第一印象。一时间，记者还难以将这位“阳光型暖男”，与潜心于用微观层面的量子力学方法来进行理论催化计算的“深沉解密者”形象重叠起来。

自 2001 年进入我校应用化学专业至今，王海丰已从当年勤奋求学的华理学子，蜕变为承载华理印迹的科研探寻者。多年来，他主要从事固体材料结构与性能计算、多相催化原理和催化剂理性筛选等理论催化计算领域的研究。

① 记者李铁军采写。

随着稀土复合氧化物固溶体“组成-结构-活性”构效关系、小分子低温氧化复杂催化机制解析、气固界面催化活性动力学控制机制、液固界面光电催化阴极材料理性筛选等方面多项成果的取得，王海丰离实现催化材料快速筛选和设计的目标越来越近。

唯有勤奋　得机遇

人生很多的机遇，并非都被定格在起跑线上，更重要的是我们对于自我的探寻。这一点，在王海丰身上似乎得到了很好的印证。“本科最初阶段，我跟大多数学生一样，对科研并没有太多的概念。”王海丰说。

然而，一个不经意的兴趣点，让他多了一丝叩开科研之门的可能性。“我比较喜欢去思考和尝试探究一些事物本源性的东西。”正是因为这样的兴趣，他选修了卢冠忠教授的“催化原理”课程。这次下意识的尝试，却让他拥有了踏入理论催化计算领域探究的机会。

大三那年，王海丰开始与卢教授做本科生的创新项目，这是他第一次正式接触科研的深邃空间。顺理成章地，卢教授就成为他科研路上的第一位导师。

当不少同学还处于不确定的抉择期时，王海丰已先行一步，在科研的道路上开始埋头苦进。为了能够尽快进入状态，在卢教授的支持下，大四的他独自一人远赴中国石化北京石油科学研究院，整整半年的时间，一头扎进实验室进行基础研究的分析。“这段时间是枯燥和孤独的，但对我来说意义非凡。”

研一期间，除了上课，他几乎都“潜伏”在实验室进行量化软件代码的编写与调试。整整 5 个月的时间、数千次的策略组合，让他有些焦头烂额。好在，勤奋、耐得住性子，这些不少华理人身上共有的特点，让他成功熬了过来，也因此在卢教授的推荐下，前往英国女王大学，师从国家“千人计划”专家胡培君教授，正式开始理论催化计算领域的研究。

揭开“面纱”　破难关

催化作为化学里最重要的学科之一，几乎存在于所有的化学反应。在工业应用中，九成以上的化学生产工艺都离不开催化剂的“推波助澜”。传统的催化剂研究和制备基本都依靠实验试错进行，周期长、成本高，而理论催化计算却拥有一些非凡优势。

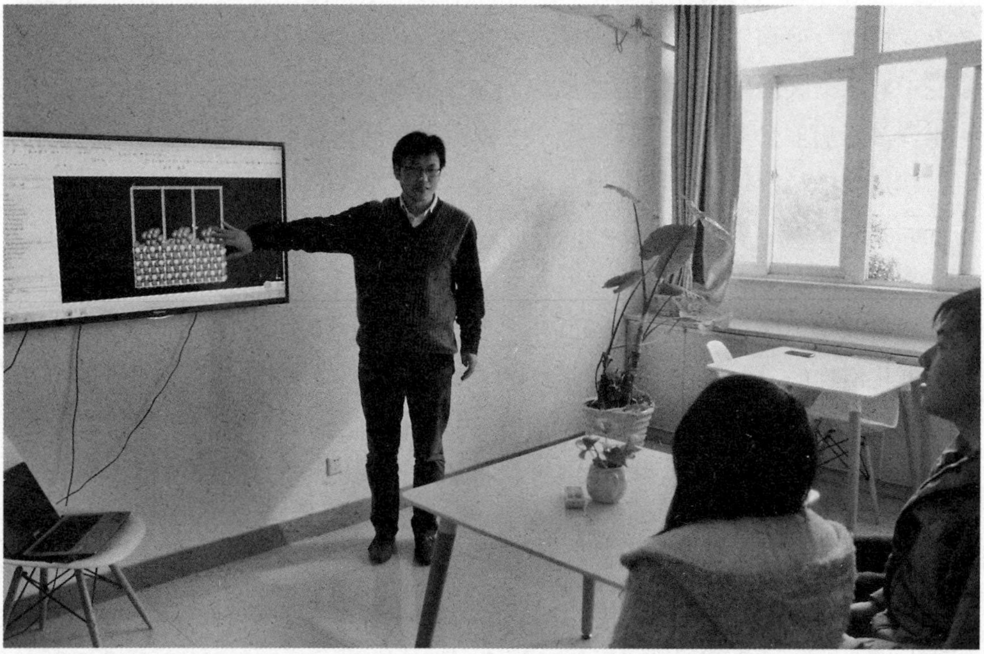

理论催化计算主要是利用量子化学计算的方式，去探究化学反应深处更为微观的世界，并通过计算机尝试模拟或仿真原子的微观行为，使得我们有机会“看”到纳秒甚至是埃秒级别的“真实”反应过程。“理论先行，预测成功的话，能节省大范围实验探寻的成本，极大地提高效率。”这正是王海丰所关注和追求的。

要想通过计算筛选出理想的催化材料，就必须先弄清楚影响催化反应的重要因素，最终抽提出“掌控”催化反应的关键参数。这些看似相当枯燥的构思与计算，对王海丰来说，却是获得愉悦感的必备前提。

以稀土储放氧材料性能模拟与机制解析项目为例，王海丰发现稀土铈基氧化物优异的储放氧性能来源于铈离子良好的电子局域能力和结构骨架弛豫能力，就此提出了相应的解析模型和局域化结构弛豫模式，为储放氧材料的进一步设计提供了理论依据，这让他信心倍增。

科研攻坚无止境，新型太阳能电池具有潜在的良好效益，但其关键的电极却是以价格昂贵的铂，也就是白金，作为电极催化材料。能不能尽快找到一种“物美价廉”的有效替代物？

王海丰和团队利用计算的方法，开辟了一条全新的催化材料“抓取”之路，效率还挺高！他利用密度泛函理论计算方法，以铂为模型材料，结合微动力学研究了对电极表面碘三离子还原反应的基本催化机理，并确定了基元反应的决速步骤及影响催化活性的关键参数——碘原子在催化界面的吸附能。

在这次染料敏化太阳能电池高效催化材料的探寻过程中，模拟条件由以往的气固界面变成了更为复杂的液固界面，这无疑给他带来更大的挑战。“过程是复杂和痛苦的，这次的计算环境更为困难!”不过，科研人特有的钻研劲，让他再次获得成功。通过真实液固界面环境模拟方法的探索和建立，他发现了吸附能与催化活性的关联关系，推导得出的“吸附能”关键指标，可对不同物质的性质进行“海选”，能够找到具有吸附强度与白金非常接近的材料。

基于此，他在国际上首次提出了染料敏化太阳能电池对电极材料的动力学理论筛选模型，建立并发展了复合氧化物体系氧空穴生成的定量解析模型等，获得了国内外同行的认可。

2014 年 10 月，他获得了由中国化学会催化专业委员会评选颁发的“中国催化新秀奖”，该奖项每两年评选一次（与全国催化大会同步），每届全国仅有 5 名科研人员获奖。

截至 2016 年 4 月，王海丰已在 *Nature Commun.*，*Angew. Chem. Int. Ed.*，*Adv. Mater. Sci. Rep.*，*J. Catal.*，*Small* 等重要学术刊物上发表研究论文 36 篇。此外，作为项目负责人，他主持了国家自然科学基金、上海市青年科技启明星计划、晨光计划、上海市自然科学基金等项目，并作为骨干参与了国家重大基础科学研究项目和国家自然科学基金重点基金项目。

胸怀责任　朝前走

“我很幸运，能有两位导师一路上对我悉心帮扶，一直感恩于心。”谈到与科研结缘，王海丰多次表达了自己由衷的感谢。无论是在学术要求上，还是在培养学生上，他都会很自然地把胡培君老师的一些理论和方法传授给自己的学生。“胡老师对我影响很大。”他说。

作为过来人，他深知严谨的科研态度对学生十分重要。“我会尽量想办法了解学生的动态，再加以引导。”对所带的学生，他要求也相当严格，“特定的阶段，就要特殊对待嘛，不能留下遗憾”。

“王老师在科研上是一个非常认真、严谨的人。”学生袁海洋的说法得到了实验室众多同门的一致赞同。“只要有问题，他都会很耐心地跟我们交流。”以大师姐自居的靳佳敏补充道，“王老师的很多想法也特别新颖，经常给我们新的启发”。

（本文原载于2016年4月11日华东理工大学新闻网）

【心语思】

催化化学的本质使命是创造新物质或实现化学品的高效生产，然而催化材料结构及组成通常复杂多变、表面反应机制复杂、催化活性难以统计等，导致高效催化剂的创制这一核心任务往往极具挑战，传统方法主要依靠实验试错进行，周期较长、成本高。

我关注和追求的目标之一是追根溯源，利用量子化学计算探究化学反应深处的微观世界，并通过计算机模拟或仿真原子的微观行为，使得我们能“看”到埃秒至纳秒级别的真实反应过程。其二是挑战共性难题，在还原模拟复杂反应的基础上，如何建立系统模型，从众多影响因素中抽丝剥茧般提炼出决定催化活性的本质关键参数，进而促进催化材料的理性筛选和设计。

近5年来，我所在团队坚持“沉住气和敢想敢干”的原则，以催化新机理探索和金属及氧化物等材料构效关系建立为切入点，重点突破催化活性理论方法，实现了一些光电转换和水分解制氢等体系催化材料的优化调控和理解。

站在新起点上砥砺前行

——记第二届“青年英才校长奖”获得者赵黎明老师[1]

人物名片： 赵黎明，华东理工大学教授、博士生导师，生物工程学院副院长，生物工程一级学科“食品药品和材料工程”方向学术带头人。入选第三批国家“万人计划”创新领军人才、科技部中青年科技创新领军人才、上海市曙光学者。曾获宝钢优秀教师奖、中国产学研合作创新奖（个人），省部级技术发明一等奖、科技进步一等奖、科技进步二等奖等。

“决定了要做，就要尽力把它做好！天道酬勤，你的付出总会有所收获。”对赵黎明来说，无论是长达 8 年的企业工作历练，还是回归校园后的科研探索，“食品”都贯穿着他丰富人生经历中的每一个抉择，坚持与追求、荣誉和成果都和食品科学专业密不可分。

① 记者李强采写。

潜心付出，水到渠成

对于 2015 年，赵黎明用“最累的一年”来形容：辛勤的付出让他破格晋升为博士生导师和教授，获得了第二届“青年英才校长奖”，还在第九届中国产学研合作创新大会上荣获“2015 中国产学研合作创新奖”，该奖项是由科技部和国家科学技术奖励工作办公室批准设立的社会力量奖，被认为是我国产学研界的最高荣誉。

细数一路前行的点点滴滴，赵黎明认为，认真做好每一件事是他能够获得各种荣誉的关键。8 年的企业工作历练中，他做过国际贸易和研发的管理，担任过外企事业部高级项目经理和技术总监，也曾独当一面挑起民企总经理的重担。他一直实实在在地解决着产业实际问题，并用心在过程中凝练科学问题，把基础研究、应用技术和产业需求紧密结合在一起。他的博士论文《基于双膜耦合碱回收的甲壳素清洁生产工艺》中提出的研究成果得到了产业化应用，在获得上海市科技进步三等奖后，仍然继续研究，以期更大突破。

过去 8 年来，在企业实战中积累的丰富经验以及回高校后的丰富产学研合作经历，让赵黎明获得了产学研界的最高荣誉。对此，他用“水到渠成”一词来归纳。对于公众越来越高关注的食品行业，他表示：“食品行业持续了 15 年两位数的增长，在任何其他产业中都不可能出现，这说明我们可干的事情很多，需要干的更多。”

悉心求学，专注志业

谈到与“食品”的 20 多年缘分，赵黎明坦言：“其实这个专业不是我自己选的，也不是第一志愿，不过，‘民以食为天’，食品与民生息息相关，既然学了，就要学好它。”就这样，抱着“既来之则安之”的心态，他慢慢培养出了对专业的兴趣。

在食品行业刚刚起步的 90 年代，赵黎明看到了“学好食品”的价值所在，于是在食品专业全国排名第一的无锡轻工大学（现在的江南大学），开启了跟随导师夏文水教授悉心钻研甲壳素的求学之路。甲壳素是他本科、硕士和博士三个求学阶段的研究重心，他后来又将其与分离提取共性技术有机地结合在一起，以“海洋氨基寡糖提质增效技术”作为核心研究方向之一，切切实实推动了甲壳素产业的技术升级。

攻博期间，他要同时兼顾家庭、事业和学业，为了尽量不落下每一堂课，时任凯能公司工业流体事业部高级项目经理的赵黎明常常一天之内在无锡、上海和其他城市之间连轴转。周日晚上回到无锡家里，第二天上午上完课，再坐火车到上海站，地铁 1 号线转 2 号线到张江高科地铁站，然后打车到公司，到公司办完事再打车到磁悬浮，坐磁悬浮到浦东机场，然后再飞北京，晚上到北京办好事儿已经是子夜了。秉持着“干一行爱一行”的信念，他在这段“很累很苦”的岁月中坚持了下来，用短短 3 年半的时间拿到了博士学位。

从“基于分子修饰和物性调控的膜分离关键技术”共性方法体系确立，到“基于流场特性的多尺度传质过程优化和在线反馈连续色谱系统”研究及产业化

应用，从“基于酶膜技术的海洋氨基多糖提质增效技术”的研究，到“生物基尼龙聚丁内酰胺制备”技术的发明，结合企业工作实践和后来的应用基础研究，10 年多的时间里，赵黎明形成了一系列的代表性成果，这些都与他丰富的经历、学识和科研积淀密不可分。

尽心育人，力求创新

回归校园让赵黎明开始认真思考起“学者”和“教育者”的身份和责任。他的专业背景和社会阅历，使他深知整个食品行业的学科发展方向和社会对专业人才的需求，因此，对食品专业人才的培养目标也更加清晰。“学科的发展必须符合其自身规律，还要符合产业实需，并紧扣国家重大战略需求，这样才能始终处在学科前沿、开发出企业实际需求和关注的科研成果。”

2010 年调入华理工作后，他组建了由 6 位教师组成的科研团队，先后建立了华东理工大学发酵工业分离提取技术研发中心（行业技术中心）、华东理工大学-恒天生物基材料联合研究院、华东理工大学-长龙生物壳寡糖研究中心三个科研基地，形成了以“膜及色谱分离提取共性技术”为主体，以“生物基材料创制”和“海洋氨基寡糖提质增效研究”为两翼的研究方向布局，以应用为导向，注重学科交叉，突出工程特色。

作为一名博士生导师，赵黎明坚持以社会实际需求为导向，通过产学研合作的育人模式来培养学生的实践创新思维。“对学生来说，不但要钻研技术，更要研究科学和学习哲学，最终为产业服务，所以，把学到的书上的知识变为活用的技能，才是工科学生应该做的。”而他所带的研究生，几乎都有过产学研合作的经历，学生在企业中表现出的对专业的热情和实践创新的激情，也往往很受企业的青睐。就此，他还制定了研究生企业实习制度，规定研究生必须参与至少 1 项的企业横向课题研发。

在本科生培养方面，赵黎明多次担任班导师，2012 年还被评为校优秀班导师。他特别强调国内外各种创新竞赛对学生创新实践能力培养的重要性。2010 年以来，他坚持每年指导和大面积组织本科生参加全国及上海市的创新竞赛，并数次获奖。“通过竞赛与高手过招，让学生把自己学的书本知识运用到活生生

的产品开发的过程中，让他们知道自己的不足和别人的优势，可以培养他们对食品专业的兴趣，激发创新实践的热情和兴趣。”

“在关心学生学习、生活的同时，他尤其注重学生思维方法、学习方法的培养。每次班会，他都会给同学很多建议，假期前还会给我们假期阅读建议，推荐《大学》《道德经》等经典国学书籍。”他所带班级的团支书说。

（本文原载于 2016 年 6 月 15 日华东理工大学新闻网）

【心语思】

人才的培养与专业的发展必须符合学科发展规律，紧扣国家重大战略需求，这样才能培养出具有学科前瞻能力、才智可塑性、具有工程思维和科研潜质并符合社会需求的优秀人才。深厚的食品专业背景和丰富的企业工程经验，使我能洞明食品行业的学科发展方向和社会对人才的实际需求，更清楚新时代教书育人的重大责任。

对工科学生来说，不能只掌握自然科学知识，更要学习人文科学知识，要有深厚的文化底蕴和辩证思维。这是工科学生能够将自然科学知识灵活运用、拥有不竭创新动力源泉的根基，更是培育学生正确人生观、价值观和世界观的必然途径。因此，在学生培养方面，我注重设计清晰的专业人才培养目标和策略，并从社会工作实践中凝练出了符合时代发展的育人理念。

静心而思远　热情而满足

——记第二届“青年英才校长奖”获得者赵双良老师[①]

人物名片：赵双良，2004—2012 年留学欧美，获理学博士学位并从事博士后研究，2012 年夏加入华东理工大学化工学院，现任副院长、教授、博士生导师。主持省部级科研项目十余项，发表 SCI 论文 80 余篇，获上海市青年科技启明星等荣誉。领衔我校化学工程精品课程教学名师培育团队，获上海市及行业教学成果奖等奖项。

“如果说化学工程中吸收、分离、传递等操作是冲锋陷阵的将军，化工热力学就是军师。它为化工过程核算能耗和过程效率，确定物系性质等提供理论和方法，从而提高效率、降低能耗、发挥过程优势。”谈到自己的工作，第二届“青年英才校长奖”一等奖获得者、化工学院副教授赵双良用一个比喻，轻松地给记者作了一次科普。

---

① 记者卞慧采写。

做科研——静心而思远

赵双良和另一位老师共用一间不大的办公室。仿佛是从事基础理论研究的“标配”，俩人桌上都同时开着数据线相连的笔记本电脑和台式机。他桌边的墙上还贴着一幅毛笔字“静心——静心则思远，宁静则达天下”。

他反复谦虚地表示，能获得校长奖是运气好，“基础研究相对而言是‘低显示度’的，就像武学里的内功心法一样，但学校、学院一直很重视基础研究”。他所在的团队也有很好的传统——胡英院士、“长江学者”特聘教授刘洪来多年来一直带领大家潜心开展热力学研究。

有位科学家说过，应用研究是解决“今天”的问题，应用基础研究是解决“明天”的问题，基础研究是解决“后天”的问题。可见，基础研究事关国家经济社会的未来。但，毕竟基础研究难度较大且是“低显示度”的，甚至会影响到个人的发展，赵双良为什么要选择这一行呢？

环境和身边人给自己的耳濡目染，他把原因归结为这两点。个性喜静，从小喜欢数学、物理，读研时的导师以及一些著名科学家的故事，都给了他很多影响。

研究生赵国林记得一个故事。读研究生时，赵双良有一天半夜还没想透一个问题，于是打电话给导师。谁知导师也没有睡觉，正烧水准备吃东西。他俩在电话里讨论得热火朝天，水壶烧干了都没发觉。

凭着这种“把水壶烧干”的劲头儿，赵双良在平衡态、非平衡态统计力学的研究方向上取得了一系列有特色的研究成果：提出了严格的非平衡态统计理论，建立了多尺度平衡态密度泛函统一框架，研究了表界面系统分子传递、自聚动力学行为。目前，他已发表41篇论文，其中，以第一作者或责任作者在化工主流期刊上发表SCI论文25篇，引用数近300次，主持国家级、省部级项目8项，参与科技部青年“973”专题，入选2014年上海市青年科技启明星。

做老师——热情而满足

“不同于获得科研成果时的兴奋难抑，上课时看到学生入神的样子，有一种另外的满足感。”赵双良承担了本科生化工热力学和研究生高等化工热力学（全英文）等课程的教学。化工热力学是化学工程与工艺专业的专业基础核心课。作为一名2012年才走上教学岗位的青年教师，如何上好这门课？

“要有热情，有代入意识，从学生的角度琢磨。”赵双良表示。本科生张帆提到他上课的特点：“讲某一公式的推演或例题，赵老师会从头到尾演算给我们看，包括每一个步骤和数学计算，我们往往能发现自己的盲点。”

坚持这么做，源于赵双良本科时的听课体验。大二时，一位老师讲授理论力学和量子力学，涉及很多数学积分和求导，那位老师往往直接给出结果。那些数学知识学生刚学，还没来得及消化，对一个复杂函数的导数经常半天才能反应过来。结果这门课很多学生就听不懂、跟不上。赵双良自己做老师了，想到这些，他就经常琢磨如何把课讲得符合大学生的知识水平、讲透彻。

如何提高课堂效率？赵双良总结了3个要点：充分备课、勤奋博学，精思巧问、注重互动，注重板书、有张有弛。2012年，他一周要花2整天时间备课，现在，他坚持每周至少花1天时间，不断补充、完善教案。2013级研究生张杰评价他的高等化工热力学全英文课“蛮现代化的，引入了当代的量子力学和统计力学，师生互动也很多”。

最近，赵双良获得了学校青年教师课堂教学竞赛工学部的一等奖。

化学工程与工艺136班班导师，是赵双良的另一个身份。抓学风，他也有一套。大一时，同一年级6个班的成绩都差不多，但大二学年度总成绩排名中，专业前80名里他们班占了18个，平均分也大大高出其他班级。

136班班长吴克德说，大一上学期期中考，班里大约10人高数不及格。赵老师请高年级的学生督导出题让他们1个月后再考一次，并督促他们复习。“到了大一上学期期末，我们班成绩就基本稳定了，只有一两个人挂科。”据化工学院董碧岚老师介绍，赵双良还自掏腰包买证书、奖品，在每次考试后奖励成绩优异和进步大的学生。学生也愿意向他敞开心扉，遇到个人苦闷甚至家庭困惑都会请他当参谋。“哪怕不是自己班上的学生，赵老师都乐意帮忙。”吴克德说。

最近，赵双良刚刚履新，担任化工学院副院长。对于新的岗位，习惯了“夜猫子”工作方式的赵双良正在尝试调整作息习惯，以便适应新的工作节奏。这个中等身材、散发着清爽气息的青年教师，目光中透出坚定和热情。

（本文原载于2016年7月25日华东理工大学新闻网）

【心语思】

做人做事，一要自我激励，自强不息，既要在心理上不折不挠，不怕失败，也应尽最大的努力，挖掘所有的潜力来实现人生价值；二要大处着眼，小处着手，既要有规划，也要一步一步踏踏实实地来，每一步都要注重细节，力求完美，精益求精；三要懂得取舍，学会拥抱孤独，每个人的精力都是有限的，每天的时间也就那么多，要专注在自己决定要做的事情上；四要摆正个人位置，谦虚谨慎，多向他人学习，取长补短，他山之石，可以攻玉，要注重沟通交流与合作；五要劳逸结合，放眼长远，既要用短跑的速度来跑长跑，也要用长跑的心态来跑短跑。

博士后妈妈爱 DNA 测序

——记上海“85 后”青年、“世界最具潜力女科学家”应佚伦老师①

人物名片：应佚伦，华东理工大学特聘副研究员，华东理工大学精细化工专业本科毕业后，赴英国伯明翰大学联合培养，2014 年华东理工大学分析化学专业博士毕业，2014—2016 年在华东理工大学做博士后研究。现已发表 SCI 论文 40 余篇，获 2015 年中国科协“未来女科学家”项目和 2016 年联合国教科文组织“世界最具潜力女科学家”项目资助，2016 年上海市自然科学奖（一等奖，排名第三）、2017 年中国分析测试协会科学技术奖（特等奖，排名第二）。

1987 年出生的上海小囡应佚伦，外表有如邻家女孩。3 月 25 日，2015 年度“世界最具潜力女科学家”颁奖典礼在法国巴黎举行，29 岁的应佚伦被联合国教科文组织评为“世界最具潜力女科学家”，她也是中国首位“世界最具潜力女科学家”。记者昨天对应佚伦进行了独家专访。

① 《青年报》记者刘昕璐采写。

应佚伦笑着回忆，因少科站那些瓶瓶罐罐的启蒙，让她后来毅然将华东理工大学精细化工专业作为了自己高考第一志愿。2009 年，应佚伦本科毕业，被保送至本校硕博连读。“我现在正在开展的纳米通道单分子分析研究，就是致力为人类健康而努力。”应佚伦说。

除了是博士后、“世界最具潜力女科学家”，应佚伦现在还是一个 16 个月孩子的妈妈，对于时间的分配，有时确实感到捉襟见肘，但她一直觉得，科研是自己感兴趣的工作，自己的工作如果能推进科技发展一小步，那就是最大的幸福。

科研 获“世界最具潜力女科学家”称号

2015 年度“世界最具潜力女科学家”，一共有 15 位获奖者，以华东理工大学化学与分子工程学院博士后身份获评的应佚伦是唯一一名中国人，拿到 1.4 万欧元的科研经费。

这一项目由联合国教科文组织深知女科学家在科研路上的诸多不易，并希望通过评选和资助，为激励女性更好地开展科研工作而设。对参选者的基本要求是处于博士或博士后期间，年龄在 35 岁以下的女科学家。

年纪轻轻的应佚伦凭着一份耀眼的履历顺利入围，目前，她已在 *Scientific Reports*、*Chemical Communications*、*Analytical Chemistry* 等 SCI 期刊上发表论文 30 篇，其中，第一作者文章 7 篇，通讯作者文章 4 篇；申请发明专利 4 项，其中已授权 3 项；主持在研国家自然科学基金青年科学基金项目以及博士后科学基金项目 2 项，并以主要研究人员参与国家自然科学基金委重大科研仪器设备研制专项。

“我现在正在开展的纳米通道单分子分析研究，就是致力为人类健康而努力。”应佚伦说，DNA测序能够从血液或唾液中分析测定基因全序列，预测罹患多种疾病的可能性，同时可以帮助患者精准治疗。但目前的DNA测序技术，不但价格高达十万美元，过程揭晓也长达三四周。

“我们就是希望研发一种DNA测序技术，既能在24小时内出结果，又能降低费用，为普通病患能接受。”应佚伦通俗地解释着自己的工作，但这样一种研究，涉及的不仅是化学，还有生物、医学等多个交叉学科，可以预见，科研的道路必定荆棘丛生。

启蒙　少科站那些瓶瓶罐罐让她爱上化学

应佚伦笑着回忆，因小学时候多次拿过各级作文大赛大奖，最初以为自己会和文字工作打交道。到了青春期的时候，她唯一想过的是将来当一名妇科医生。谁料最终，少科站那些瓶瓶罐罐的启蒙和兴趣开发，让她后来毅然以华东理工大学精细化工专业作为了自己高考第一志愿。

第一次与科学结缘，是在上海市娄山中学读初一时。长宁区少科站来学校招收学员，“可以以另一种名义去玩玩”，这让应佚伦心动。就是一种“去玩玩”的纯粹心境，让她接触到了如何做植物、昆虫等标本，并在其中感受到了快乐和成就感。再后来，难度升级，自己能做麻雀神经系统的标本了。那种喜悦，至今溢于言表。

在做植物组织培养，在与瓶瓶罐罐打交道的时候，应佚伦突然意识到，自己现有的知识完全掌控不了。尚未接触过化学课的她，迫切地想看懂那些元素周期表，用知识解释通眼前那些化学反应的内在原理。

于是，初二的暑假，她认真地对妈妈说：“我想学化学。”妈妈为她找来了楼上邻居家的一位上海交大小姐姐。就这样，有人点拨、自己啃书，一个暑假的工夫，她把初三化学学完了。

再到课堂，包括高中生涯，别人觉得挺难的化学，应佚伦却学得特别轻松。其高中就读的上海市第三女子中学不但课外兴趣小组众多，还建有比较完备的生物、化学实验室，在这里，她第一次在显微镜下看到了组织切片，并且亲手操作了多个化学实验。

有了此前的积累和内在兴趣的驱使力，在高二分科时，应佚伦便毫不犹豫地选择了化学。在高考前专业咨询时，她了解到精细化工与口红、洗洁精等日用品相关，“想着自己以后也能亲手做出来，就觉得很有意思呢”，应佚伦就这样以绝对的高分如愿进入了理想中的大学。

成长　对待科学研究“努力、专注、投入”

现在回想起来，最初，应佚伦并不知道化学的本质是什么，正是一个良好的学习氛围以及老师的尽心指导、给予机会，才让自己迅速地成长。

因为成绩优秀，一入校，应佚伦就被编进了“理工优秀生部”。这个班里，有许多同学在中学时就获过各类竞赛奖励，还有不少同学已清楚自己的兴趣方向，有自己崇拜的科学家。课余用大量时间泡图书馆，是班级明显的氛围。“在

这样的环境下，感觉自己被同学推着向前走。”应佚伦说道。

随着专业课程的深入，一批优秀教师的课堂传授，让应佚伦豁然开朗。2007 年，应佚伦读大三，根据培养方案，需要进入课题组开展科学训练的研究。这一年，现在的“长江学者”特聘教授龙亿涛刚刚回国，担任华东理工大学特聘教授。机缘巧合下，师生结缘。

在龙老师眼里，应佚伦对待科研“努力、专注、投入”的态度，是她成长迅速的秘诀。在导师的帮助下，大四的时候，应佚伦发了第一篇会议论文，并熟悉了整个科研和科研表达的流程。

2009 年，应佚伦本科毕业，被保送至本校硕博连读，继续师从龙亿涛教授。研一时，龙老师推荐应佚伦参加在加拿大举办的国际化学年会，并以口头报告的形式展示了自己的研究成果。“很少有一年级研究生能参加国际学术会议，这个平台大大拓展了我的国际视野。”应佚伦说。

当自己的工作逐渐得到认可，应佚伦对科研的信心更足，研究成果也越发多了起来。

生活　庆幸有父母和老公陪伴成长

除了是博士后、“世界最具潜力女科学家”，应佚伦现在还是一个 16 个月孩子的年轻妈妈，对于时间的分配，有时确实感到捉襟见肘，但是，她依然完美平衡得让人“羡慕嫉妒恨”。

应佚伦在读博期间结婚，在从事博士后研究不久后当了妈妈，但她的科研却并未因此而停滞。在平衡工作和家庭的关系上，应佚伦的秘诀是“专注”：陪伴孩子全心全意，通常要等孩子睡觉后再工作到凌晨，而在日常工作时，她也百分之百投入，更加提升自己的办事效率。每天，到单位上班来回要两小时，在地铁上，她经常做的事情不是刷朋友圈，而是看文献类 APP 和科研相关的公众号。

除了恩师，应佚伦常说，没有这样的父母就不会有自己的今天，而自己的老公也常常“以老婆是博士为傲”，这一点，她一直觉得是上苍对自己的厚爱。

“我好庆幸父母对我的包容，从来没有要求我考第一，从来也没有干涉过我的兴趣和爱好。”应佚伦说，父母都是从事绘画工作，如果自己能继续从事固然好，但只要是自己的选择，父母对自己的唯一要求就是既然选择就要坚持做好。

小时候，父母也带应佚伦去尝试学钢琴、学奥数、学绘画，“带你去看看，自己拿主意”的教育理念，让应佚伦从小都可以遵从内心真正的声音。“爸爸妈妈其实能很敏锐地发现并培养我的兴趣，小时候在亲戚家，妈妈发现我一直捧着名著连环画在看，后来，妈妈就立即帮我买了一套。发现我喜欢看老舍的作品，于是，妈妈也看，看完了还和我一起讨论。”

应佚伦说，自己从小就不算超级学霸，不刻意追求前 1～5 名，但前 10 名还是一直稳定地占据着。哪怕在高中，排球、足球、茶艺、健美操，自己也都尽情地玩过。

应佚伦的老公是一家外资企业的 IT 男，两人相识于大学社团活动。对于老公无条件支持自己的事业，应佚伦一直深受感动。这次，她去巴黎参加颁奖典礼，加上培训，前后近 5 天，老公就多请请假，在家帮衬着老人带孩子。

“你在事业的上升期，我肯定要支持你！”这是老公常说的一句话，同时，他在介绍应佚伦给他的朋友时，也总自豪地补充说“是博士”！

对于外界总把“女博士”极端“妖魔化”的现象，应佚伦以周遭的情况回应：“并不是。”此行巴黎颁奖，她明显感受到女科学家们也有自己的生活和家庭。她呼吁，女性的独立思想、实干和事业心应该是被鼓励的，而不是戴着有色眼镜去歧视。

应佚伦一直坚持，科研是自己感兴趣的工作，自己的工作如果能推进科技发展一小步，那就是最大的幸福与满足。

（本文原载于 2016 年 4 月 14 日《青年报》A01 版和 A09 版）

【心语思】

从小到大，我都不是学霸。我的成绩并不特别冒尖，是属于班级上占很大比例的那群“中等偏上”的学生。来到华理后，我踏实学习，快乐生活。十多年来，我一直铭记着“勤奋求实，励志明德”的校训，希望自己能一直踏踏实实地把研究工作做好，在研究领域有所发现、有所创造。

华理给了我自由成长的环境，培养了我独立自主的人格，更遇到了名师提携，使我一步步踏上科研岗位。而今，我会继续“努力、专注、投入”地开展每一个科研工作，实践创新、专注苦干去攻克科研难题，身体力行实践教书育人，争取取得更多的科研成果。

金杯银杯不如口碑

——记声名远扬的华理"鱼医生"马悦[1]

人物名片：马悦，生物化工博士，现任职于生物工程学院阿华生物工程研究所及上海海洋动物疫苗工程技术研究中心，为农业农村部国家海水鱼现代农业产业技术体系细菌病防控岗位主要成员。主要从事海水养殖动物病原微生物临床研究与新型疫苗GMP试制及临床开发，曾主持获得我国首例海水鱼类基因工程活疫苗农业部《转基因生物安全证书》(生产应用)，并在农业部国家产业体系应急防控任务中为多家大型水产养殖企业挽回病害损失累计达5 000万元以上。

华理有一群海水养殖鱼病专家，挺牛的！

他们扎根产业一线，十年磨一剑，练就了扼制重大疫情的本领，已为国内海水养殖主产区众多养殖企业挽回病害损失累计达5 000万元以上，成功研发国内首个海水鱼活疫苗并实现投产应用。他们是敢吃"螃蟹"，依靠研发实绩名

① 记者石翎采写。

扬国内水产界的张元兴教授团队！对待养殖病害，他们的目标十分清晰：从控到防，研发一系列高端疫苗，推动我国海水养殖业的现代化以及健康可持续发展。

这其中，有一位成员的名气在海水养殖界也是梆梆响。“大家说他就像厉害的名中医一样，鱼发了病，就找马博士！”这个令人称道的“鱼医生”就是马悦，他是张元兴教授在海洋领域方向的首个博士生，也是研究团队的元老之一，在团队中服务两头——鱼病诊断防治和疫苗临床应用推广，两头开花，蜚声业界。

疫情“终结者”

“啊呀，不好了，鱼苗翻白肚子了！”“我的鱼一片一片地死掉，这样下去养殖场迟早要完蛋！”……病害是水产养殖业的天敌，每到春季育苗投放生产之时以及秋冬养成上市之前，便是各种病害高发期。此时马悦就是“救火队”，时常接到从养殖企业和国家现代农业产业体系发来的求助电话和应急任务处置通知，频繁奔赴养殖主产区疫情一线做急诊，打响病害防控保卫战。

鱼病发作往往“火烧连营”，疫情一旦蔓延，死亡率可高达90%以上，一个产值上千万元甚至过亿元的养殖企业的生产计划可能短短几天就会面临失败且损失惨重。

经年累月转战水产养殖生产一线研究的马悦积累了丰富的临床实践经验，关于他妙手回春的故事有很多。例如，他曾经在两周之内让一家大型养殖场“死里逃生”，把价值数百万元的多宝鱼从死亡边缘救了回来。还有一种鱼病很棘手，天津和山东养殖区的广大养殖户们连续多年都在这个病上栽跟头，找了很多专业研究机构都没法有效防控。后来，有一家大型国营养殖企业辗转找到了马悦，原本已是“死马当作活马医”，没想到短短几天以后，鱼病死亡迅速下降，一周以后，每天一个池子高达五六十条的死亡已下降到整个车间二三十个池子仅死亡几尾鱼，真是神了！

控制疫情后还不算完，马悦还会为养殖企业量身定制综合病害防控体系与安全管理方案，提高养殖户科学养鱼的意识与方法。同时，他也在养殖企业积极示范和推广疫苗的应用，提高养殖户对海水疫苗的认知度和接受度。

打蛇打七寸

马悦的战绩彪炳，主要得益于他擅抓病害本源。得了病的鱼在临床症状上往往存在许多相似之处，但究竟病害“元凶”是什么，就要细细地观察分析。除了现场解剖外，马悦还要调阅了解近期的养殖情况，不放过任何异常之处。对待病情，他总是先稳再钻，先控制住病情，不让继续扩散，为化验、鉴定以及查找病因“元凶”的实验争取时间。

“2010 年开始，我们处置重大疾病几乎没有失败过。”马悦自豪地表示。但“各种各样的病都见过”的他透露，其实压力也挺大的，因为病害总是在不断发展变化，现在的病越来越复杂了。

有一次，马悦和同事王启要、肖婧凡就遇到了十分罕见的病例。天津的一家龙头养殖企业每天都有鱼死亡，数量虽然不多，但是持续不断。这些死去的鱼表面特征并不明显，常规的处置治疗根本不见效。经过耗时 2 个月的持续跟

踪调研，反复诊断与验证，最终，他们才发现，原来病害元凶共有 3 个，以嗜冷菌为主，它们的潜伏期长，发病水温低，在病鱼身上不动声色，让人看不出任何与它们有关的表面症状。正是这个“迷魂阵”误导了大家的判断。这些病害的病原为我国首次发现报道，这次曲折的疫情处置也为团队的病害和疫苗研究提供了新发现。

把论文写在一线

说起来，现在在海水养殖领域声名赫赫的张元兴团队原本是搞化工的，现在却“跨界”到海洋领域，成绩还这么优异，甚至曾“逼”得相关海洋专业人士无奈地转变研究方向，这背后的奥妙恰恰在于科研与产业界的水乳交融。科技要为生产服务，马悦便是一名长期在产业一线摸爬滚打的斗士，而且乐在其中。

“我养的鱼生病了，该怎么办?”养殖企业和养殖户们都很实在，期盼着有学问有技术的人能实实在在地帮助他们。而马悦对于做产品和解决实际问题也兴致盎然，把大量时间和精力泡在海水养殖业一线，因为做海水鱼疫苗的理想很“高大上”，起点却要接地气——要把鱼养个遍，全面、深度研究各种病害，无偿服务养殖户。所以，国内主要的海水鱼品种，马悦都养过。

最艰苦的时候，许多养殖区周边十几公里荒无人烟，而马悦在养殖区一待就是 2 个月，天天盯着鱼看，那里没有网络信号，没有自来水，每天只有一脸盆水解决所有生活所需，吃得和民工差不多。“如果吃不了苦，耐不住寂寞，坚持不下来，就没法看到鱼的变化。”“在当地取样，再拿到实验室研究，才能更贴近现实问题。”“鱼医生”马悦的深厚临床功力就是在这样经年累月的反复琢磨中练就的。

“每次解决了问题，养殖企业和养殖户都是真心佩服和感激你，说马老师你不是待一段时间，拿几个试验数据，就拍拍屁股走人了，而是真心在帮助他们。”马悦为这样的“科技甜头”感到满足与欣慰，在团队里一干就是十多年，现在就此扎根了。

如今，名声在外的马悦常常辗转于辽宁、山东、天津、河北、浙江、福建等海水养殖主产区，开展各类关于海水养殖病害应急防控、生产安全管理、免疫接种等方面的培训与讲座，大力推广健康可持续养殖的产业新理念、新技术、新方法。自 2011 年起，从中受益的养殖技术人员、企业管理人员已达上千人。

“华理在国家海水鱼产业体系中牢牢站住了脚，连获好评，我感到很高兴。”马悦说，团队荣誉始终大于个人荣誉，作为国家海水鱼产业体系疾病防控岗位的一名重要骨干，他仍有很多工作要做。

（本文原载于 2017 年 4 月 27 日华东理工大学新闻网）

【心语思】

海水养殖动物病害防控及疫苗的临床研究是一项必须要时刻面向产业生产一线的工作，我所在岗位的重要职责之一就是，在国家产业体系的部署下，随时启程赶赴全国沿海各地，对生产养殖中爆发的重要养殖疫情进行应急防控处置，尽最大可能防治疫情的蔓延，为养殖企业与养殖户挽回经济损失。

作为一名高校科研工作者，一方面既要承担繁忙的基础科研与教学任务，另一方面又要以“铁肩担道义”的产业责任感，履行好国家产业技术体系的岗位职责，直接服务于水产养殖一线，这对我们团队来说是不小的压力和挑战。多年来，我们团队不仅出色完成了多项国家及省部级科研项目的基础研究任务，在国际一流刊物多次发表高质量论文，同时也在水产养殖产业疾控领域获得了广泛的业界声誉。这些都得益于我们始终秉承“面向产业发展需求始终是科研工作的创新驱动力”这样一种科研信念，在服务产业实践中发现问题与需求，在科研中探索与创新。持续深入的科研是基本功，不断积累与更新着我们对科学问题的认知，也极大促进了临床工作服务产业应用的成效，彰显着“科学技术是第一生产力”的科研追求与使命。

“放牛娃”也有春天

——记河南农村娃从跑步开始“开挂人生”的李鹏老师①

人物名片： 李鹏，华东理工大学体育科学与工程学院公共体育课曲棍球教师，同时担任华理阳光体育大学生田径队、长跑队、曲棍球队和旱地冰球队的日常训练和比赛教练工作，并多次带领学生在全国大学生曲棍球锦标赛、上海市冬季长跑等竞赛中获奖。作为体育运动爱好者，李鹏先后获 2016 年国际钻石联赛上海站 5 000 米垫场赛冠军、2016 年黄金海岸国际马拉松中国选手第一名、2017 年长沙国际马拉松冠军等荣誉，还在青浦半马、奉贤海湾半马、岱山半马等竞赛中多次荣获冠军。

从未有哪项体育运动，能赋予李鹏的人生那么多意义。在不久前结束的上海国际马拉松赛上，华东理工大学的体育老师李鹏以 2 小时 24 分 21 秒的成绩跑完了 42. 195 公里全程，拿到第 16 名、中国国内第三、中国业余选手第一。

这次，不仅全国业余马拉松“圈内人”沸腾了，就连圈外人——华理的

① 《中国青年报》记者王烨捷采写。

“理工男”们也沸腾了。走在校园里，要求合影、签名的学生不断，很多原本不认识李鹏的教授、副教授见到他时都会瞪大眼睛、张大嘴巴，“尊称”一声“李老师”。

又黑又瘦，总穿着运动服、背着大书包的李老师成了校内名人。中国青年报·中青在线记者采访发现，这个教曲棍球项目的体育老师，从五六岁开始就凭借跑步开启了“开挂”人生。他出生在河南农村，上了镇上一所最普通的高中，本科就读于青海师范大学，研究生考上了华理，现在留校任教、有上海户口、成跑友圈里的“大拿”，他成长的每一步几乎都与跑步有关。

1984 年，在极为严格的计划生育政策下，河南省南阳市社旗县太和乡前赵村的老李家，“铤而走险”生下了李鹏。老二的出生，给这个本不富裕的家庭带来了 1 500 元的超生罚款。从记事起，李鹏就知道帮家里干活、挣钱，挣来的钱几十元、几十元地凑起来交罚款。

放牛、割草、收小麦、拣麦穗儿、打麦子，是李鹏小时候干得最多的活儿。因全家忙着干活挣钱，两岁多的小李鹏只能每天跟着 6 岁的哥哥上学，他躲在哥哥课桌底下东张西望，无聊时就跟着“念念书”“背背词儿”。

5 岁时，李鹏已经可以独自负责放牛、喂牛、喂猪了。有时候，小牛犊从栏子里跳出来跑出院子，李鹏就得去追。小家伙满村子追牛的情景，至今仍是村民津津乐道的“好故事”。

“大家都说，我现在那么会跑，就是小时候追牛追的。”除了跑得快，李鹏的力气也很大。7 岁时，他已能一个人扛起一麻袋的杂草，大约五六十斤重，“平时一天扛一袋，寒暑假一天要扛两三袋。”

到了高考，“没想好要去什么大学，只想学体育专业，以后当体育老师。”尽管父亲和高中班主任都不赞成他的“志向”，但他意志坚定。“我一直都知道自己喜欢什么。”高考志愿表上，从小就表现出超强运动天赋的李鹏只填了体育专业，一个在河南大学、另一个是青海师范大学。“河南大学离家近，青海师大是随便填的，感觉出门上学坐火车很酷。”那时，李鹏甚至没出过南阳市，更不知道青海是什么地方。

体育专业考生在考前要经过测试才可报考。太和一中只有一名体育老师，上课都疲于应对，更无暇顾及高三体测。李鹏擅长跑步，他就对照着体测要求，每天带着同学一起练习。100 米、立定跳远、铅球、1 500 米跑，4 个项目，每天早晚，雷打不动。

凭借比河南省本科线高出 50 分的成绩，李鹏去了青海师范大学，成为整个前赵村 20 年来走出的第一个大学生。

在青海西宁，李鹏每天在海拔 2 100 米的高原训练。2006 年，他在环青海湖大学生自行车赛夺魁，引起华理体育学院院长王跃注意。赛后聚会上，王跃问他：“想不想到东部城市看看?”一年后，李鹏考上华理体育科学与工程学院研究生，并在 2007 年、2008 年连续两年的上海市大学生冬季长跑比赛中夺冠。

因经常在操场上跑步锻炼，2008 年，有跑友约他一起报名参加上马，且怂恿“半马没啥意思，不如报个全马”。李鹏当时就应了下来。那一年，他跑了一半，走了一半，“超级痛苦，髂胫束出了问题，抽筋。边跑边念叨，以后打死我也不跑马拉松了。”

但“以后”，他每年都去跑上马，一次没落下。2016 年，在上海嘉定 F1 赛车场的一次全马赛事中，他陪朋友跑，拿了第二名，主办方邀他去澳洲参加马拉松比赛。

2016 年 5—6 月，不到两个月，李鹏跑了 800 公里。他最常使用的练习场地是华理操场——跑一圈 400 米，最多一次，他在炎热的 7 月独自绕操场跑了 130 圈，52 公里。

澳洲那次全马，李鹏在圈内引起震动。这个业余选手跑了中国参赛者（含港澳台地区）第一名，耗时 2 小时 38 分 38 秒。此后，全上海跑得快的人几乎都知道了“李鹏”。

运动品牌赞助商主动为他提供最新款跑步装备；世界各地马拉松赛事主动邀他“跑一场”；华理校友会请他参加活动，激励校友锻炼；学生社团也找到他，请他在校园咖啡屋里开课，教大家如何正确锻炼。

教学生科学跑步是李鹏最愿意、最喜欢做的事。他早就想找机会“敲打敲打”同学们了，“早就该注重年轻人的身体素质了”。男生 1 000 米、女生 800 米的硬指标，每年每个班都会出现不及格或者没成绩（超过 5 分钟）的情况，这令他忧心忡忡：“那么好的场地、跑鞋，竟然还不及格”。

更“恐怖”的是，每次800米、1 000米体测，学校都会安排医生在一旁监测待命。李鹏纳闷儿，“这个年龄的大学生，跑个800米、1 000米不该有啥问题”。然而，每次跑步体测，总有女生跑着跑着吐了；一节体育课，一个班30个男生，每次训练总会有七八人连一个引体向上都做不了。

去年开始，李鹏的跑步讲座“火”了起来。从最初十几二十人参加到现在数十人参加，他发现，给学生多讲讲自己跑步的效果，比直接上体育课、上体测手段更有效，尤其对女生，只要一提到减肥、保持身材，她们总能提起兴趣。但他也注意到，有的学生跑了3个月、半年，发现体重没变化或膝关节受损，就放弃锻炼。这让他的跑步故事就像“神话”——2017年的膝关节核磁显示，10多年跑下来，他的膝关节没有磨损和积液的情况出现。

李鹏认为，在心跳达到每分钟130～150次的情况下，是消耗热量的有氧运动，而心跳达到每分钟160次以上，又变成了无氧运动，不直接消耗脂肪，而在脂肪充分燃烧、腿部肌肉足够发达的情况下，膝关节才能在跑步中得到更好保护。此外，他发现，在跑步过程中，很多人会忽视“热身”和“下肢力量锻炼”，而多年的经验让李鹏懂得，跑步，远不止是“跑一下”那么简单。帮助更多跑步爱好者“科学跑步”，成了李鹏的下一个目标。

（本文原载于2017年12月25日《中国青年报》）

【心语思】

自2010年成为华理体育教师以来，我一直在教学第一线工作，让我能更好地了解学生的体质健康状况、日常的锻炼情况、对体育运动的兴趣等，在教学和训练中可以根据学生的特点制定更加合理和科学的训练强度和训练量，同时，在教学方法方面也更趋向于调动学生参与运动的热情和提升其对体育运动的兴趣。

除了日常工作外，我自己也经常代表学校参加一些全国性体育比赛。通过体育比赛，在开阔视野、丰富阅历、改变教学思维的同时，我也在尽己所能地宣传华理。

现阶段大众对体育内涵的理解还是停留在身体健康方面，其实体育本质不仅仅是让我们有一个强健的身体、充沛的精力，更大的作用在于教育：教育我们如何在困境中保持乐观积极的心态和缓解压力，如何寻求解决问题的突破口；教育我们如何更好地培养团队协作和凝聚力；教育我们每一个人的成功都不是轻而易举的，都是要付出更多的艰辛和汗水。目前学生的整体身体状况不太乐观，大学生对体育运动的认识还有待提高，作为一名体育教师，我深知任重而道远，我还需要继续努力，为华理、为社会贡献自己的力量。

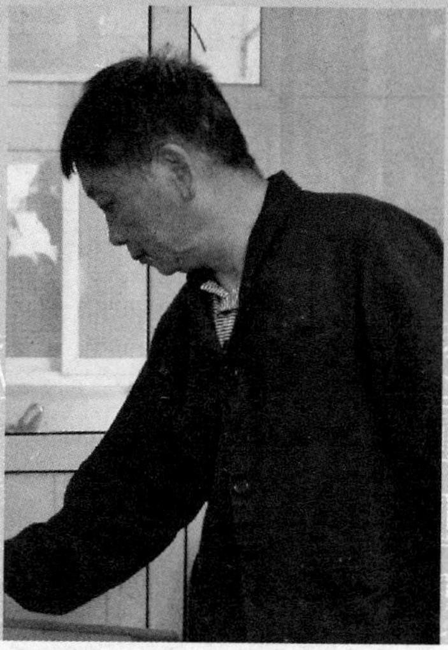

播种光和热的火车头

——记后勤保障处胡余立同志①

人物名片：胡余立，男，1979 年到华东理工大学参加工作。1979—1988 年任司炉工；1988 年起参与蒸汽供应部管理工作；1992 年至今，任蒸汽供应部主任。2007—2009 年，连续三年获得校先进工作者荣誉称号；2008 年度高校后勤服务明星；2010 年度校综合治理工作先进个人一等奖；2011—2013 年，华东理工大学优秀教育工作者；2015 年，华东理工大学“好司炉”光荣称号；2016 年被评为第三届上海高校后勤标兵（绿叶奖）。

每到夏天，洗澡也成为每个学生每天的“必修课”，两校区浴室用水量也急剧增加。为了让每个学生每天都能洗个热水澡，负责两校区锅炉房和浴室工作的胡余立同志更忙碌了。

从 1979 年进入锅炉房以来，老胡已在司炉工岗位上勤勤恳恳工作了 37 年。虽没有惊天动地的大事迹，但在蒸汽供应部这个大家庭里，他的优秀却是人尽

① 通讯员侯勤采写。

皆知。今年 58 岁的他，身边总是带着一堆专业工具，要么是在锅炉房检查锅炉运行情况，要么就是在钻研节能技术，指导年轻员工维护设备。他用最朴实的劳动赢得了同事们的认可，逐渐从一名普通的司炉工蜕变为蒸汽供应部的带头人，默默无闻地带领着员工们为师生供应着“热”和“汽”。

因为他有一颗全心全意服务师生的“心”，身边的同事们都尊称他为老胡。

当好技术排头兵

在华理，提起老胡，人人都竖大拇指。俗话说，“火车跑得快全凭车头带”，这话一点也不假。作为蒸汽供应部主任的老胡就是通过自身取得的成绩默默地影响和鼓舞着周围的同事。

司炉工的活，安全责任重大，老胡每时每刻都需要全神贯注地注意锅炉安全。1979 年下乡插队回来后，他就一直扎根在这个艰苦的岗位。打焦、清灰、挫煤……只要跟锅炉有关的活儿，他都干过。只要跟锅炉有关的难题，他都能解决。1992 年，老胡被后勤领导委以重任，当上了主任。但他并没有天天坐办公室等汇报，而是如往常一样每天检查各个锅炉房的运行状况，指导年轻员工安全操作。身上的担子重了，老胡也比以前更忙碌了。

2002 年前，学校的锅炉都是烧煤，高温、高压的环境，还充斥着小小锅炉房的煤灰，工作条件非常恶劣。遇到高温落渣管道堵渣，老胡总是带头站在高达 800℃的高温落渣管处捅渣；遇到炉排年久老化突发故障，他就带着维修人员查找原因、制定方案、更换备件；遇到水管线漏水，他就扛着大扳手、管钳，爬上爬下，排除管线故障……他说，耽误什么都不能耽误食堂凌晨三点钟开早饭，不能耽误学生们吃早饭。

闲不住的老胡还常常利用检查锅炉的机会和年轻员工分享自己多年来在锅炉房积累的操作经验，指导年轻的司炉工们熟练岗位技能，培养他们处理突发事件的能力。在老胡的鼓励与指导下，司炉工们个个持证上岗，积极参加技能培训，不断提高自己的技能水平。正是在老胡的带领下，蒸汽供应部员工们的整体技术水平有了大大提高，专业技能也得到增强。

事情不论分内分外，老胡都身先士卒。37 年来，他先后获得“上海高校后勤服务中心服务明星”“华东理工大学优秀教育工作者”等荣誉称号，他用一沓沓荣誉证书，印证着奉献的荣光，用光和热带领着这个为学校提供“热”和“汽”的团队继续奉献。

当好专业带头人

作为蒸汽供应部的主任，老胡也是锅炉重地的第一安全责任人。他深知安全的重要和责任的重大，时刻注重把“安全重于一切”的意识“钉”进员工心里。

“现在我还清楚地记得，当年面试时老胡问了我好多专业知识，可严厉了。这 9 年多时间，没少跟着老胡学真本事。”在奉贤校区锅炉房工作了 9 年多的小姚说。除了在员工招聘时严把安全关，日常工作中，老胡一方面鼓励员工参加各种培训，不断汲取各类安全事故案例应对技巧，一方面坚持每天和员工一起检查锅炉运行状况，共同做好危险点预控分析工作，确保锅炉安全、平稳运行。

今年 2 月份，我校被上海市质量技术监督局、上海市经济信息化委员会和上海市环境保护局综合评为“2015 年度上海市达标及示范锅炉房单位”。这项殊荣的取得，离不开老胡和其所带团队的不懈努力。

我校锅炉房始建于 1952 年。因年代久远，设施陈旧，给参评增加了不少困难。但老胡他们并没放弃机会，他说：“示范锅炉房不只是一个称号，还是督促大家共同改造锅炉房、强化节能措施的加速器。所以，当拿到参评通知时，我们团队就做好一起实现目标的准备了，格外地珍惜这次机会。”整整一年，老胡他们都没休息过一天。锅炉房条件不好，他们就利用暑期修缮进行改造，确保锅炉房干净整洁。锅炉使用时间久，就从操作上做好污水处理，尽可能地让锅炉受热均匀，延长使用寿命。“我们这边的锅炉用了 14 年，没有超过 1 毫米的水垢，也从未进行过酸洗。多亏老胡的教导，让我们爱惜锅炉房就像爱惜自己的家一样，舍不得锅炉有一丝损耗。”正是受老胡这种爱岗敬业精神的深深感染，整个蒸汽团队一年四季都能确保正常供“汽”和“热”。

评选结束了，老胡也瘦了。在他的管理下，员工们个个都熟悉规章制度，

都能做到安全操作，都坚持认真记录锅炉运行日志。锅炉房运行稳定了，学校的能耗也减少了，老胡也就放心了。

当好员工好兄长

除了工作中比较严厉，平时的老胡可是员工口中的好兄长。严于律己、乐观豁达的老胡常常以身作则，用自己的实际行动，感染着周围的年轻员工。他为他们排忧解难，也教会大家做人做事的道理。

员工生病了，老胡比谁都急，比谁都上心。“前段时间，我跟老胡请病假，老胡一直关心地询问病情，还张罗着去哪个医院看。我不在岗，老胡不仅帮我顶班，还时不时地询问病情。感觉他不像我们的领导，倒像我们的兄长。”锅炉房的小张说。其实，老胡不只关心员工本人的身体状况，还关心员工家里的困难。谁家有个啥困难，老胡总会伸出援助之手，帮助员工渡过难关。正是在老胡的模范带头作用下，蒸汽供应部如同一个团结互助的大家庭，每个人都感受着家的温暖。

工作中，老胡大事讲原则，小事讲风格。“很多年前，我们出去参观，有个供应商的业务员给老胡送礼物。他当面拒绝了，后来对方悄悄放到我们乘坐的车座下面。等下车发现后，他一大早就送到了纪委。事后，大家都超级佩服他这种秉公办事的工作态度。”同事小李说。老胡就是这样，时刻以高标准严格要求自己，思想工作做在前，安全生产想在前，关键时刻冲在前，带领全部门，承担着3个锅炉房、3个开水房、两间大浴室和6台大锅炉的检修与维护工作。他以人为本抓管理，带头弘扬正气，工作中敢抓敢管，为全体后勤人树立了模范榜样。

（本文原载于2016年9月10日华东理工大学校园新闻网）

【心语思】

兵马未动，粮草先行。蒸汽供应保障工作看似不起眼，却关系到全校师生的工作和生活。为师生们营造一个安全稳定的就餐保障和温馨舒适的洗浴环境，是我们肩负的责任，也是校领导和全校师生对我们的期望和信任。

要带好一个团队，首先就要成为一位好的教练。自己的专业技能扎实，才能率先垂范、身先士卒。从基层工作到管理岗位，无论身处何位，担任何职，自己的专业技能不能放，初心不能忘。我是华理人，是蒸汽供应部的一枚螺丝钉，哪里需要我，我就在哪里。

要带好一个团队，就要成为他们的老大哥。要关心每一位团队成员的思想、生活、学习和工作，团结好团队内的所有人，一个也不能少。我是华理后勤人，是凝聚蒸汽供应部团队精神、带领团队，为做好蒸汽供应保障工作全力以赴、勇往直前的舵手。

我就是这样一位始终坚持在思想政治上求“正”、业务水平上求“精”、服务质量上求“高”，工作在蒸汽供应部平凡岗位上的平凡人。

精准扶贫路上的华理“小满”

——访化工学院辅导员、寻甸县金所村挂职第一书记满永博①

人物名片： 满永博，男，华东理工大学发酵工程专业硕士研究生毕业，2013 年 8 月入职华东理工大学，目前为校长办公室职员。2015 年 7 月，赴华东理工大学定点帮扶的国家扶贫开发工作重点县——云南省寻甸回族彝族自治县，担任金所村第一书记，为当地脱贫攻坚“加油助攻”。

从上海到云南，2 300 多公里的路程，仅需三个多小时的航程，去一趟其实很简单；从华理化工学院辅导员到农村第一书记，满永博却用了近两年的时间扎根农村、奔走在扶贫一线，为寻甸回族彝族自治县金所村脱贫攻坚“加油助攻”。

2015 年 7 月，得知中组部等单位牵头的“选派机关优秀干部到村任第一书记”项目后，满永博经过慎重思考、申请报名和组织批准，成为当年全国 300 余名奔赴云南、贵州、广西等地区最艰苦、最贫困农村一线担任第一书记“大

① 记者李铁军采写。

军”中的一员。

耐得住，才能有起色

“到农村特别是西部边疆地区工作，既是积极参与国家扶贫开发战略，也是经历社会打磨和历练的好机会。”在满永博看来，农村作为祖国的“神经末梢”，在这里工作可以补足自身“从校门到校门”所缺少的社会“大熔炉”的淬炼。

新的环境需要适应，但留给他的时间并不多。

出发前，从未踏入过这传说中的“七彩之地”的他，只能通过网络搜索寻询金所村的相关信息，“内心充满期待，但更多的是忐忑”。为了给自己增加底气，他还特意前往上海奉贤区奉城镇高桥村委会了解农村的整体工作情况。

虽然做足了面临艰苦条件的心理准备，但“老少边穷”之地的客观环境还是把美好的期待“击碎”——饮食习惯得变成一天只吃两顿、住宿条件可谓是“一穷二白”、语言交流不少得靠猜……这些都成了他需要直面的“拦路虎”。

同批的挂职人员里甚至有人因无法适应而不得不返回、调换。“开始认为他可能像一些挂职干部那样‘打打蘸水’‘镀镀金’，不可能在农村待多久，没想到这一待就待了两年，真正驻扎在金所。”金所街道办主任李吉春笑着说到。

沉得下，才会有落脚

来自大城市、具有高学历，但似乎并没有太大优势。农村工作情况很复杂，矛盾纠纷、护林防火、烤烟收购、征地拆迁、低保医保等都是全新的领域，要想实现“建强基层组织、推动精准扶贫”的目标，迅速融入当地工作环境迫在眉睫。

满永博并没有以“第一书记”的身份“强势”切入，而是先扮演一个旁观者、学习者的角色慢慢转换、融入，“世事洞明皆学问，虽然一开始不插手负责什么事，但也是可以学到东西的”。

驻村办公特别是扶贫开发信息系统工作信息化，但当地村两委成员对此并不擅长。他发挥自己的优势，按照精准扶贫“建档立卡”的工作要求，整理扶贫报表、汇报材料和办理民政劳保等，并耐心帮助村两委成员学习电脑使用技能。“这些工作我们比较难弄，小满就很熟悉了，有时候还被园区、街道喊去帮忙。”年过五旬的金所村党总支书记蔡兴华对此深有体会。

不仅如此，满永博还主动担任金所驻村扶贫工作队队长，利用“建档立卡”需要逐户走访的机会，与当地扶贫工作人员一道，积极参与到“挂包帮、转走访”工作中，扎实完成贫困户遍访工作，也对金所村的村情、民情等有了更为直观的认知。

心里有了底，干事就不慌。他结合工作实际，依托“党支部+合作社+建档立卡贫困户”模式，抽调党员中的养殖骨干组成产业发展党支部，成立金所村鼎力养殖合作社，按照“七个一批”原则把28户建档立卡贫困户纳入，贫困户小额信贷资金整体注入合作社，大力发展养殖，实现“造血”式扶贫。

这一来二去，低调务实、踏实肯干的“小满”不知不觉就真正融入金所村的工作中，并获得了大家的一致认可。“用我们寻甸话讲就是耐得住、沉得下、担得起。”蔡兴华表示。

担得起，才能有作为

学历低、年龄大，党员发展指标也非常少的局面，是不少农村党组织面临的共性问题。那如何破解农村党建薄弱难题？

帮钱帮物，不如帮助建个好支部。满永博与金所党总支把切入点落脚到为民服务，从细微点滴中发挥党组织的基层堡垒作用，不断赢得村民的认可。

针对有群众办事吃闭门羹、有纠纷无调解等现象，他和党总支同志严格执行轮流排班制度，率先实现村级为民服务站全年均有人员在岗，确保群众办事及时得到响应；为丰富村民文化生活氛围，党总支牵头将原来的垃圾堆放地改造成村民活动小广场，并建成党员群众活动室等基础设施，成为众多村民饭后闲暇的好去处，获得村民一致称赞。

工作干得好不好，群众心里有杆秤，组织眼里有标尺。金所村党总支于2016年荣获“寻甸县先进基层党组织”称号，并首次被评为“昆明市基层党建示范点”，成为寻甸县唯一获此殊荣的党总支。“金所村班子团结、有战斗力！”寻甸县委组织部点评说。

立足本职岗位的同时，满永博还积极对接学校各类资源，配合华理师生多次前往寻甸开展支教、走访、调研等社会实践活动。如励志团校第三期英才班实地走访金所村，对接金所村准大学生，为他们的大学生涯提供力所能及的帮助；有调研团结合专业特长，到村科普常见疾病及相关用药常识，为村民们测量血压、心率，解答日常用药方面的疑惑，并上门为留守老人和儿童服务。

百年一遇的脱贫攻坚、十年一次的农业普查、五年一次的党代表及人大代表选举……两年的时间里，满永博4次更换住处，几乎跑遍每户困难家庭，去过寻甸县的不少贫困村。但付出总有收获，金所村“建档立卡”贫困户由最初的76户减至如今的31户；金所村的4个自然村村级活动所也成功投入使用，人居环境得到了改善。

“作为扶贫挂职人员，与其说我给金所村带来了什么，倒不如说金所给了我成长的经历”，满永博对即将结束的挂职工作感慨颇多，“不了解农村就不了解中国，农村很复杂，也很关键，农村工作是大学问”。

“年轻人的思维、活力和能力加快了我们的工作效率，脱贫成绩单也有小满同志的辛苦付出，他已经是我们金所的亲人”，李吉春流露出不舍的神情，“希望华理能派更多年轻有为的教师为寻甸脱贫攻坚助力”。

除了选派扶贫挂职干部外，华理自2012年对口扶贫寻甸县以来，一直为寻甸的全面脱贫梦而努力——从教育培训、科学技术、校友资源、产销等维度全面深入开展了“智力+”精准扶贫工作。

精准扶贫之路在继续，华理与寻甸的情谊在加深，一切都将在深度交融中稳步向前。

（本文原载于2017年6月1日华东理工大学新闻网）

【心语思】

不知不觉间，已在华理工作了5个年头，其中的两年有幸在七彩云南度过。2015年7月至2017年7月，受学校委派，我到云南省寻甸回族彝族自治县金所村工作，成为一名扶贫工作者，在农村基层一线淬炼。

两年里，无论是认真落实精准扶贫“建档立卡”等工作，还是积极探索尝试破解农村党建难题，一系列的基层工作新问题、新要求和新挑战，让我增长了才干、提升了自信、丰富了阅历。对我来说，最大的收获有三点：一是让自己懂得了什么是贫困，懂得了什么是实际，懂得了什么是生活；二是让自己知道了国情，知道了实干，知道了农村；三是让自己增长了自信心，面对问题能更加自如地经过思考再去处理。

十年不变是初心

——记后勤保障处奉贤校区办公室费益军老师①

人物名片：费益军，上海交通大学本科毕业，华东理工大学公共管理硕士研究生毕业；现任后勤保障处奉贤校区办公室主任，主要负责奉贤校区后勤服务的协调规划、宣传、学生组织的管理及外联等工作；获校优秀员工、校园服务明星、五四青年、优秀党员及高校后勤绿叶奖等奖项或提名。

作为长期扎根奉贤校区的同志，一个“干”字，成为对费益军十年后勤工作的真实写照。不忘服务育人的初心，费益军十年来坚守在工作岗位上，用心倾听师生对后勤服务的意见与建议，带领同事们为师生解决后顾之忧，只为让师生在奉贤校区住得舒服、吃得安全、学得快乐。

十年之前，费益军还是刚走出校门的青涩小伙；十年之后，费益军却已成长为同事眼中的暖心大哥、学生心中的人生导师。十年间，费益军开动“脑子”，撸起“袖子”，用尽全力加油干，用令人信服的业绩向师生交出了真抓实

① 通讯员范辰辉采写。

干的精彩答卷。

扑下身子，苦干实干

在有的人眼里，到交通不便的奉贤校区工作不是“好选择”，但费益军却说：“打它个翻身仗，参与奉贤校区建设将是一件多么有意义的事呀！”一勤天下无难事，看到刚启用的奉贤校区各项服务设施还不健全，费益军坐不住，更闲不住。他每天都骑着自行车穿越 1 545 亩的奉贤校区，带领同事们一起投身于奉贤校区的建设之中。

面对刚启用的奉贤校区商业街商家与社会企业服务意识差、后勤工作效率低等问题，费益军坚信“办法总比困难多”，不懂就问、不会就学，深入师生同事中调研，集思广益大胆尝试，从实际问题中探索提高后勤服务能力的新思路，努力提高后勤服务质量。

从对社会企业监管的空白，到建立完善的社会企业监管与沟通制度，促使

社会企业不断提升服务品质；从对商业街管理的被动，到定期组织学生对商家进行食品安全、商品质量检查，增强同学们的维权意识；从对教师公寓不能满足教师需求的手足无措，到启用电梯、咖啡屋、新前台从而收获教师对教师公寓的一致好评；从师生被动报修，到如今员工主动报修及维保合同的有效落实，为师生教学科研提供了坚强的后盾；从最初的几辆校车，到如今整合社会企业车辆资源，根据师生需求调整班车运行路线，架起徐汇—奉贤两校区间交流的桥梁……十年来，费益军每天都白天跑现场，晚上埋头钻研管理学、物业等方面的知识。

正是他秉持脚踏实地、狠抓落实的实干精神，让他理顺了后勤管理流程，提高了后勤整体工作效率，推动了奉贤校区日新月异的变化。

做合格的“奉贤大管家”

咬定青山不放松，任尔东西南北风。费益军遇到问题，凡事总要弄个明白，理个清晰。2008 年，费益军开始负责奉贤校区的搬迁协调工作。“那段时间心理压力蛮大的，晚上也睡不好，生怕漏下任何一个环节，总担心出差错。”想起初次负责的场景费老师笑着说。

如何让 3 000 多名学生及他们的学习生活物品安全有序地从奉贤校区搬迁至徐汇校区，则成为费益军每时每刻都在思考的问题。为了确保万无一失，他根据学校要求，对外主动与学工部、保卫处、团委等部门沟通协调，对内多次召开会议统筹明确后勤各部门职责。从搬迁所需纸箱、胶带等物资的采购到各搬迁点的人员安排，他认真思考细化每一个环节，初稿改了又改，最终制作出了详细的《奉贤校区搬迁流程图》《后勤保障服务方案》《搬迁工作时刻表》等搬迁手册，这些资料也沿用至今。从 2008 年到 2017 年，这十次搬迁费益军都吃住在学校，在现场做好奉贤校区协调工作，不断更新完善搬迁手册，直到所有学生及物品安全抵达徐汇校区。

“搬迁结束了，费老师又开始准备迎新、军训等协调工作，就没看到他休息一天。”同事李小兰说。之所以能够把工作当成乐趣，只因费益军常怀对师生强烈的责任感。十年如一日，费益军这个奉贤大管家总能代表后保处与学校各部门积极沟通，协调各项事务，为奉贤校区教学科研保驾护航。

用心听，成为学生心中的人生导师

尽管承担了繁重的后勤管理工作，但对费益军而言，做好后勤保障工作只是基本目标，更深层次的目标则是育人，努力用实际行动去培养学生、感染学生。入职以来，费益军就坚持“学生为本”的服务理念，考虑到大学生实践能力薄弱、综合素质有待提高的问题，他于 2007 年牵头成立了“华东理工大学生活联合会”，每年均有 80 余名学生加入。十年来，他先后组织开展了志愿服务、3·15 维权宣传、党章知识学习等各类活动百余次，通过言传身教培养了一届又一届生活联学生骨干的管理、监督、写作及沟通协调等能力。

“我们喜欢找费老师聊天，遇到问题他总能耐心地帮我们分析。以前我胆小，是他不断地鼓励指导我克服胆怯，让我由内向变成了一个自信乐观的大男孩。大三时，我一直在纠结要不要出国留学，是他帮我分析利弊，让我不再迷茫，所以我们都觉得他是我们的人生导师。”刚从国外回来看望费老师的学生小王笑言。锻炼培养学生的同时，费老师还利用和学生聊天的机会收集学生对后勤服务的意见，努力解决各类问题，收获了学生对后勤工作的支持。

只要是师生反映的问题，费益军都不厌其烦地解决，甚至连后续问题都会一直关心跟踪。这正是因为他心中装着对师生的无限热爱，始终站在师生的角度上想问题，把学校的事情当成自己的事情去办，把师生满意当成自己的快乐。累并快乐着，相信追求进步的费老师将带领后勤人照顾好奉贤校区这个大家庭，让每位师生安心。

（本文原载于2017年9月22日华东理工大学新闻网）

【心语思】

十年来，我用心倾听师生对后勤服务的意见与建议，带领同事们为师生解决后顾之忧，只为让师生在奉贤校区住得舒服、吃得安全、学得快乐。作为长期扎根奉贤校区的一线干部，我勇于担当，重视调研分析，主动监管及推进后勤服务质量，在后勤服务的质量提升、流程优化以及调查调研工作中发挥了重要的作用，在后勤员工中起到了良好的带头和表率作用。

我认识到做好后勤保障工作只是基本目标，更深层次的目标则是育人。入职以来，我坚持“学生为本”的服务理念，牵头成立“华东理工大学生活联合会”社团，通过言传身教培养了一届又一届社团学生骨干的管理、监督、写作及沟通协调等综合能力，努力用实际行动去培养学生、感染学生。

我将继续在岗位上任劳任怨、无私奉献，积极工作，服务师生，为后勤及学校的发展添砖加瓦。

34载14次无偿献血

——记被同事称赞“分享是习惯”的施敏老师①

人物名片：施敏，本科就读于华东理工大学科技英语系，2005年于华东理工大学英语系应用语言学硕士研究生毕业后，就职于华东理工大学外国语学院，从事大学英语教学工作。曾获华东理工大学先进工作者、上海市优秀志愿者、上海市教卫工作党委系统社会主义精神文明十佳好人好事、华东理工大学精神文明好人好事、华东理工大学“模范班导师”等荣誉称号。

14次无偿献血，总计献血量2 800毫升，大约占一个成年人全身血液总量的70%，听起来是不是有些了不起？不过，它确实发生在这个气质纯净、笑容温暖的年轻女教师身上，她就是外语学院34岁女教师施敏。

灰蓝色羊毛开衫，长长的驼色格子围巾，乌黑的短发，从上到下，简洁、干净、明朗，这就是施敏给人的第一印象。

献血，对一般人来说，还是一件挺大的事儿，但在医院职工大院里长大的

① 记者房树芬采写。

施敏说：“从来没有感觉特别可怕。”

她捋起开衫的袖管，露出了胳膊弯里的几个白点，“医务人员一看就知道是经常献血扎针留下的痕迹”。

施敏把自己第一次献血的经历称为是“成年的礼物”。那是1999年，20岁的她刚刚考上大学。当时，社会上刚刚提倡无偿献血不久，家乡血库告急，医务人员都被动员起来，在当妇产科医生的妈妈的带领下，她第一次走进血液中心，母女双双参加了无偿献血。

“当时比较瘦，血流得比较慢，还是有点疼的，不过第二天就好了。”施敏说，她从这份特殊而又有意义的礼物中，深刻感受到了奉献的快乐，从此对“鲜血等于生命”的认识更加深刻。

由此开始，她先后14次无偿献血，总计献出了2 800毫升鲜血。有好几次接到血液中心的电话，说她所属血型的库存告急，她都二话不说直奔血液中心去应急献血。她自己都没意识到，曾经连续4次刚满6个月的间隔期，就又再次参加了献血。

施敏献血不求名、不图利，很多次都是一个人在校外的流动献血车和献血屋里完成。还有两次报名参加学校组织的义务献血活动时，因为体重未达标不

能实现愿望，她就等身体状态好的时候，悄悄到校外的流动献血车上献血，事前事后都默默无声。直到有一次，同去献血的老师顾虑重重的时候，为了鼓励她们，她说自己已经献过十几次了，保证献血不会对身体有损伤，大家才知道她这么多年的默默奉献。

对她的行为，同事们都开玩笑说："地球人都挡不住了。"

"献血只是她一个外在表现，她这个人就是愿意 share，总是替别人考虑。"和施敏同在一个教研组工作的王琦老师，本来正在电脑前备课，还是忍不住回过头来称赞道。

王琦说，排课的时候，施敏都是让同事先选上课时间，自己几乎是最后一批报，工作 9 年了，从来没有倦怠期，每次上完课，仍然会自己反思诸如"学生学得怎么样""教学目标实现了吗"之类的问题。

"你听听，她把学生都叫什么？'那些孩子'。"王琦说。

不过，施敏没觉得自己有什么了不起，她说，之所以能够帮到别人、能够"顶上去"，这是因为她有一个强大的亲友后援团。

独生女出身的她，生活状态可以用"四角俱全"来形容——人生经历平坦，

有一位懂自己的先生，有一个快乐、完满的家庭。

“可能是生活经历影响心态吧，我觉得自己运气挺好，付出时间、金钱没有什么了不起的，我家的几位老人也是这样，特别是我妈妈，她的价值观就是能帮到别人挺好的，一直都是如此。”她说。

对她多年来坚持义务献血，她的先生从来不发声反对，只让她量力而行，每次她献血，都会来接她，还给她炖汤补充营养。“他不会说好听的话，但是人很细心，对孩子的照顾都超过我，而且分担了很多家务。”施敏说。

特别值得一说的是，早在读研期间，施敏就在一次义务献血时登记加入了中华骨髓库。在中华骨髓库官方网站开通后，她上网查却没查到自己的资料，于是又打电话过去咨询，重新进行登记。

这时的她已经结婚成家，公公婆婆为她担心，都表示反对，她就找来大量的资料和捐献者实例，向老人作科普宣传。先生也出面支持，帮忙说服父母，并且自己也申请加入了中华骨髓库。看到他们这么坚持，加上对骨髓捐献有了科学的认识，老人们也被感动，转而认可了他们的选择。

“只要真的有需要，我不会想到担心或者害怕，毕竟是救人一命。”施敏说。

爱旅游，爱展览，爱工作，爱孩子，爱公益，打开施敏的微信，就能明显地感到，这是一个通身洋溢着快乐的人，从内到外饱满而富足。

“给出的多，是因为我拥有的多。”施敏也这样认为。

（本文原载于 2014 年 2 月 20 日华东理工大学新闻网）

【心语思】

献血让我受到肯定，也获得了一些荣誉，但让我快乐的不是这些，而是我对学生们起到了积极的影响。我曾受邀参与了几次学院的献血动员会，和学生们面对面交流，解除他们的疑惑、打消他们的顾虑，有不少学生勇敢加入了无偿献血的队伍。我平时给研究生班级上课的时候，也时不时有学生问我：“老师，你是那个报道中的施敏老师吗？你真棒！”我看到学生眼中崇拜的光芒，就会欣慰地想，即使他们不一定会马上去实施善行，也许他们的身体条件不一定适合献血，但在他们人生中的某一刻一定会因为想起他们有这样的师长而做出授人玫瑰的善意行为吧。生活还在继续，2017 年我的献血证又增加了一本，做一些力所能及的事帮助别人是一件快乐的事情，相信我会一直做下去。

清脆的驼铃带来爱

——记华东理工大学首位中国大学生年度人物获得者木纳瓦尔·木沙[1]

人物名片： 木纳瓦尔·木沙是社会学院2015级本科生。2015年1月，她发起成立了喀热宛公益支教团。目前，支教团成员已有100余人，惠及学生逾2 500名。此外，她还为南疆贫困孩子筹集物资近9万元，并帮助支教当地解决农产品滞销问题。喀热宛公益支教团被《人民日报》《新民晚报》《新疆日报》《巴音郭楞日报》，以及央广网、上海教育新闻网、新疆网等多家媒体报道。她本人亦获得了第十二届中国大学生年度人物荣誉称号。

线下教授560余名学生，线上服务1 000余人，为南疆贫困家庭的孩子筹集价值近7.5万元的物资……从2015年1月起，"喀热宛"公益支教团在新疆喀什岳普湖、阿克苏温宿、巴州轮台等贫困偏远地区进行普通话教学。目前，团队共有100余名成员。团队的创始者、华理社会学院的维吾尔族女生——木

① 学生记者陈佳豪、于云之采写。

纳瓦尔·木沙刚刚被评为2017年中国大学生年度人物。

身处内地，心系家乡

2015年的寒假，木纳瓦尔还在读大一，她妈妈所在学校的几个学生需要一位培训辅导老师。“闲着也是闲着，不如做点事情。”她接下了任务。后来，她教的这个班，16个学生中有13个考上了新疆区内初中班（简称“内初班”），还出了一个“县状元”。心中满满的成就感催生了木纳瓦尔的支教梦。从那以后，她多次在新疆开展支教活动。

2015年暑假第二次支教，她带了两个伙伴。2016年寒假，就有10个人一起支教了。喀热宛支教团队规模越来越大，他们也发现越来越多的孩子需要帮助。于是，支教的覆盖面不停地扩大，他们在轮台、岳普湖和温宿三县设立了教学点。目前受益的学生已接近600名，其中89.2%的学生考入了内初班。木纳瓦尔说，现在，越来越多的在内地接受高等教育的新疆少数民族青年学生和一些热心的社会人士加入喀热宛团队，团队成员目前已有100余人。大家正为着同一个目标而努力。

电商服务助力教育

万事开头难。最初，团队极度缺乏资金，最窘迫的时候两个人只有几十块钱，凑到一起才够吃一餐饭。这件事也让木纳瓦尔开始思考帮助当地村民致富的事情。在支教的过程中，她细心观察，发现由于语言障碍和相对闭塞，当地农产品很少外销，很多水果烂在树上。她走访了数十户家庭，几乎每户都存在农产品滞销问题。于是，她与团队里的高中同学商量后一起做起了农产品电子商务。

电子商务是从支教班级里学生的家庭开始的。那些孩子的家长对木纳瓦尔非常欣赏，每每对自己的孩子说：“要好好读书，向这个姐姐多学学，以后要像她那样。”木纳瓦尔对孩子的付出，家长们都看在眼里。当她提出一起做电子商务时，家长们都没有犹豫。

这个季度，喀热宛团队预计销售额会达到 100 万。团队所有的收入都用于当地的支教事业，并且专款专用。阿克苏的核桃销售收入仅用于阿克苏的学生，卖轮台县小白杏的钱也只用在轮台县的学生身上。他们还教村民们学汉语和电子商务的操作，让他们能够自己经营生意。喀热宛，通过支教和电子商务搭起了连接内地与南疆的桥梁。

赠人玫瑰，手有余香

喀热宛团队里有个男生曾经抽烟多年，经常会被木纳瓦尔抱怨。去了支教地后，木纳瓦尔突然发现他再也不抽烟了。问他为什么，男生说："孩子们日子太苦了，我抽一包烟的钱抵得过他们一天的伙食费，而且抽烟对他们身体不好。"木纳瓦尔愣住了，细想一下，她发现自从支教以来，团队成员们不仅帮助了孩子们，自己也获得了成长。

团队成员每天早上 7 点起床备课，写教学大纲，构思准备一天要教的内容，然后坐车去教学点开始一天的课程，通常都要站着讲一天的课。晚上回去他们还要分析孩子们学了什么、学得怎么样，要准备测验和课外活动等等，林林总总。但没有一个人会抱怨，因为他们认为值得。所以，当团队缺少资金时，木纳瓦尔入户走访、发现商机；当找不到教学场地时，木纳瓦尔多次联系当地政府寻求帮助。正是木纳瓦尔和所有成员的付出和努力，才有了现在的喀热宛。

“我只想做个普通的小女生，单纯但不傻，聪明但没心机，简简单单尽自己努力去帮助别人，就够了。”虽然她只想做一个简单的人，但她创立的喀热宛已经帮助了很多的孩子和村民，取得了不简单的成绩。喀热宛在维语里的意思是“驼队”。木纳瓦尔说，喀热宛还会继续坚定地走下去，当好连接内地和南疆的“小驼队”，用清脆的驼铃带去他们的爱。

（本文原载于2017年6月2日华东理工大学新闻网）

【心语思】

作为社会工作专业的学生，社会工作对我来说不仅是一个专业，更是一项一直坚持的事业。虽然我进入社会工作专业学习的时间并不长，但却始终坚持用行动践行“用生命影响生命”的专业理念。2015年1月，我组织怀有共同理想的青年加入教育扶贫的项目，切实地做出了改变南疆地区教育困境和贫困现状的努力。2018年3月，我在华理成立了“益家人”公益团队，为在内地的新疆籍少数民族务工人员提升能力、融入城市提供帮助。我希望用自己对公益事业的全部热忱换来社会的点滴改变，同时也身体力行地学会了如何更好地运用社会工作的专业技巧。

我相信热爱会让梦想成为现实，并且用实际行动证实了这一点。始终相信，始终坚持，我是那沙滩上孤独地捡拾着贝壳的人，点滴之间，微光处处。

用“彩虹童话”讲述山区儿童的生活与梦想

——华理研究生支教团帮助山区孩子成为更好的自己①

人物名片：陈敏媛，华东理工大学社会与公共管理学院 2015 届毕业生，2015 年 8 月至 2016 年 8 月作为华东理工大学研究生支教团团长带队赴甘肃定西支教；2016 年 8 月至今，担任赋启青年发展中心顾问、TTI CHINA 市场经理、Translegla CHINA 顾问，是“彩虹童话山区艺术教育夏令营”发起人及哈果教育科技有限公司联合创始人。曾获上海市大学生年度人物及“上海市五四青年奖章”“全国十大青年社工领袖”“精彩中国说节目全国十二强”等荣誉称号。

5 月 3 日下午，一场特殊的画展在华东理工大学图文信息中心举行，101 幅来自甘肃定西山区小学生的作品在这里展出。华东理工大学定西支教团团长陈敏媛是策展人。“用画为你讲述山区儿童的生活与梦想”，陈敏媛说，“我相信，他们的能量，可以感染到每一个前来看展的人”。

“我画的画有闹钟、房子，闹钟从房子里出来晒太阳。这个小人的名字叫小

① 《中国青年报》记者周凯采写。

猪。我还画了一朵蓝色的花。箱子里面装了文具，是给澳洲的小朋友寄去的。中间是一所大房子，因为没人住，所以变成了箱子，里面有个魔术棒开不了。这个房子我进去看过，只有一个小板凳，还有一根橡皮泥做的魔法棒。”甘肃省定西市安定区高峰乡明德中心小学三年级学生小福，向观众讲述自己充满想象力的作品。

几个月前的小福，还是一个自卑、内向的孩子。因为天生的读写障碍，小福无法跟上班级同学的学习进度：不会读写拼音，无法完整地写字，也从不做作业，考试也看不懂试题。在第一节班会课上，担任三年级班主任的陈敏媛提出和每个同学合影，得到了学生们热情响应，只有小福一个人拒绝了。小福说：“班上同学都说我笨、长得丑。”

小福的表现让陈敏媛心痛，她决心要走近这个孩子，打开他的心门。陈敏媛发现，这个孩子具有别样的绘画创造力，于是她给小福布置了一项特殊的“作业”——绘画日记，送给小福一本白页的本子和一套彩笔。小福开始每天用绘画来记录自己的生活和一些想法，陈敏媛每天也会花上十几分钟到半个小时的时间，通过问问题和聆听小福回答，了解他的绘画内容、情绪状态、内心想法等。

经过几个月的努力，小福的性格开朗了很多，也开始喜欢表达，上课积极回答问题。他非常有自己的想法，好几次回答问题时得到了全班同学肯定的掌声。第二个学期一开学，小福在老师没有布置作业的情况下，主动交了一份抄写的生字作业。现在的小福不但在写字上有了很大的突破，每天完成作业，和同学们的关系也融洽了很多，经常还会画画送给老师和同学们。“最关键的是，我发现他快乐、开朗了许多”，这让陈敏媛最开心。

小福的变化，让陈敏媛发现了绘画的神奇：何不让孩子们都尝试用绘画表达自己？“绘画是一个创造的过程，能够激发孩子们的想象力和表达能力，同时，当完成艺术作品时，孩子们会收获成就感和自我认同感，这对他们的成长非常有帮助。”实际上，社工专业出身的陈敏媛之前就对绘本课程非常熟悉，“可以用故事和图画来表达爱”。

陈敏媛惊喜地发现，孩子们的生活、经历、情感、理想，都能通过一幅幅稚嫩的画作表达出来。“以画为载体，孩子会更愿意去描述画中的内容和画画时候的想法。围绕着绘画内容的访谈，比单纯的问问题让孩子们感觉更安全，更愿意去真实地表达自己，也让我们和孩子们的距离更近了。”

一年级的高娟画了一幅《彩色天堂》，色彩鲜艳丰富，有点印象派的感觉，她自己的描述是，“我画了玫瑰花和荷花，后面还有一只彩色的蝴蝶，还有一朵绿色加蓝色的花，我看到过这些花；天空是红色的，我虽然没有看到过红色的天空，但是我相信我一定会看到的；彩色的花要飘到天上很好看，我想像天堂就是这样的。老人们会去天堂，我奶奶应该就在那里，我想她，虽然她去了天堂之后就没有跟我说过话，但是我觉得她在天堂一定很开心。”

陈敏媛在对高娟访谈时很好奇，在孩子的内心，对于天堂有着什么样的认识，“是期待，还是恐惧”，所以就很自然地问她：“天堂里面都生活着什么样的人呀?”“在天堂里面有你认识的人吗?”希望借由这些具体化的问题，和孩子间接讨论家庭成员以及死亡的话题。谈论的时候高娟非常平静，这让陈敏媛觉得非常欣慰。

最让陈敏媛心疼的孩子是五年级的小蕊，她的画取名“我有一个幸福的家”。里面有“一个逝世了的爷爷”“一个去外地动手术的奶奶”“一个生病的妈妈”和“一个调皮的我”。其实，小蕊的家庭情况很复杂，爸爸长年在外地打工，妈妈有精神方面的疾病，有时候还会打小蕊，奶奶的身体也很不好。

听到小蕊家里的事，陈敏媛一度有点无法承受，“在这样的‘一个幸福的家’里，连逝去的爷爷都还在，却缺失了父亲”。“不过每次看到她灿烂的笑容，我觉得都是特别有力量的，像是从悬崖的石缝中开出的一朵灿烂的小花。”陈敏媛说。

利用课余时间，陈敏媛独自完成了全校 101 名学生画作的访谈，虽然很辛苦，但是访谈的过程和结果都让她很“惊艳”——因为看到了平时在学校里看不到的东西。“借由画和访谈，我了解到一些孩子的家庭情况，开始明白他们的家庭如何塑造了他们现在的一些想法和性格；我也了解到一些孩子的梦想，那些纯真美好的梦想也唤醒了我心中那份热情；我更看到了很多孩子天马行空的想象力和非凡的绘画天赋，他们笔下的画和故事，让我看到他们身上蕴藏的无限潜力和可能”。

陈敏媛不断地把艺术融入学生们的生活、学习中，以画为媒介激发孩子们的创造力，与孩子们交流，走进孩子们的心灵。她还募集了 2 000 多本儿童绘本和 1 万多元的资金，为孩子们建立了一个阅读和艺术的空间——彩虹绘本屋，让孩子们在里面自由地阅读、绘画、创作。

“我希望为孩子们提供一个平台，让他们的生活、他们的思想、他们的故事、他们的能量被更多人看到。”在华东理工大学的青志协、“跬步 + ”青年发声平台以及“微笑益 GO”等公益社团的帮助下，山区孩子的作品展得以在华东理工大学展出。

在学校青志协、上海华信公益基金会的帮助支持下，支教团还把本次画展所有的作品制作成了 1 010 张明信片，每个孩子都得到了属于自己的 10 张明信片，每张明信片上都会有孩子亲笔书写的祝福。这些明信片在画展现场进行义卖，所有收入都会用于支持当地的教育事业。

画展结束之后，陈敏媛还会回到甘肃定西，陪伴孩子继续单纯美好的为期一年的支教时光。“我会继续完善为孩子们搭建的绘本屋，为孩子们打造一个阅读和艺术的空间，让他们通过更多的方式，展现自己。”陈敏媛说。

（本文原载于 2016 年 5 月 11 日《中国青年报》07 版）

【心语思】

转眼间，距离 2016 年 8 月支教结束已经过去两年了，我深深受益于这段支教经历带给我的成长。大西北的生活经历，让我看到中国之大，不同的风景、不同的人、不同的经历、不同的想法背后是经济发展的差异，是教育质量的差距。这份“看见”不仅让我对于人有了更深的理解和接纳，也明白了国家“精准扶贫”和“西部计划”政策背后真实的民众需求。除此之外，能够远离都市的喧嚣和繁杂的人际关系，在一望无际的黄土高原上和一群最淳朴的人们一起生活，有机会在星空下思索、在草丛中自省，让我即使现在回到大都市也不至于迷失，从内心生出了一份笃定。这一年有幸为人师者，也让我见证了教育对于人类的伟大影响，也深深影响了我的职业生涯发展。一个人的生命长度是有限的，但是教育能够让智慧和思想一代代延续下去。因此，回到上海之后，我就开始投身于教育和培训事业，继续为人师者的角色。

热爱并坚持一件事情，是不易的，也是幸福的。一年支教结束之后，我还希望把这份陪伴延续下去。每年8月，我都会组织一批志愿者回到甘肃定西，开展为期一周的艺术教育夏令营，动员更多的社会力量把乡村支教延续下去。每当我踏上定西的土地，都会找回投身教育的初心。

毕业典礼上最长的掌声为什么给了她

——记 2017 届艺术学院毕业生高羽烨①

人物名片：高羽烨，华东理工大学艺术设计与传媒学院 2017 届毕业生。从先天失聪到赴美深造，高羽烨的励志故事感动了无数人。本科期间，曾获得综合课程奖学金、国家励志奖学金、亚洲大学生生肖文化创意设计大赛优秀奖等多项荣誉，现在美国加劳德特大学深造，并立志投身公益事业。

6 月 16 日上午，华东理工大学的 2017 届毕业典礼现场，艺术设计与传媒学院的高羽烨同学作为本科毕业生代表发言，虽然口齿不太清晰，她的发言却获得了全场持续最长久的掌声，而她的故事更是让很多人感动得潸然泪下。

这个先天失聪的 23 岁女孩，不但凭借坚强的意志完成了大学 4 年的全部学业，还获得了综合课程奖学金、国家励志奖学金、亚洲大学生生肖文化创意设计大赛优秀奖、勤工助学工作奖、荣誉学生等多项荣誉，并将于今年 8 月赴美

① 记者张婷采写。

国加劳德特大学深造。

从先天失聪、说话吐字不清到赴美深造，高羽烨用她的自强不息，完美地破茧成蝶。

聋人除了听，什么都能做到

高羽烨的父母都是聋哑人，在她出生时，家人都热切期盼着一个健康孩子的到来。然而事与愿违，奶奶渐渐发现，孙女对任何声音都没有反应！

奶奶多么希望孙女能像正常孩子一样说话、成长！求医无果后，奶奶把不到3岁的高羽烨送到了刚刚兴起的康复训练中心。至今，高羽烨仍有模模糊糊的印象，每天晚上，和奶奶一起认、读摊了整整一床的卡片。就这样，高羽烨终于学会了说话。一年多后，尽管吐字不清晰，奶奶还是在康复老师的建议下，让她和正常孩子一样入读了幼儿园。

小学、初中、高中，直到在全校艺术生中以文化课第一、专业课第二的优秀成绩考入华东理工大学，这一路上的艰辛、刻苦，是常人无法体会的，但高羽烨这个坚强的安徽女孩，一路披荆斩棘地走了过来。

“当上帝关上一扇门的同时，也会打开一扇窗”，乐观向上的高羽烨说，她被关上的那扇“门”是耳朵，她失去了一条获取信息的捷径；相对应地，她应对困难的承受力会更强，处理能力也会更高效，这是上帝为她打开的“窗”。

如果你足够坚强，你就是史无前例的

刚上大学时，高羽烨给 4 年后的自己写了一封信：4 年后的我是一个坚强、有个性、爱挑战的学霸，希望能说好每一个字，克服每一个困难，努力实现每一个目标。

然而，大一时，她就遭遇了“滑铁卢”：一直让她头痛的英语课挂科了。而补考的时间，却与疼爱她的爷爷的遗体告别仪式时间相冲突。在家人的劝说下，她哭着回到学校参加补考。这段痛苦的经历时刻提醒着她懈怠的后果。

此后，她格外珍惜学习时间。由于听力障碍，她必须花数倍的时间和精力来努力学习。英语是弱项，她就每天不停地背单词、做阅读，就连假期在家，每天早起第一件事、睡前最后一件事，必然是学习英语。坚持不懈中，她终于通过了大学英语四级考试。专业课上听不到老师讲的内容，她就回寝室查找相关的资料恶补，或者直接向老师、同学请教。

几年的坚持和付出，终于使高羽烨可以在毕业典礼上，自豪地告诉 4 年前

的自己和她的亲人、老师、同学：我做到了！

回顾在华理的几年，除了奋斗的过程，高羽烨说，华理人给予的那些暖心瞬间，同样让她难忘：辅导员赵依莎老师帮她过生日，老师们课后帮她辅导和复习功课，学校各个岗位上的老师对她的关爱……

残疾人也可以成为志愿者，也有能力帮助他人

虽然身为特殊群体的一员，但公益的种子却深植于高羽烨的内心。大学期间，只要有机会，她总是热心于各类志愿服务：大一时，因为会简单的手语，她加入了学校的公益社团益方社手语部；大二时，她参加了徐汇区业余大学的手语表演；在学校的勤工助学中心，她担任国旗督导员，并多次利用专业特长为各类活动摄影；大四实习期间，她作为志愿者参加了中国与新加坡合作的聋人社会公益服务……

设计就是为人类造福，那么，对聋人群体来说，设计的力量在哪里？高羽烨开始思考专业学习理念和服务他人的融合。

高羽烨学习的是视觉传达设计专业。在做毕业设计时，她问班导师刘瑛："我可以做与手语相关的主题吗？"刘瑛告诉她："当然可以，只要你觉得有意义。"

在老师的指导下，高羽烨完成了面向手语族用户的人机交互 APP 界面设计。据高羽烨介绍，这款名为"手语族"的 APP，既是她的儿时愿望，也是结合 160 份调查问卷和聋人朋友、手语朋友的需求而设计的一款特殊 APP，"希望能方便聋人的交流，帮助聋人获益，促进聋人和听人的沟通交流，提高聋人的社会地位，消除歧视和偏见，成为实现聋健共融的桥梁"。

“她现在做的一切，都是将来为聋人服务打基础。”高羽烨的奶奶说。

这包括去美国劳德特大学读研究生。事实上，高羽烨到美国留学，并不是在设计专业上进行深造，而是学习美国手语和英语书面表达。现在的高羽烨，会中文、英文、上海手语和简单的美国手语，她希望几年后自己学成归来，从事与聋人相关的设计、社会工作或教育事业，更好地服务聋人。

（本文原载于2017年6月16日“华东理工大学”官方微信）

【心语思】

在大学碰到困难或迷茫的时候，我常常会思考，我来大学的目的是什么？我想要的未来是什么？我的人生意义又是什么？同时，我又经历着身份认同的危机，即我是聋人，去寻找自己的归属；还是重听人，努力去融入主流社会？我一直在其中挣扎着。

“勤奋求实，励志明德”，华理校训看似普通，实则起到了引导作用：脚踏实地学习知识和提高能力，寻找自己在社会上的作用和价值；在学习和生活上严格要求自己，逐步实现每一个小目标，与人为善。我认为目标是前进的动力，目标可以大到让自己的人生过得有意义，也可以小到我要七点钟起床的时间安排。正如当年大一新生写给未来大四的自己的期望的一封信里所写，我将其转换为动力，每天为成为那个自己所希望的样子去奋斗和拼搏。人生只有一次，不想如此平庸度过，就用青春的热情和汗水书写精彩的每一天。生命不息，奋斗不止。

坚持不懈，让梦想照进现实

——记张苑松团队携“大创”项目一路挺进“挑战杯”全国总决赛的历程①

人物名片：由张苑松、徐光鑫、于星苑、彭映龙、周浩卿5个本科生组成的团队，在方学梅老师的指导下，历时683天，先后获得国家级“大创”项目优秀结题、校“奋进杯”特等奖，“挑战杯”市赛一等奖、全国二等奖。在挑战的路上，她们善意的小小心思结出了累累硕果，每个人未来的方向也日渐清晰。

一个本科生的“大创”（大学生创新创业训练计划）项目竟一路过关斩将，不仅获评国家级“大创”项目，获得校“奋进杯”竞赛特等奖，还拿下了“挑战杯”市赛一等奖，最终荣获“挑战杯”全国大学生课外学术科技作品竞赛二等奖。它的魅力究竟何在？

实在！这是由张苑松、徐光鑫、于星苑、彭映龙、周浩卿组成的获奖团队

① 记者石翎采写。

给出的答案——历时683天，发放4 500份调查问卷，获得3 542个有效样本，开展59场深度访谈，撰写1.5万字研究报告，出版1本书，形成7篇论文，这个“大创”项目“城市追梦人：新生代农民工社会公平感研究——基于3 542个样本的实证分析”做得扎扎实实。

项目还深入到了应用研究与实践领域，进一步提出构建具有可操作性的以“学习圈”为切入点的农民工服务体系。张苑松团队研发了“青春派”网络助学营项目，与徐汇区团委合作举办了青助夏令营……

值得高兴的是，比赛虽已结束，但在指导老师方学梅和学弟学妹们，以及学界专家、志愿者、社会力量的支持下，这个“大创”项目还将继续传承并发展下去。

善意催生的调研项目

没有轰轰烈烈，这个“大创”项目的源头竟只是一个女孩子充满感性的一点小心思。

大一刚入学，张苑松便通过校勤工助学中心找了一份家教的工作，为一个五年级的女孩子辅导功课。当时，张苑松刚从辽宁来到上海，对上海各区县距离远近还没什么概念。后来才发现，她要辅导的孩子在闵行区，每次从奉贤出发去家教，都要倒 3 趟车，花两个半小时才能抵达。

此前，张苑松已听说这孩子家境不太好。然而第一次去的时候，当她好不容易找对了地方，却还是被眼前的一切惊呆了。这个孩子家长是农民工，他们住的房子看起来又简陋又危险，洗脸池和厕所还是公用的。然而，孩子的妈妈质朴又热情，孩子和她也挺投缘。于是，张苑松就坚持了下来，一直教到那孩子初一回湖北老家。

这是张苑松第一次接触农民工，感触特别深。慢慢地，对他们了解越多，就越觉得他们不容易。于是，张苑松的心里便燃起了一个小火苗：进一步了解农民工群体，为他们做点什么。说干就干，在得到方学梅老师的支持后，张苑

松便申请了“大创”项目“上海市新生代农民工社会公平感研究”。

没想到，两年前的这点小心思，竟发展成了如今的硕果累累。“我真没想到，这一切都是意外!”张苑松表示。

调研被怼“你们做这些有用吗?”

这个“大创”项目由大量的实地调研开端。最初，仅凭一腔热忱，小伙伴们就拿着问卷到处跑。工地、工厂、码头、饭店、菜市场、企业……奉贤、徐汇、闵行、青浦、嘉定、浦东……有时候，迎来的是热情的配合，更多的时候则是四处碰壁。

有一次，于星苑来到了徐汇区的一个菜市场。在一个卖冷藏肉的摊位前，她尝试着去采访卖肉的阿姨。那个阿姨一听说是大学生来调研，她马上反问道：“你们做这个东西对我们有好处吗？会改变我们的生活吗？这个东西真的有用吗……”这些话堵得于星苑当场不由自主倒退了两步。于星苑说：“当时心里特别难受。”

这样的遭遇远远不止一次，调研中小伙伴们经常会遇到直接被人拒绝的情况。他们心里既有不服气，也有难过。但这反而更加激发了大家的斗志，也激励他们进行更为深刻的思考。“我们决心要把这个项目做好做大，只有这样才能产生更大的社会影响力，才可能真正去解决问题。”于星苑回忆道。周浩卿乐观地表示：“这个项目还是很有意义的。很多事都是一点一滴积累而成的。我们只是想献出一点力量。说不定哪一天这事就成了呢。”

科学研究为感性调入理性

“刚开始很感性，如果把公平程度量化为1～6分，当时心里默认的调研结果肯定只有1分。后来通过调研，客观地分析下来，其实新生代农民工的公平感并没有这么低，高于我们的预期，属于比较公平的状态。”周浩卿介绍，通过这个项目，大家不仅掌握了许多研究方法，并且变得更加理性了。

张苑松、周浩卿目前上大四，徐光鑫、于星苑现在上大三，彭映龙正上大二。大家基本上都是接二连三地在读大一时就开始参与项目。一步一个脚印走来，最初这群一点概念都没有的学术“小白”在方学梅和社会学院其他老师的指导下，最终竟将问卷编制、深度访谈、定量研究、定性研究、应用研究一一拿下。

根据预调研状况，他们修正了调查问卷，正式调研时还引入了老一代农民工作为参照对象。他们将前期的简单随机抽样调整为覆盖面更广、更为全面的分层抽样。他们不仅扩大了上海的样本容量，还选取了北京、河北的样本作为参照对象进行比较研究。他们运用方学梅老师编制的社会公平感量表，从6个维度、7个具体领域进行了新生代农民工社会公平感现状分析。他们在前期访谈的基础上提取了导致社会不平等的12个因素，采用likert5点计分方式测量，对新生代农民工进行了社会公平感影响因素分析。他们采用SPSS和AMOS统计软件，运用描述性统计、验证性因素分析、多元回归分析等方法对数据进行了深入分析。

虽然问卷调查研究得到了一系列数据，但仅凭数据还不能将问题完全说清楚。于是，张苑松团队又展开了深度访谈，试图揭示更多隐藏在数据背后的成因。最终深度访谈的资料在社会学院院长何雪松的支持下出版成书。他们不仅访谈了不同职业、性别、学历与经济条件的农民工，还采访了其利益相关者，比如政府部门、企业管理者、农民工子弟学校负责人等。

最终，张苑松团队不仅得出了翔实的结论，并且提出了相应的对策——构建具有可操作性的以“学习圈”为切入点的农民工服务体系，包括青春派网络助学营、青助夏令营、四点半课堂以及支柱计划，希望政府、企业以及社会力量都能参与其中，切切实实地为农民工提供关怀与帮助，提升他们的社会公平感。

张苑松团队提出的相关对策不仅仅停留于纸面上，他们还身体力行，做了许多有益的尝试。“青春派”网络助学营通过网络平台，面向在上海上小学、初中的新生代农民工子女，录制并推出了一系列基础课程。助学营同时还计划开展上海话教学，帮助新生代农民工更好地融入城市。对返乡参加当地高考的农民工子女，助学营还计划专门招募志愿者，建立 QQ 高考答疑群。

在徐汇区团委以及部分农民工子弟学校校长的支持下，2017 年暑期，张苑松团队与众多志愿者投身于上海徐汇滨江建设者之家农民工子女夏令营活动，带领孩子们领略奇妙的 3D 打印技术，走入科技馆。活动每周开展 1～2 次，整整持续了 2 个月。

丰厚的收获远大于得奖

项目做了一年半遇到瓶颈时，徐光鑫恰巧看到了一则新闻：同济大学经济与管理学院程名望教授将与国家统计局上海调查总队合作，共同撰写《上海市农民工生存状态报告书》。抱着试试看的心态，徐光鑫发了一封邮件请求指点。没想到，第二天上午程名望就回了一封长长的邮件，表示本科生就能做出这么好的研究实属不易。他甚至热情地表示，如果有兴趣读研可以直接跟他联系。后来，正值大四的张苑松凭借年年专业排名第一的优异成绩通过了同济大学的保研面试，将师从程名望教授，继续开展农民工的相关研究，从此让梦想有了明确的方向。

参与项目前便一直热衷于公益活动的于星苑刚开始对学术研究并不是特别喜欢，但真正投入其中后，她却感到“研究过程其实特别有意思，有一些瞬间简直超乎想象。每一次度过一个艰难的坎后，都倍觉甘甜，心里非常充实”。于星苑坦言：“原来觉得为社会做贡献这样的话挺空洞的，现在才发现我们其实也可以从小处着手去改变一些东西，如今也更愿意去付出了。”徐光鑫也同样受到感召，表示“想把公益作为事业继续做下去”。今后，他俩还将与中国大学生年度人物木纳瓦尔·木沙合作，继续开展助学项目。

这个项目也像一扇通往社会的大门，让探知欲很强并且坚信“每个人都值得重视”的彭映龙提早走出了校园，去了解真实而辽阔的社会。他说：“与优秀的人为伍令自己受益匪浅。参与这个项目既培养了学术思维，还学会了团队合作，并且克服了拖延症。”他还表示，公益活动中与农民工的孩子在一起的时候，他的心灵仿佛也被净化了。彭映龙描述说，农民工子女大都很开朗，很爱笑，简单而纯真。在一次活动中，他问孩子们：“如果可以去旅行，你想去哪儿?”有一个孩子的回答最令彭映龙动容：“我可以不去旅行吗？我想把钱留下来给爸爸，他最近真的很辛苦。”如此纯净的心灵，很难不被他们感动，很难不去为他们做些什么。

（本文原载于 2017 年 11 月 24 日第 1445 期《华东理工大学周报》第 2 版）

【心语思】

刚进大学的时候，我们并不知道，也不清楚 4 年后我们究竟要做什么，又或者说我们原本目标很明确，但是4年的大学生活让我们起初的目标发生了改变。我们团队就属于后者。一次偶然的机会开启了我们5个人的学术之路。

本科课堂上我们学到的都是基础知识，运用这些知识能去研究和发现什么样的问题，这是我们本科生应该思考的问题。因此，“大创”、USRP、“奋进杯”“挑战杯”……这些学术竞赛为我们提供了很好的机会，大家都应该把握住。

复旦大学新闻学教授李良荣曾说过：“没有理想，就不要搞学术。”听闻学术路途很艰辛，在不断的学习和研究中学术兴趣可能会转移，理论可能被推翻，有许多田野作业需要去完成，学术抱负可能会改变，甚至无法到达。但是这些都不能阻碍我们的脚步，因为学术研究本就是去探索一种理想实现的可能性。我们要做的是成为某一方面最前卫的“探索者”，走在政策之前，将自己感兴趣的问题研究清楚、研究透彻，去学习也去传承一门心思埋头钻研的纯粹学者的毕生学问。

“挑战杯”大赛努力争金奖　互联网创业自信见马云

——周元凯：只想给世界一点改变①

人物名片：周元凯，中共党员，控客科技联合创始人兼市场总监，华东理工大学在读博士生。本科和博士期间先后有过5段创业经历并累计获得近50余个奖项与头衔（校级及以上），曾多次获得“挑战杯”全国大赛奖项，拿下校史首金，创业历程曾获得数十次媒体报道；受邀参与央视以及其他省级卫视的节目录制，入选中国大学生创业英雄10强、温州市十大杰出青年提名、上海大学生年度人物。

周元凯很忙。3月下旬约他做采访，直到4月中旬的一个下午，才终于约到他。

周元凯曾经3次参加全国挑战杯创业计划大赛，两次得银奖，最后一次得金奖。后来，他与团队成功注册成立了公司，并在高校开展创业指导。周元凯后来被一个智能家居创业团队看中，成为合伙人。加入这家公司后，周元凯曾

① 《东方教育时报》记者胡思华采写。

创下一次众筹 2 114 万元的纪录。这家智能家居公司已成为互联网第一品牌，估值已达 10 亿元。公司更是与阿里巴巴、富士康合作，打造新产品。

参赛挑战杯了解什么是创业

谈起“挑战杯”的参赛经历，周元凯的记忆又回到了当初一次次与金奖擦身而过的遗憾和最终获得金奖的喜悦中。

2011 年第八届“挑战杯”全国大学生创业计划大赛，周元凯经历校赛失利、项目变更、成员聚散，再到市赛夺银、进军全国的反复曲折。一年的历练让他的信心不断增强，对金奖志在必得。他和他的团队都未预料到，看似反响良好的产品背后却隐藏着巨大的隐患。当评委针对财务和盈利抛出尖锐的问题时，他们顿时不知所措，眼睁睁看着金奖花落别家。虽然周元凯与团队获得了第八届“挑战杯”全国大学生创业计划大赛全国银奖、上海市级银奖，但在周元凯心目中，没得金奖就意味着失败。

周元凯决定再战“挑战杯”。又是一年努力，三赴北京，考察 37 个地级市，走遍 180 个县市，获得 580 份样本，赢得不计其数的赏识肯定。然而，虽然此次校赛鹤立鸡群、市赛翻身夺金，但在全国赛场上，又一次与金奖擦身而过。

“必须再来一次”，周元凯暗下决心。不久，他选择在华东理工大学跟随时任副校长涂善东教授攻读化工过程机械方向的硕博。受导师的影响，他决定把参赛项目的方向锁定在科技创新上。在校级选拔赛的半年前，周元凯便开始潜心找寻优质的高技术项目，挖掘人才，组建核心团队。

经过认真打磨，全金属封装耐高温光纤光栅传感器技术项目成形了。带着团队，他在上海市级的比赛中一路披荆斩棘，获得了分组答辩第一名，顺利冲击全国赛。

这一次，他不希望再一次与金奖失之交臂。他追求每一个细节完美以至于严苛。合理安排 10 个成员负责不同模块，同时频繁地进行头脑风暴。一次又一次交流与修改。仅 PPT 他们就有 7 次颠覆性的改动。在大赛现场，他与他的团队以无可争辩的实力征服了每一个评委，夺得 2014 年“创青春”全国大学生创业大赛第九届“挑战杯”创业计划大赛全国金奖。

为成长，甘做无用功

周元凯对自己有一个规划，那就是“三十而立”，而要立起来，周元凯明白，在此之前，要不断提升自我。为了提升自己，周元凯渴望学习，愿意做在别人看来是“无用功”的任何事。

3年的创业比赛与实践，给他带来了诸多经验，对于创业思维的培养和商业模式的构建也有了许多独到的见解。他希望用自己的经历与经验，帮助对创业怀揣梦想的学子。在老师与同学的支持下，周元凯创建了针对华理研究生的第一个创业类社团——华东理工大学研究生创业俱乐部，定期举办案例分析与创业沙龙，参与华理学子诸多实际创业项目的指导与协助，并作为发起人策划组织了华理第一个线下社区文化创业项目——华理求职公寓；他出任了华东理工大学创业训练营的副营长，反哺母校，负责日后华理“挑战杯”赛事的指导与协助工作。同时，他也积极帮助兄弟院校，受邀担任上海商学院特聘学生创

业指导以及上海师范大学人文学院职业指导师。

2012—2014 年，他连续两届担任市级学生组织——上海温州青联学生创业联谊会（学创联）执行会长，为沪瓯两地优秀学子的交流与共进奔忙。他在任期间举办的大年初五在沪温籍学子大联欢、走进高校、公益运动会、定向越野、创业大讲堂等诸多创业、联谊和公益类的活动，为其涵盖的 21 所上海高校、近 3 000 名在沪温籍学子提供了资源共享、职业发展、创业扶持、公益反哺的优质平台。

互联网创业改变生活一点点

“挑战杯”比赛不仅让周元凯认识了创业，周元凯认为“挑战杯”也让他清楚地认识了自我，了解自己能做什么是一个什么样的人。

周元凯是村子里第一个读博士的人，他的爷爷深以为荣。周元凯感觉他有一种无法推卸的使命，那就是将来要投入学术，在学术上做一番事业。在此之前，他选择创业，为了创业，他甚至还请了半年假，中断了半年的学业。他希望创业让他成长，为他将来的学术研究找对方向。

周元凯为“挑战杯”比赛准备的项目在比赛期间深受投资人与评委的认可，其技术市场化的前景也被肯定。为此，周元凯与团队注册成立了上海徒维光电科技有限公司，周元凯担任公司法人。与此同时，2014 年 12 月，一家已上市的温州人出资的企业——广东亮包网络科技股份有限公司，也邀请周元凯出任公司的市场战略顾问，帮助撰写商业方案与参与商业谈判。经过 15 天彻夜不休的努力，周元凯与他的小分队帮助该公司，与中国梦·梦无缺公益组织确定了初步合作意向，并持续跟进亮包网络科技后续的融资计划。

在参与融资的过程中，周元凯接触到了互联网创业团队——杭州控客信息技术有限公司，他们正在以智能家居为目标，进行互联网创业。周元凯突出的创业才能为控客公司创业团队所青睐，他们邀请周元凯加入创业团队。智能家居的广阔前景吸引了周元凯。在周元凯看来，将传统的电器联网，通过手机在云端对家电进行控制，将极大地改变人们的生活。作为联合创始人，周元凯加入了杭州控客公司，任首席社交媒体官。从此开始，周元凯便一半在学校，一半在公司，一边读着硕博，一边经营着两个公司。

刚刚走马上任 4 天，老板就让他做好准备给富士康总裁郭台铭做演讲。其时，富士康与淘宝合作推出名为“淘富成真”的新科技媒体平台，周元凯作为“杭州控客”公司的联合创始人之一，负责与富士康和淘宝的对接。

加入公司不久，周元凯就交出了第一份堪称优秀的成绩单。2015 年 4 月底，杭州控客名叫“miniK 智能插座”、售价仅 39 元的小玩意，刷新了国内网络众筹人数最多、金额最大的纪录。在上线 46 天时间内，该产品吸引了 348 122 人参与、累计筹得近 2 114 万元支持资金。在 46 天的众筹期里，周元凯不仅带着团队撰写宣传文案，做推广页面，后续更是举办了好几次助推活动，包括通过淘宝请萧敬腾做微代言，与美空网模特合作搞活动，为了工作，他从上海搬到了杭州，每天深夜回家，和同伴们讨论方案，周末偶尔来到上海，也被业务工作排得满满当当。miniK 的众筹首秀上线首日便超额完成原定的 100 万目标，达到 300 万元。

作为首席社交媒体官，周元凯频繁穿梭于各大媒体与商家，通过推广计划，

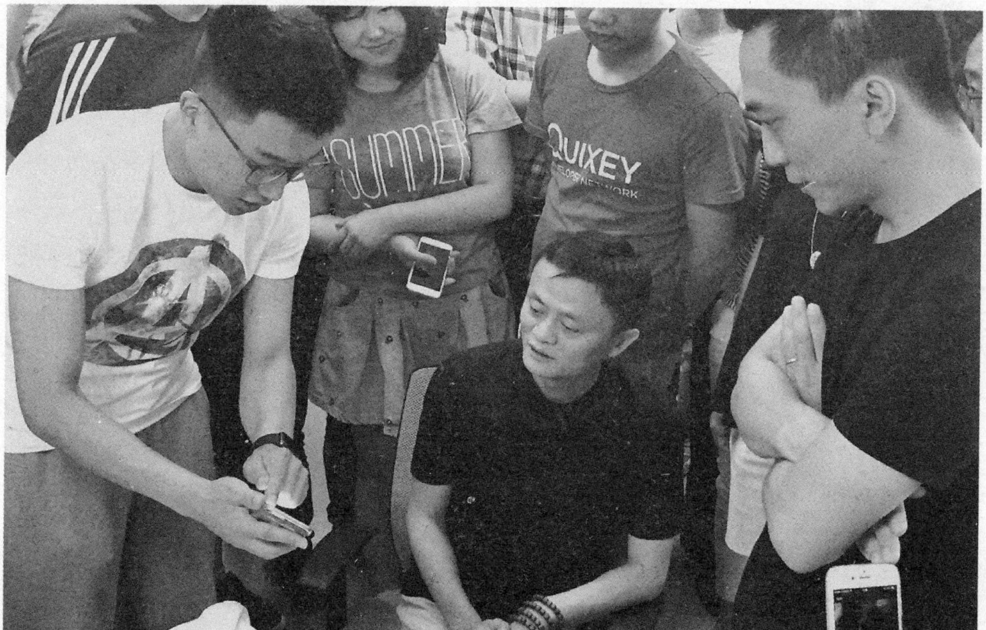

普及着智能家居的理念。2015 年 5 月 30 日晚，他在上海接到公司通知，第二天在杭州云栖小镇向阿里巴巴总裁马云作产品展示演讲。这一次，有众筹的骄人业绩为底，周元凯见到马云说："马总，这一款家居产品，您肯定会喜欢。"同时，他向马云宣讲"智能插座才是智能家居的入口"。

在周元凯的主导下，杭州控客推出了"控客 100"合作人计划，即：招募 100 名控客合伙人，将这套整体智能家居以线下实体体验店的方式进行区域化推广。控客又与全移动空间达成战略共识，即将在线下通过"超级智能蛋"智能家居线下体验中心让用户体验整体智能家居的智能生活。目前，与富士康合作的"苹果级"产品 KKit 智能家庭套装正在美国第二大众筹网站 in-diegogo 进行众筹。

为了传播智能家居理念，周元凯还在天津卫视《藏龙卧虎》、辽宁广播电视台北方频道《我是传奇》等一系列节目现身。

周元凯相信，通过自己的努力，可以让生活改变一点点，最终让世界改变一点点。

创业心语

创业的意义：认识自我，认识世界，可以改变世界一点点。

最大的愿望：人生的理想就是成为改变世界的一分子。希望将来能有一个自己的企业与集团。

创业的感受：创业很难。创业是挑战自己，就是在拿到一手坏牌的时候要打一手好牌。

最大的困难：创业找不到正确的方向是最大的困难。

创业什么最重要：一是人才，二是正确的方向。

最大的成功：在众筹中成功打造了两个纪录，普及智能家居的理念。

（本文原载于 2016 年 4 月 20 日《东方教育时报》第 12 版）

【心语思】

在我以大学生身份创业的这几年里，很多人在了解到我作为“优秀学生创业代表”的同时，其实只关注到了我作为创业者在该领域取得的些许成绩，却忽略了我是一名学生的本质。

就学术而言，我可谓极不称职，没有好好履行一名华理在读博士生的学术研究责任，将本该用来在实验室埋头科研的时间，花到了创业实践里。我希望其他学子能反思我的教训，坚守我校“勤奋求实、励志明德”的校训，做一名学术优秀的华理学子。

回到创业这个话题，我想说，商业社会的残酷生存法则和日益激烈的现实竞争是很多在校学子难以想象的。很多创业公司在光鲜亮丽的外表下，更多的是难以为继的企业现状。加上现阶段的媒体造星趋势，一大批毫无水准的伪“创业明星”被“追捧”。或希望那些致力于创新创业的我校学子，能够保持初心，不要被许多包装出来的所谓的创业成功鸡汤所蒙蔽，用对待学术和科研的精神对待创新创业，不要急于求成，懂得厚积薄发。勤奋刻苦，方能苦尽甘来！

青春是一场灿烂的化学反应

——记华东理工大学国家奖学金获得者姚溢融[①]

人物名片：姚溢融，2017年本科毕业于华东理工大学生物工程专业，2017年9月起，于清华大学生命科学学院攻读博士学位，从事单分子荧光共振能量转移相关研究；曾获华东理工大学综合课程特等奖学金、上海市优秀毕业生、清华大学“未来学者奖学金”等。

奖学金拿到手软是一种什么样的体验?

连续两年专业排名第一，国家奖学金、宝钢奖学金、综合课程特等奖学金、金龙鱼奖学金……各式各样的奖学金都拿了个遍。

大一担任班级团支书，大二成为学院学生会学创部部长，大三变成学生会副主席，创建了生物工程学院规模最大的学术信息交流平台，累计志愿服务超过100小时，获得了中国扶贫基金会颁发的“善行100一星级志愿者”称号……

---

① 学生记者金钰尧采写。

她是华东理工大学2013级生物工程专业的学生姚溢融。今年9月，她将前往清华大学生命科学学院直接攻读博士学位。

这位温柔娴静的姑娘，她的青春，却是一场与安静外表相反的灿烂的化学反应。

小小“斗士”初长成

小时候的姚溢融和赵忠祥有个“约定”——每个周一到周五的午后，姚溢融都会蹲在电视机前等着观看《动物世界》。那时候的姚溢融，梦想成为一名动物饲养员。

锯鳐出格的造型让她感到好奇，为什么它这么扁？还有那电锯一般的牙齿……这是姚溢融对大自然最初的向往。

姚溢融从小就立志成为一名保护大自然的斗士。一开始知道“生物入侵”的概念的时候，小小的她因此“夜不能寐”，希望自己能在这场植物与环境之间的战斗中贡献出一分力量。第二天，她便拉着小伙伴风风火火地到河里打捞水葫芦。“怎么越捞越多?”这回的战斗以失败告终。

没两天，她又撺掇几个同学提着塑料袋到街上捡垃圾——这一回，他们收获颇丰。

进入华东理工大学之后，她找到了努力的方向。生物技术不但能用于发酵菌种、抗体、疫苗，还能指导微藻类的大规模培养，进行产油和垃圾的分解，治理大环境。她所学的生物工程专业也可以为环保事业做出大贡献。

小小“反应”大能量

都说学霸自带能量，姚溢融也不例外。

刚上大学不久，姚溢融就主动找到辅导员周佳伟老师谈大学生活规划，内容涉及专业学习、社会工作、职业发展等多方面。

“姚溢融是经过认真思考后才来找我的，她很清楚自己要什么。”周老师说。

目标明确的她，将优秀变成了一种习惯。

“一天的课程结束后，我喜欢去操场上跑几圈，稍作休整就去组织学创部的讲座和活动，活动结束后，再到最晚熄灯的教学楼温习功课。”这是姚溢融的生活常态，仿佛有一股源源不断的能量支撑着她，“我生活在稠密的思想中”。

同班的龙思达同学用“难以超越的自律”来形容这位同窗。

姚溢融并不满足于自身的优秀，而是想办法把“化学反应的能量”辐射向整个生物工程学院的学生。

因为在生物工程学院学生会学创部工作的缘故，姚溢融在网络上创建了一个分享各类前沿生物学习信息的交流群。后来，通过学生们的口口相传，交流群的规模越来越大，几人，几十人，几百人。目前，这个信息分享群的活跃人数已经接近900人——这一数字还在不断增加。

随着加入的学生越来越多，群内的信息分享也逐渐模块化、规范化、多元化。现在的分享内容除了每周科技、趣味科普、就业领航、英语学习、教务信息等板块外，还有每次学院举办的“生工讲坛”讲座签到表，让大家共同监督，促进了学院优良学风的形成。

现在的“生工学创信息平台”群，在经过姚溢融一年的精心打造后，已经摇身一变，成为整个生物工程学院规模最大、人气最热的学术和综合信息交流平台。

小实验室里的大情怀

眼药水含菌量测定、污染水源含菌量测定……众多的微生物竞赛课题让姚溢融打开了新世界的大门。她说，“孕育过程中的担惊受怕和最终的收获快乐”是生物实验中最有趣的部分。

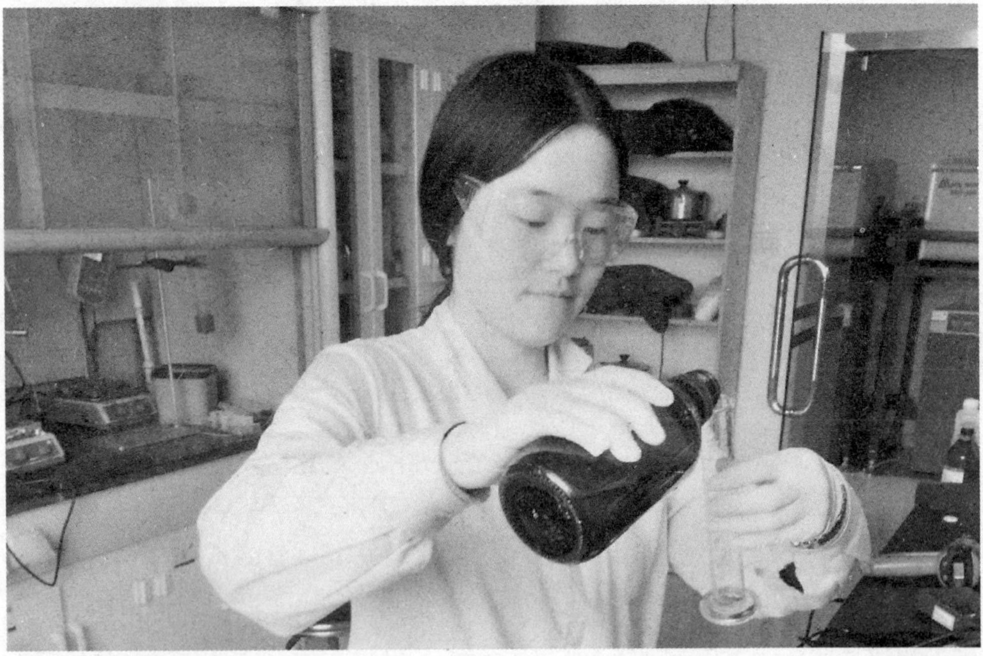

一开始做大学生创新实验时，姚溢融便在实验室里找到了“非同寻常”的乐趣。等待菌株生长的时间里，她也没有闲着，或记下试剂瓶上的英文描述，或者在一旁“偷瞄”其他组的实验，吸取经验。

因为没在培养基里加葡萄糖脱氢酶，学长的菌种生长效果不太理想。于是，姚溢融查阅相关文献资料，吸取经验教训，改进实验步骤，在做产物检测时使产物转化率提高了不少。

研究生实验室召开组会时，身为本科生的她，却准备好笔记本，早早地来到会议室，安静地坐在角落“蹭会”。GDH有机磷农药降解、定向进化……一个又一个新鲜名词出现在姚溢融眼前。每次她都能密密麻麻记好几页笔记。遇到听不懂却很感兴趣的内容怎么办？机灵的姚溢融就会记住这位发言的学长，组会结束后再“缠着”他请教。

课题组的学长们毕业了，姚溢融便挑起大梁：自己设计实验步骤，预约实验仪器……磨炼至今，她已是上海市大学生创新实验项目“他汀类药物侧链前体CTeHP氧化酶的筛选和克隆”的项目负责人。

实验室的经历，对于姚溢融来说，像一次次探险，虽然辛苦，但是妙趣横生。优秀的学习成绩，反而成了她身上最平凡的特质。

“感谢学校为我提供了实现理想的机会和平台，希望学弟学妹们树立目标，抵制诱惑，走好自己的路。”姚溢融说。

心有大未来，不忘用自己的爱心和智慧辐射身边的人，把感恩作为理想的溶剂，对她来说，水木清华不是青春这场化学反应的结束，而是灿烂的开始。

（本文原载于2017年4月28日1435期《华东理工大学周报》3版）

【心语思】

回想大学本科四年岁月，我真心地感谢母校的支持和栽培。华理有知识渊博的老师、优秀卓越的同伴、多元化的信息渠道、活跃的文化氛围，让我得以全方位发展。曾经披星戴月地在图书馆读书，在实验室里探索，在学生会服务，回头想来满满是收获和成长，已不觉辛苦。感谢那时的自己抵住诱惑，沉下心来做自己想做的事；感谢那时的自己愿意坚持，一点一滴，聚沙成塔。似乎年岁越长，顾虑就会越多。感谢这踏实的四年回忆一直在我心中呼唤着，提醒着我，切勿“行百里者半九十”。

如今攻读博士又是新的开端，“雄关漫道真如铁，而今迈步从头越”。我所热爱的科研事业，于外人或许看不懂；我追求真理，背后必然是一个又一个漫长的夜。但我仍希望自己可以不忘初心，逐渐把自己打造成一个独立从事科学研究，高水平创造性，具有国际竞争力的人！

“化工男”的创业路

——记“创青春”全国大学生创业大赛金奖获得者李惠[1]

人物名片：李惠，男，汉族，预备党员，工科硕士，2005年考入华东理工大学（本科），2014届华东理工大学硕士毕业生，现任上海博悦生物科技有限公司执行董事兼总经理及江苏海悦康医药科技有限公司执行董事兼总经理，海门市政协委员。2014年，获上海市“创业实践挑战赛”银奖、“创青春”全国大学生创业大赛创业实践挑战赛全国金奖；2015年，获“海门市十佳青年创业先锋”；2016年，获2016年度海门市“东洲英才计划”；2017年，获2017年度江苏省“双创人才”。

2014年，李惠斩获了由共青团中央、教育部等6部委主办的2014年“创青春”全国大学生创业大赛创业实践挑战赛金奖，实际上他在2010年读研二时便开起了公司。

他创建的上海博悦生物科技有限公司专注于药品研发，成立3年半，营业

[1] 记者卞慧采写。

额已达到 6 000 万元，合同金额突破 1 亿 2 千万元。

有个性的好老板

项目加急有奖金，租房、购房有补贴，每周、每月都有优秀员工奖，结婚生子公司还要“表示表示”，再加上加班费、绩效奖……博悦的各种奖励加起来近十样。李惠说，如果员工对公司有足够的贡献，公司还会额外给股权。

员工们跟老板之间也没什么疏离感，常嚷着要老板请客吃饭，就连“双十一”熬夜网购、跟男朋友约会，都要向老板请“网购假”“脱单假”。李惠二话不说，准假！李惠觉得“90 后不喜欢被约束，我能理解他们”。

在管理上，李惠的心得是：“现在早就不是资本家压榨劳动力的时代了，你想要创造一个积极向上、大家都为一个目标努力奋斗的团队，那首先你得对他们好。”

这样的老板，是不是颇有个性？

为什么想着做生意？

李惠为什么想着做生意？“华理的创业氛围比较好，学生的能力都很强，就看能不能迈出那一步。我的同学中有创业想法的人很多，宿舍同学就有跟淘宝合作的。而且我不喜欢受约束，总想试一试、闯一闯。”

提到创新创业，华理有 USRP 等很多创新活动和创业教育。每年学校都面对所有新生开设创业指导课程，从创业想法的指导到创业计划的设计再到创业实践，贯穿了整个大学 4 年。除此之外，学校的第二专业研修也让李惠受益匪浅。李惠坦言：“我大学期间主修化学，但我花了整整两年的时间仔细上完了学校的二专——工商管理，我从课上学到很多好玩的东西，之后都用在了我的创业上。”

他感触最深的事情是本科时听的一次讲座，田禾院士提到华理的水煤浆气化技术出口到美国，合同金额上亿。他当时就想，自己能不能也试试。

“华理老师的不少技术转让也很成功。”李惠看到老师们用科学技术为产业发展作贡献，他觉得自己学的有机化学也会有用。

科技园里渐成长

目前，博悦在华泾的华理科技园租着房子。科技园在房租上给他们帮助，还有很多政策上的优惠。“我们跟学校产业处提到想跟学校领导见面商谈产学研合作，副校长陈英南一个星期后就到我们公司来了。”李惠表示，学校这么关心公司的发展，陈副校长的举动让他很感动。

“在华泾科技园里，我们公司的分析设备比较好，就与科技园共享资源。”现在，博悦与华理科技园合作建立了联合测试中心，园区企业到这里检测又快又便宜。下一步，李惠还想送公司的核心技术人员去学校进修。他也愿意为学校的本科生、研究生实习提供方便。“同时我也提供工作岗位给优秀的学弟学妹们。我想这也是大家很喜欢在我这里工作的原因之一吧。”

（本文原载于2015年5月22日华东理工大学校园新闻网）

【心语思】

在学生时代，专注于自己的专业，跟着导师和同学一起学习研究专业知识，一直坚信三人行必有我师焉，不断以他人之长补己之短，锻炼充实自我，期间通过参加2014年“创青春”全国大学生创业大赛，让自己更加了解自己团队的优势，也体会到了团队的重要性，同时在专业理论和创业实践方面都积累了大量的经验。

参加工作以来，专注于化学药物的研发与创新，获得了丰富的产品开发和转化经验；长期担任总经理，使我的管理能力、沟通能力、领导组织能力、执行力以及团队合作能力，都得到了充分的锻炼和提高。在公司管理的过程中，始终坚持以人为本、以技术为核心、以质量为基础的理念，依托在新药开发、制药工程、生物技术和医药知识产权市场等方面的丰富经验，致力于高素质员工与创新队伍的建设和培养，共同创造一个更专业更大规模的医药科技公司。

鲍戮克：戮力同心　克敌制胜

——做一名学以致用的“极客”①

人物名片： 鲍戮克，2016 年毕业于华东理工大学材料学院复合材料科学与工程专业，现研究生就读于复旦大学先进材料实验室，从事纤维状光学器件的研究。在校期间，多次获得综合课程特等奖学金、国家奖学金等，获得成思危荣誉校长奖学金，获得本科生论文年会一等奖、第十三届“奋进杯”一等奖、“挑战杯”上海市二等奖、国家三等奖等，获得优秀学生、优秀学生干部、优秀团员、华东理工大学 2014 年度大学生年度人物、上海市优秀毕业生等称号。

高中开学第一天上课，自我介绍时，我说自己叫鲍戮克，大家都笑了。的确，我的名字很奇怪，不过，很多伟大的人都叫什么什么克，所以，戮力同心、克敌制胜没什么奇怪的。

每个人小时候大概都有一个当科学家的梦想。那么，问题来了，怎样才能成为一名伟大的科学家呢？这个问题困扰了我好久。记得小时候，我叔叔送我

---

① 作者鲍戮克。

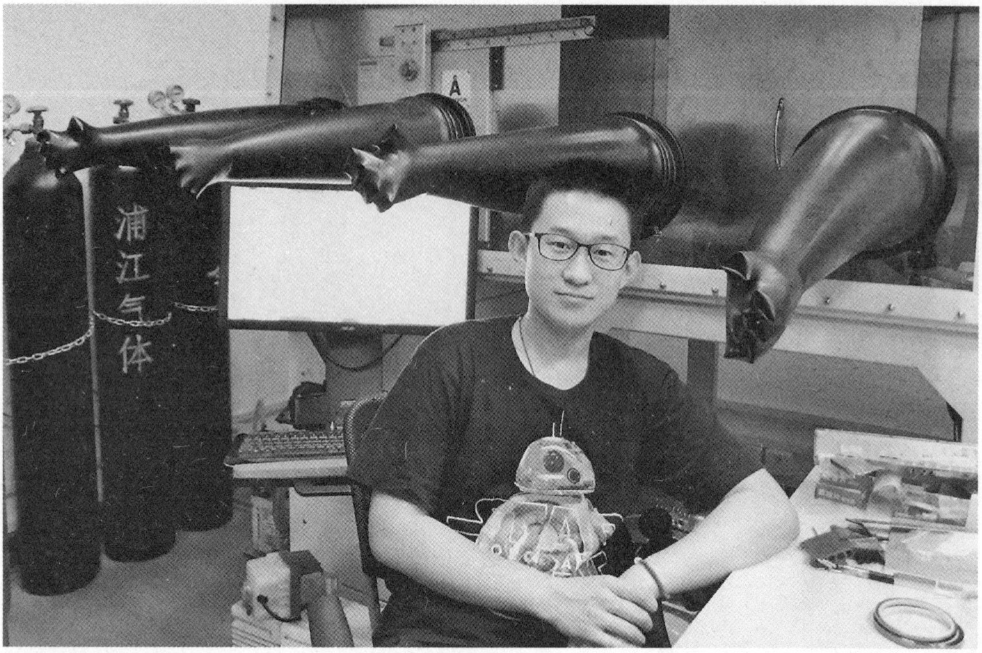

一个蒸汽小火车玩具，为什么它能嘟嘟响并且喷出烟雾呢？我把玩了很久，最后决定打开来看一看。因为当时根本不知道什么螺丝刀、扳手，只见过锤子砸核桃，结果，这个小火车被我砸烂了。当然，我还是没能弄明白它为何能喷气。

后来，家里送了我一套科普的光盘，我感觉很有意思，越看越起劲，反反复复看了好几遍，也许这就是我热爱科学的萌芽。再长大一些时，我开始买散装零件自己组装四驱车，慢慢地积累经验。

喝完的饮料瓶可以用来干什么？我们曾经用饮料瓶和自行车气嘴制作了一枚“喷气火箭”，当然叫“水箭”可能更形象些，毕竟它喷的是水。最后这个火箭飞上了6层楼，当时还算挺高的。去年，我还做过这样一个“水箭”，给学弟拿去参加学院里的变废为宝比赛，还得了个奖呢。

高二那年，我突然感到，不应该只满足于制作一些小玩意，该向科研人员学习真正地做些什么。于是，我就参加了第27届河北省青少年科技创新大赛。在河北省农科所老师的指导下，我们研究了圆黄梨的采收期和保鲜办法对其品质的影响，这个项目后来获得了河北省一等奖。至此，我算是渐渐步入了正轨。

上大学后，在科研方面，我先参加学校的USRP项目，参与“向列液晶胶体缺陷结构演化的动力学研究”课题，有幸接触了计算机模拟的研究方法。2014年3月，我开始准备申请“大创”项目，一开始没头绪、广撒网，没想到的是学院里有八成的老师都给了我回复。经过仔细思考，最后我选择了最感兴趣的方向——新能源与器件，并最终成为上海市级“大创”项目的负责人，主要从事新型高性能超级电容器电极材料的设计和制备。

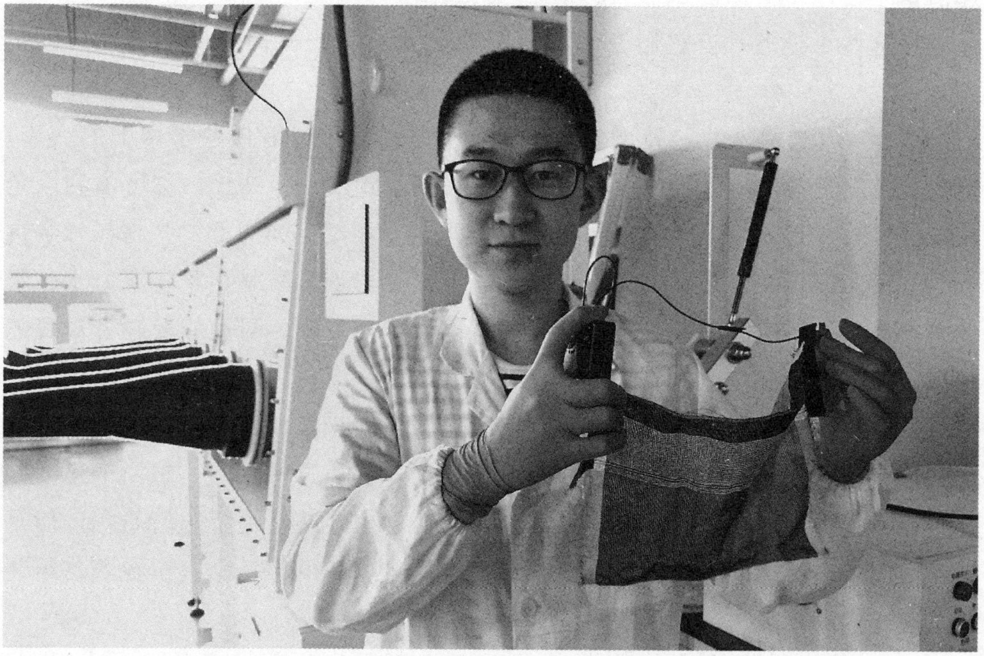

我对科研有狂热的兴趣，每个星期，只要有半天的空余时间，就会从奉贤校区赶往徐汇校区做实验，几乎每次都坐最晚车次的班车回奉贤，最多时，一周中有6天都去。功夫不负有心人，作为一名大三本科生，至今我已经完成了3篇SCI论文，2篇正式发表，1篇已经接收，目前正代表学校参加上海市大学生“挑战杯”比赛。

大家假期里都做什么？我喜欢趁着时间充裕，多做一些感兴趣的事情，例如制作，动手做东西已经成为一种习惯。去年暑假，我留在徐汇做实验，实验室里即使开空调，气温也较高。一位师兄做的研究是用原位法制备石墨烯-聚苯胺复合材料，需要低温环境。于是，我就买了一些电子元器件，制作了一台带控温装置的冷水循环机，降温效果还不错。以往做一次实验需要十几个冰块，这套装置用上后就只需要四五个冰块了，简化了实验，同时也使环境温度更稳定，对合成很有利。

听说过装进碗里的银河吗？在木质碗上先用丙烯刷黑色底漆，点几个白点，等待12小时固化后，再刷第二层……如此往复，想要明显的立体效果，还需要小心地滴上水晶滴胶。过程其实挺复杂，但是做好后，成就感也油然而生！这些小模型都有它们专属的情趣，承载了我的祝福，寄给了我的亲朋好友。

我也经常会去一些科技网站，和世界上的科学爱好者做些学术上的交流，无论是正规学术，还是趣味学术。有一次，我看到了一个帖子，称可以利用老式幻灯机胶片和喷墨打印机自制底片并打印，于是，我购置了一些材料，亲自动手尝试。还有一次，听说可以制作阳光下的显影剂，于是，我将双氧水、肥皂水等都按不同比例进行混合。每一次，都会有新发现。网上的爱好者对我的成果也点了赞。

这学期一开学，我就想，马上要离开陪伴我们3年的奉贤校区了，或许拍个照、留个念是个不错的选择。但我不甘心于普普通通的拍照，想换个角度看华理。于是，我找来以前玩航模的同学，把摄像头装在航模上进行航拍，但是固定翼飞机很不稳定。所以，最近我花掉了学校给我的奖学金，正在筹备组装一架稳定的航拍无人机。

自己动手做其实很简单。你有兴趣，就会去观察生活，然后就会发现问题，遇到问题解决问题就会有灵感，把灵感转化为现实，就是这些小东西。我始终把实验室看作一个游乐园，在里面，可以让想象力信马由缰，并把天马行空转化成现实。我会一直在学术这条路上走下去，踏踏实实地去做一名学以致用的"极客"。

【心语思】

我一直认为，在学校学到的知识一定要用起来才是真的学到了，所以一直把“学以致用”作为对自己的一个要求。因为从小就喜欢自己捣鼓着做些小东西，动手能力还算可以，所以在本科时参加一些小项目做起来也是得心应手。如果平时没有这个爱好，我觉得适当地参与一些课题的研究也是一个学以致用的直接途径。参与课题研究不仅可以把所学的知识用于研究，通过研究还可以拓宽我们的知识面，对所学的知识加深理解，不再是为了应试而上课，而是为了获取解决问题的基础知识，同时在听课的过程中获得一些想法，付诸实践。

“兴趣是最好的老师”。做一件事情之前一定要弄明白自己是否真的有兴趣，远的不说，就说做科研，没兴趣的话将会是一场噩梦，也注定做不出真正优秀的成果。做事之前还要搞明白自己是为什么要做这件事，一定要清楚自己内心的追求，只有这样才能一直走下去，遇到困难才能坚持下来。

借用院长当年送给我们的三个词与大家共勉“立志、善学、戒恶!”

理工科院校的钢琴“流浪者”

——记华东理工大学2014年大学生年度人物姚晨炜①

人物名片：姚晨炜，华东理工大学2015届校友，毕业于化工学院化学工程系。曾在华东理工大学举办两场个人音乐会——不返的时光（2014年）、心动（2015年），荣获2014年华东理工大学大学生年度人物荣誉称号。现就读于哥伦比亚大学，攻读化学工程专业硕士学位。

一个人开一场钢琴音乐会，姚晨炜，化工学院的一名大三学生，他做到了——以久石让和宫崎骏的动漫为主题，自主组织策划了一场名为“不返の时光”的大型动漫金曲音乐会。

演出前，850张门票在12分钟内被抢空。演出期间，奉贤校区大学生活动中心剧场座无虚席，过道里人头攒动、寸步难行。节目最后，姚晨炜奉上了长达半小时的动漫金曲串烧。他弹了半小时，现场沸腾了半小时。

其实，让观众沸腾的不仅仅是关于《天空之城》《千与千寻》等动漫金曲的

---

① 学生记者刘禹采写。

童年回忆，还有姚晨炜沿着指尖喷薄而出的璀璨梦想。

只想玩不想学的“钢琴流浪者”

俊朗的外表、娴熟的指法、动听的旋律……素有“钢琴王子”之称的姚晨炜，舞台上的身影总是很有范儿。可是一提及音乐学习的经历，他就很尴尬，因为在钢琴演奏这条路上，他一直在“流浪”，是个从未接受过系统培训的“票友”。

“有一段时间，我很讨厌学钢琴。”他说。

和很多孩子一样，姚晨炜从小也有一项“必修课”——学钢琴。从 4 岁到 12 岁，他断断续续学了 8 年，也怨了 8 年。8 年里，他学到了什么？姚晨炜抓耳挠腮，憋出“乐感”两个字。尽管他也觉得“乐感”这东西很不靠谱。

再次接触钢琴，是在读初中时父亲的一次“无心插柳”。

“那段时间，父亲迷上了轻音乐，经常买一些光碟回来听，从贝多芬到《保卫黄河》，什么都听。”每天晚上，父亲听得很入迷，姚晨炜也跟着乐。

有一天，父亲给了他一份谱子，双钢琴版本的《保卫黄河》，难度大概是演奏级，对他感慨地说：“你要是能弹出来就好了。”虽然只是随口一说，姚晨炜却和这份谱子杠上了，一遍遍地听曲子，慢慢辨认出谱子上相应的音符，再将双钢琴版本改成单钢琴版本，最后流利地弹奏出来。

再后来，姚家的琴盖就再也合不上了，即便是高考那天。

为钢琴痴狂，姚晨炜高中 3 年陆续弹了近 150 首曲子，每一首都会录下来，再上传到优酷平台，至今，点击量累计达到了几百万次。

即便如此，姚晨炜还是再也没有学过钢琴，都是自己一个人在玩。他觉得：“音乐只是一种心情的表达，真的不需要这么多符号和格式来束缚它，我理解就好。”

组织一场自己的音乐会

姚晨炜一直钟爱久石让的音乐。2009 年，久石让举办宫崎骏动漫 25 周年音乐会。当时，姚晨炜算了笔账：宫崎骏动漫 30 周年时，自己刚好读大三，那时想法、条件会比较成熟，可以举办一场 30 周年音乐会，作为步入社会前的最后一场狂欢。

可是，想起来容易，做起来难。策划组织起一场 120 分钟的视听音乐会，仅靠一个人弹几首钢琴曲肯定是不行的。姚晨炜找来了学校管弦乐团、合唱团、舞蹈团、吉他社的同学。

王心悦是管弦乐团团长，也参加了这次演出。当听说姚晨炜要办音乐会时，她的第一反应是："这孩子疯了吧？"其实，当时姚晨炜周围不少人都这么想。

"虽然很难，但年轻人就得有股子冲劲。"姚晨炜说。

冲劲是铆足了，可谁知刚开始准备谱子，他就被现实狠狠甩了一耳光——因为版权等原因，很多曲目没有现成的乐谱，需要自己改编、整理。可是，就凭姚晨炜"三脚猫"的乐理知识，连五线谱都看不懂，怎么打谱？

姚晨炜决定找人现学。

"说来也惭愧，这学期我才知道什么叫八分音符，什么是 44 拍，什么是附点。"姚晨炜可以将不同的声部听出来，但没有这些基础乐理知识，想写成五线谱的形式，谈何容易？

3 个月里，每一首曲子，他都一遍遍地听，一个个地记符号。像交响乐版本的《天空之城》，每一段都有十几个声部，他有时得听上几十遍才能记下来。

姚晨炜的排练室里堆满了乐谱，每一张乐谱上面密密麻麻爬满了"小蝌蚪"。为了这次演出，他特地请上海师范大学音乐专业的学生来助阵。他们看到谱子也是一惊，觉得"这太不可思议了"，直夸姚晨炜"是个天才"。

"千万不要说自己不会，做了，你就会了。"姚晨炜一直都认为自信是自己给的。

除了要整理乐谱，还有海报设计，制作手工门票、宣传视频和筹集资金等等，千头万绪，但事无巨细，他必躬亲。除了想保留自己最本真的创意之外，他也想体验一下从头到尾举办音乐会的过程。

虽然很累，但他从未想过放弃。"放弃的理由有很多，坚持的理由只有一个，就是喜欢。更何况，这不是我一个人的音乐会，是整个团队的梦想。"姚晨炜说。

姚晨炜一直幻想有个自己的舞台，不必太大，台下也不必有很多观众，父母朋友都在就行，自己能弹上几首曲子，这样他就很开心了。如今，他真的很开心，因为这个梦实现了。

文艺男 VS 理工男

除去“钢琴王子”的外衣，姚晨炜是一名典型的学术理工男：不仅连续两年拿到奖学金，还参加过普莱克斯科技建模大赛且获得特等奖。现在，由他负责的国家级大学生创新创业训练项目“天然长棉纤的化学改性及其高性能化”即将迎来中期检查。

姚晨炜还是一名社会工作多面手。他当过校合唱团的男高音，并随团参加了香港青少年合唱节，担任了化工艺术团西洋乐器部部长和班级文艺委员。特别是，他从 2008 年起，就在上海市第一社会福利院做义工，并在进入大学后，将其发展为化工学院学生党支部的校外党性锻炼基地，每月去志愿服务一次……

这些经历，让姚晨炜的大学生活比其他人多出了很多滋味。

姚晨炜觉得，音乐给了自己无穷的想象力，理工科给了自己独特的思维方式，“两者的结合从来都不是一件坏事”。

“未来有无限可能，学化工的以后也有可能去开琴行。”以后究竟是走音乐还是理工科的道路，姚晨炜不强求，“世间万物都不离开艺术，如果可以将理工与艺术结合，那就再完美不过了”。

关于未来，他一直憧憬着这样一种生活：白天奔走在自己的工作岗位上，晚上下班后衣服一换，去酒吧弹弹琴，享受第二人生。

（本文原载于2014年5月30日华东理工大学校园新闻网）

【心语思】

时至今日，我仍然无法相信我成功地举办了这两场音乐会。现在还能体会到第一次和好友提出音乐会想法时的那种心潮澎湃，乐队成员只有不到10人时寻找大提琴手的心急如焚，在舞台上连续弹完长达30多分钟、40首金曲串烧时观众的热情欢呼。每当回忆起这段经历，我都会觉得自己特别幸运，我很感激在大三、大四这两年乐队成员、学院和学校给予的大力支持。随着时间的沉淀，我也慢慢意识到我更加要感谢当初自己的那一份坚持，以及能让自己的梦想变成整个团队梦想的那种感染力。

现在的我，在哥大，在纽约，仍然坚持着对音乐的热爱。在刚成功举办不久的哥大狗年春晚中，我以音乐总监的身份编排和监督着整个晚会的音乐类节目。新的团队、新的演员、新的挑战，无时无刻不在唤起我在华理的记忆。这段难忘的经历，将成为我未来坚持梦想的动力，以及遇到各种困难时，内心最温暖的慰藉。

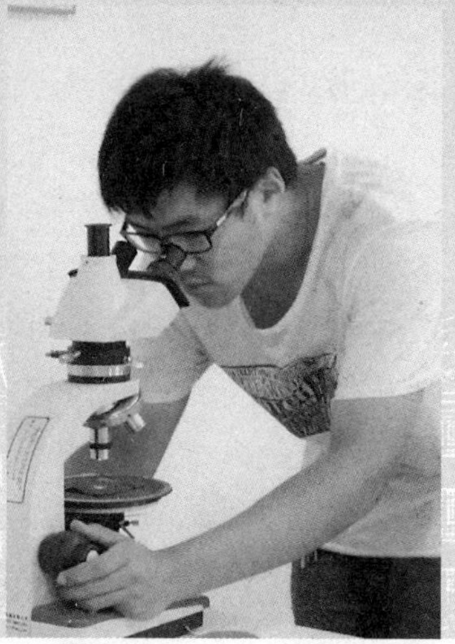

华理“谢耳朵”：如何收获一只苹果

——记宝钢优秀学生特等奖获得者、理学院2013级学生吴赵龙①

人物名片：吴赵龙，男，华东理工大学理学院2013级物130班本科，目前在北京大学物理学院就读研究生，主要从事冷冻电子显微镜解析蛋白大分子精细结构的方法研究。在校期间，曾获得宝钢奖学金，全国物理、数学竞赛一等奖，全国物理学术竞赛“最佳选手”等荣誉，并从事第一性原理计算研究，发表2篇SCI论文。

他是综艺喜剧节目资深观众，酷爱情节曲折的推理小说；他是二课堂上的“小老师”，也是活跃在夏令营里的志愿者；除了徐汇食堂的红烧肉，最爱奉贤校区食堂里的肥牛砂锅……他喜欢美剧《生活大爆炸》中的“谢耳朵”：“他那些有趣的学术‘段子’，总能让我产生共鸣。”除了学霸身份，他也是个不折不扣的生活家。

① 学生记者张智霖、陈启帆、金钰尧采写。

结缘物理，始于“巧合”

不久前，华理理学院2013级应用物理学专业学生吴赵龙摘得宝钢优秀学生特等奖。宝钢奖学金是面向全国高校的最具知名度和影响力的奖学金之一，每年都有来自五湖四海的优秀学子们争相角逐——而眼前的这位获奖者，居然是从实验室出来，蹬着球鞋、穿着格子衬衫去参加奖学金答辩的。

“一只苹果敲醒了牛顿，我也想把物理学习比作一只苹果的收获。”理学院“朋辈讲堂”上，吴赵龙面对学弟学妹们侃侃而谈。

在这之前，他已经在校内的大学生创新创业实践、USRP实践创新活动中取得了优异的成绩——全国大学生物理竞赛一等奖、物理学术竞赛全场最佳选手、全国数学建模竞赛上海市一等奖、全国大学生数学竞赛预赛非数学类一等奖……数不清的奖牌奖状被他收入囊中。不仅如此，作为一名本科生的他还在 *Computational Materials Science*、*Scientific Reports* 等学术期刊上发表了论文。

谈到当初是如何与物理结缘，他说那是一场美丽的“巧合”。

刚入校园的吴赵龙和其他人一样，对学院的学生会和社团组织充满了热情。只是面试中自我感觉还不错的他，因为和社团的“气质不和”而屡屡碰壁。这一来二去，吴赵龙就决定放下学生组织的活动，去竞赛场上看看。他感叹：“现在想起来，有遗憾，也有思考，如果当时身处社团中，今天的我是否又会有所不同?”

谁又曾想，他就此对物理“一见倾心”。第一次参加学术竞赛，他感到惊奇、震撼。也是从第一次参赛开始，他确定了自己要走学术道路的决心。

“偏执”少年，学术之路步步生花

为什么衣服上沾了水，看起来颜色会变深？为什么融化了的巧克力再放进冰箱，熔点会改变?

竞赛课上的小组课题，激起了吴赵龙不断钻研探索的兴趣。有一次，可乐瓶球透镜实验让他在烈日下足足晒了十几天，他却不以为苦。那段坚持“靠天吃饭”的时光，并没有吓退他，反而让他萌生了探索的兴趣。

第一次让他“睁开眼睛看世界”的事件，是在物理学术竞赛中遇到的“罐中罐冰箱”实验。温度本应呈指数下降的散热曲线，和他的实验数据总是对不上号。“比赛的第一个月完全献给了这个实验。”他感慨道，“当时还是有些死脑筋，实验重复做了很多次，真是百思不得其解。”最终，经过指导老师和同组参赛的前辈提点，他才领悟物理的具体问题要从实验出发，回归理论，接受物理中的“不完美”。

但这种“谢耳朵”式的偏执，并没有因为一次实验就被完全“消灭”。

一次下午 6 点开始的分光计实验，吴赵龙总是对实验数据不满意。为了数据的精确，他一次又一次地微调物目镜，一遍又一遍地计算，一个小小的基础实验足足做到了晚上 10 点。皎洁的月光、努力摆弄仪器的学生、错过了最后一班校车的老师……这些构成了吴赵龙在实验室里的最初记忆。

饮水思源，志愿服务成绩斐然

10余门课满分，专业课平均绩点3.86，吴赵龙不仅自己成绩优异，更不忘学院“传帮带”的优良传统。辅导员蔡海云老师评价说：“他平时笑嘻嘻的，做正事的时候却十分靠谱。”

走上理学院“第二课堂”，成为小老师，他每周日风雨无阻带着同专业的同学一起面对量子力学和电动力学“拦路虎”，创造了专业课程优良率从34%提升到91%的奇迹。

在参赛队伍里，他是组织团队、点拨“后辈”的学长。他也乐在其中：“我一直记得是学姐学长带领着我进入实验室，从什么都不会的‘小白’到现在能带着学弟学妹做实验，我要延续学院这种好的传统。”

除此之外，这位“未来科学家”也活跃在社会科普志愿者的队伍里。星火消防队、金山嘴小学……在高校科学营里为高中生们上课让他印象深刻。“让他们看到物理这么有趣，或许能对他们的想法有所启迪。对消防官兵们而言，对于物理知识的学习，更加有意义。当他们有所收获的时候，我也有满满的成就感。”他欣喜地说道。

没有“谢耳朵”的稚气，却有着“谢耳朵”的才情。“华理给了我坚实的探索物理学的基础，让我看清了努力的方向，感谢母校，也感谢帮助我、启蒙我的恩师和学姐学长。”他选择了北京大学凝聚态生物物理专业，计划在本科阶段的学习结束后，对“冷冻电镜的后期成像处理”课题进行进一步的研究和探索。

如何收获一只苹果？除了自己灌溉，让果树生根发芽，还要不忘留下树荫，遮蔽一片阴凉——吴赵龙早就有了自己的答案。

（本文原载于2016年12月9日华东理工大学新闻网）

【心语思】

转眼间，我毕业已经快一年了，度过了非常充实的博士一年级生活。回顾毕业后的时光，除了修读培养计划内的课程，加强理论知识功底外，我主要从事冷冻电镜相关的方法研究，在科研的道路上继续探索。

冷冻电镜属于交叉学科领域，对我而言是新的挑战，但也充满乐趣。在和不同学科背景同学的合作中，我既发挥自己物理学出身的专长为项目研究作贡献，也努力汲取他们的优势以完善自己的知识体系。在这里，我感受到了科研带给我的快乐，以及同优秀的青年人共事的良好学术氛围。

在此，我特别感谢母校华东理工大学的培养，正是本科阶段建立起的扎实学术功底和思考能力，才能让我得以参与交叉学科的研究工作，希望在校的学弟学妹们能在本科阶段专注于自己感兴趣的领域并深入钻研，在学术的道路上一往无前，朝着更高、更好的目标努力奋斗，相信你们会拥有更广阔的视界和更充实的体验！

竞赛：采撷成就感的奇妙旅行

——记第八届全国大学生数学竞赛一等奖获得者邹君逸①

人物名片： 邹君逸，男，华东理工大学材料科学与工程学院 2015 级高材 155 班学生，目前担任学院学风督导员、班级学习委员。曾获国家奖学金、浩登奖学金、华昌奖学金、校优秀奖学金和校 2017 年度大学生年度人物，以及第七届、第八届全国大学生数学竞赛一等奖和全国大学生物理竞赛一等奖等荣誉。

他，是室友口中“拳击不息，做题不止”的全能大神，是老师眼中“刻苦钻研，积极进取”的优秀学生。在第八届全国大学生数学竞赛中，他以全国第七名（上海市第一名）的优异成绩斩获一等奖（非数学专业类）。

他，就是材料学院高材 155 班的邹君逸。这个习惯上课坐第一排的男生，在数学竞赛的奇妙旅行中不断追逐梦想，收获喜悦。在他看来，数学是反复思考时灵光一现的成就，是严密推导后水落石出的喜悦，更是深刻理解中感悟到的无穷魅力。

---

① 学生记者杨少妍采写。

世上无难事，只要肯登攀

邹君逸高中时已在竞赛班中有所历练，甫进大学他就为竞赛作准备，制定了详细的学习计划。寒暑假期间，除去聚会和有规律的放松，每天 8 小时的学习时间是必不可少的。他一边自学，一边在提高班学习新内容。看似枯燥的学习被他演绎成了一场不断开拓思维的奇妙旅行。

备赛并非一帆风顺。预赛前 2 个月，邹君逸久久沉浸在一道题目中，灵光一现时他突然站起，却感觉到膝盖的剧痛。他一瘸一拐地参加强化班和预赛，虽然心理压力大，仍然在最有挑战性的初赛中脱颖而出。

决赛是旅行中最难忘的一站。“题目很新颖也很难，脑中浮现出无限的可能，但每一次尝试都不知道是否会有结果。”在 3 个小时的答题时间里，他一刻不停地寻找新的方案。交卷铃声响起的时候，看着写得满满的答题纸，他惊讶之余更多的是欣喜。“犯错是难以避免的，但我已经发挥到最好，所以没有遗憾。”备战是艰辛的。那时候，邹君逸最想让时间定格，可以好好休息一下，但放弃更难，也更痛苦。“如果没有坚持的勇气，一等奖是绝对拿不到的。”

不积跬步，无以至千里

邹君逸对数学的执着源于自小以来对大自然的好奇和探索。在他看来，孩提时代拥有不被父母束缚、独自探索世界的自由非常重要。航模、奥数，对各种事物的尝试让他充分了解了自己的爱好和特长，“从小就对数字很敏感，学得也比较轻松”。

学数学，他提倡每天或多或少要有练习与积累。在学习过程中，对题目的理解和公式定理的正确应用是至关重要的。比起盲目地大量刷题，认真思考每一道题目、形成逻辑思维能力，会带来更大的提升。这正是老师们反复强调“想要提高水平，与其参照答案做十道题，不如自己努力想出一道”的原因。

“邹同学是一位思维敏捷，进取心很强的学生。他对知识有强烈的渴求，自学能力也很强。无论做事、学习都显示出优秀的钻研精神。”在指导老师江志松眼里，正是平日对知识的深刻理解和刻苦钻研，造就了他今天的成功。

邹君逸不只是学霸，还是个“拳手”。高二，差不多是刚刚喜欢上数学的时候，也是邹市明刚步入职业生涯的时候，邹君逸进入竞赛班，邹市明的经历给他不少启发。

“在实战中挨打是无法避免的，但遇到强劲对手的时候，哪怕挨三拳也要打回一拳。顶住压力坚持一局，心里会很有成就感，至少战胜了自己。”说到这里，邹君逸眼中闪烁着自豪。如今，拳击作为他最喜欢的解压方式，滋养着他追逐梦想的朝气和冲劲。

数学竞赛结束后，邹君逸转换心情，开始系统地学习专业知识，他寻梦的旅途依然一刻不停地在延伸。

（本文原载于2017年8月25日华东理工大学新闻网）

【心语思】

很多人问我为什么这么拼。是不服高中只获得两个二等奖，想要在大学圆一等奖这个遗憾？其实，是数学和物理竞赛给了我自信，我发现这是第一件能坚持干下去的事，也因为有幸在华东理工大学学习，这里有全上海乃至全国最系统的培训，更因为那心中，谁也夺不走的梦想……

一路走来，面临过不少质疑，但质疑声也是我前进的动力。我明白，一个真正懂自己、支持自己的人，比一万个质疑、反对自己的人的力量要大得多！感谢所有支持我的人，我会继续努力下去！房毅老师曾在物理竞赛颁奖时说：“为在这个充满诱惑的世界中，还能静下心来学习的同学们喝彩！”或许正是这种板凳要坐十年冷的决心，成为我夺冠的助力。

至今还记得，当时曾问自己，如果失败了，会后悔吗？我对自己说：“如果这样努力还不成功，那还有什么好遗憾的呢？”没有永远的冠军，只有永远的英雄，我们都要做自己内心的“英雄”！

社会实践“大咖”朱诗杰

——访一位用心做实践的“上海小男人”[①]

人物名片：朱诗杰，华东理工大学资源与环境工程学院2015级硕博研究生，师从陈雪莉教授，主要从事气液固三相分离研究。在校期间曾获成思危名誉校长奖学金、液空奖学金、空气化工奖学金等以及上海市优秀团员、华东理工大学年度人物等荣誉称号。

细眼睛、黑框镜，身着黑白格子衬衫，习惯性地将摩卡的吸管弯成漂亮的弧线，朱诗杰，华东理工大学热能与工程动力工程专业的大四学生，戏称自己是典型的“上海小男人”。

但这个“上海小男人”在社会实践方面却是“大咖”。“知行杯”“奋进杯”“挑战杯”，朱诗杰一“杯”不落；密室逃脱、民间博物馆现状调查、立德尔生物科技公司、海派文化研究，他都轻松拿下；校社会实践大赛一等奖、上海市暑期社会实践先进个人、“青年中国行”社会调研实践全国前二十强团队，他也

① 学生记者刘禹、陈凯明采写。

收入囊中。

社会实践成了朱诗杰大学生活的一条主线，“我是在用心做实践”。

有热情，还不够

说起社会实践，就不得不提去年的立德尔项目。

去年暑假，因为“英才班”，朱诗杰和全校的学生精英们相聚井冈山。晚上，一群人围坐在一起“煮酒论英雄”。酒过三巡，大家相谈甚欢，成为知己，于是一拍即合：一起做社会实践！

从井冈山回来，朱诗杰就找到了当时的校团委副书记李宝力。在李宝力的带领下，7 个人成立了立德尔生物科技公司，做起了原料药生意。

原料药是什么？卖给谁？有市场吗？除了身为药学院硕博连读研究生的李宝力，其他人谁也不知道。朱诗杰拍拍胸口，觉得“有点儿慌”。不过转念一想，他随即又释然了：有老师和技术在这里，怕什么！初生牛犊不怕虎，他们很快全身心投入进去。但是对原料药这一产业不甚了解的实际情况，为后来的失败埋下了隐患。

做市场调查、做预算、找合作机构、找融资……朱诗杰的团队做得如火如荼。在“奋进杯”大学生创业计划大赛校赛中，立德尔项目以前五名的成绩立项，并在决赛中脱颖而出，顺利进入了上海市初赛。

但失败总是来得这么突然，立德尔项目被否定了！无法参加上海市决赛了！因为对原料药产业不熟悉，运营模式有缺陷，朱诗杰这一次的实践路就此终止，团队也散了。

“原来只有热情是不够的，我们从一开始就输了。”朱诗杰苦笑。

站起来，继续走

因为立德尔项目的失败，朱诗杰一度陷入了低谷。

直到“青年中国行”大学生暑期社会调研实践开始申报的消息传来，朱诗杰埋在心底的“实践种子”又慢慢发芽。“失败一次又怎么样？”“不尝试永远不会有结果!”“我肯定可以的!”……朱诗杰最终说服了自己。

这一次，朱诗杰不再是心血来潮，而是有备而来。这一次，朱诗杰有的不仅仅是热情，还有缜密的心思、详尽的计划。

作为土生土长的上海人，朱诗杰关注着大街小巷发生的一切。这一次，他把目光投向了上海民间文化藏馆。

其实早在之前的一次社会实践中，朱诗杰的团队就曾调查过上海民间博物馆的现状和未来发展。他们发现，上海民间博物馆由于政府机构的忽视、社会力量的薄弱以及自身发展的限制，正处于岌岌可危的状态。

朱诗杰总结上一次的失败经验，召集团队，卷土重来。团队吸纳了具备专业知识的社会学院的学生，并将之前的课题横向深入，研究城市文化视域下上海民间文化藏馆资源发展模式。

“与民间博物馆相比，民间文化藏馆收藏的物件不一定强调它的美术价值，而是强调它保存着一段生活、一段历史、一段文化。上海的海派文化基于中华传统文化之上，吸纳消化西方的文化因素，融会吴越文化等地域文化的精华，更具有开放性、创造性和多元性。”

带着这样一个更加成熟的课题，朱诗杰的团队按照中心城区、近郊城区、远郊城区的地域顺序，走访了黄浦区文化局、老相机制造博物馆、上海笔墨博物馆、蓝翔筷箸博物馆、南京钟藏馆等几十家相关机构和民间藏馆。“几乎走遍了整个大上海，腿都跑断了。”回想起之前的经历，朱诗杰仍情不自禁皱了皱眉头。

这一次，朱诗杰的团队没有失败。在与全国 1 300 多个团队角逐的过程中，他们的团队竟进入了全国二十强，并拿到了 1 万元的后期实践资金。

“也没有什么意外的。”朱诗杰嘴角上扬，推了推眼镜：“付出总会有相应的回报，这一点我深信不疑。”

实践路，还未停

在其他团队成员看来，“社会实践达人”一直是他脸上的标签。但很少有人知道，他还是一位软笔书法八级的“大神”。

“书法最大的魅力，就是可以让浮躁的心平静下来。”学习、工作太累的时候，朱诗杰喜欢铺上宣纸，拿起毛笔，蘸上墨汁，写上几笔。

但是，朱诗杰也只是一个普通的大男孩，平时也喜欢和朋友们一起玩游戏。“拿得起毛笔，按得动键盘，这样人格才健全嘛。”朱诗杰戏言。

关于未来，朱诗杰也有不少打算。“我要考研!”因为综合成绩0.4分之差，朱诗杰与保研机会失之交臂。每谈及此，他都“痛心疾首”。

“那社会实践呢?”

“继续做!”

朱诗杰的实践路，还没有停止。

我们的实践路，也该启程了。

（本文原载于2014年12月17日华东理工大学新闻网）

【心语思】

本科毕业已快三年，曾经做过的一些比赛和项目，让我收获了很多难得的经历和一生的友情。针对民间博物馆这一海派文化展开了近两年的跟踪调查，不断刷新了我如何去认识问题、调查问题、着手解决问题的体验，以及不断坚持的耐心。目前的研究是基于煤气化过程中细微颗粒物的脱除问题，不断抽象简化为颗粒物与气液界面接触问题。冷态试验，要实现微米级颗粒物与界面接触过程的观测和动态拍摄，从设计、搭建装置、实验等一系列过程，那时候积攒下来的能量在这里都用得到。以前一起努力的小伙伴们，现在也都在各行各业为生活和未来不断打拼，也会经常联系和交流。对于我这个仍在努力做实验、写文章的人，看到了很多多元化的存在，看到了这个世界上每一个角落，都有人在奋斗，自己怎么能不努力。有句话说得好，没有人会知道自己未来会变成什么样子，却可以努力去尝试新的事情，让自己日复一日看似循环的生命里，有了一点不同的意义和味道。

天上不会掉馅饼

——非典型性“学霸”王胜男的成长启示录①

人物名片： 王胜男，本科期间荣获诸多学习与实践奖项，2014 年毕业于华理高分子材料与工程专业，上海市优秀毕业生，以专业排名第一保送复旦大学材料科学系，师从“长江学者”武利民教授。硕士期间以第一作者独立发表 SCI 一区英文学术论文 1 篇（*ACS Appl. Mater. Interface*，影响因子 7.145），创课题组最佳成绩。2017 年 6 月以复旦优秀毕业生身份硕士毕业，之后入职宝洁公司，现担任区域经理。

“我脑子没摔坏吧，会不会变笨，还能正常学习吗？”某次，王胜男骑自行车时不幸被一辆公交车撞倒，她清醒后的第一反应让辅导员王婧又好笑又心疼：“胜男呐，咱还是先把身体养好吧。”回忆起这事，王老师感慨地说，这就是典型的“学霸”。

王胜男，材料学院 2014 届本科毕业生，活泼开朗善交际，社会工作、实践

① 记者石翎采写。

经历丰富，不仅专业排名第一，且学术能力突出。在王婧眼里，她是全面发展的非典型性“学霸”。

炼成“学霸”纯属意外

成为“学霸”？大一入学初，王胜男压根就没想过这档子事儿，当时她循着从网上淘来的“大学经”，正想着怎样丰富、充实地度过 4 年，结果，学校、学院、社团、班级职务她一样没落，火速投入其中。但艾利奖学金评比的事刺激了要强的她——只有成绩前三才有希望。“别人能做到的，我也行！”就是这一根筋促使她憋着一口气，发奋学习。舍友们都习惯了她每天熄灯后才回来。结果，大一下学期她直接蹿升为学院第一。

爱拼就会赢？其实没那么简单。王胜男当学习委员时，动员全班同学“结对子”搞学习，让有困难的学生自己挑选“导师”。她帮教的同学，原来除了英语几乎科科都要挂，然而一个学期下来，门门功课都过了。“他居然连有机化学

都过了！我都没过。”同学们惊叹了。王胜男透露，其实最重要的是做好规划，一块一块地来，吃透知识点，临时抱佛脚不可取。看来，目标明确、方法得当、坚持到底是王胜男炼成“学霸”的秘诀。

跌落谷底再次反弹

过山车，刺激、惊险！王胜男的“学霸”道路也如此，大一一飞冲天，大二立刻急转直下，期中考成绩一落千丈。当时，争强好胜的她万分纠结：“比别人差，我心里很难受。”但家里的事又牵扯着她，令她丝毫没有心情投入学习。几番心理调适未果，她决定去找老教授谈心。

“先把期末考考好，否则之前的努力不都白费了嘛，别的都别想，尽力而为则无憾。”老教授的一句话点醒了她。此时，离期末考只剩一个月了，科目还尤其多，她决定，努力拼一拼吧。午夜时分，从自习室转战食堂的她刚进门便震惊了，眼前黑压压一大片正在自习的同学再次刺激了她：“看到别人有多努力，才知道自己的努力还不够!”临考前的最后一刻，她还追着老师问问题。“这么简单的题目都不会，我看你危险了。”老师流露出“你挂定了”的怜悯状。最后的结果却出人意料，她不仅提前交了卷，而且门门考试90多分。

与成绩增长成正比的是，王胜男的心理磨炼得更强大了。如今，她常提醒自己，要让好胜心回归平常心。

机会好比“试金石”

“大创”项目申报的最后一天，王胜男才得知自己其实是有资格申报的。尽管希望渺茫，但她还是马上联系各方导师。“不好意思，人选已定了”，邮件屡屡被拒。有些邮件没有回复，她就打电话联系，直到程艳学姐接收了她。事后，学姐告知，给你机会是因为你的诚意。

“别人给了我机会，我就好好做”，王胜男对待项目组的工作不仅认真负责，还积极主动。“学姐，项目进展得怎么样了？要做实验就尽管叫我。”“你这一个人多累啊，我帮你做。”她的踏实工作又迎来了新的机遇，后来，她从组员升为了组长。

全国大学生节能减排竞赛的告示一出，王胜男就想到，项目组做的是可降解材料，完全可以去参赛呀，于是她立刻向导师郭卫红提出了申请。郭老师不仅爽快答应了，还鼓励她大胆尝试。之后，他们成了华理唯一挺进全国竞赛的队伍，并获得了全国二等奖。

“Life is like a box of chocolates, you never know what you're gonna get.”（生活就像一盒巧克力，你永远也不知道下一个你会拿到什么。）在王胜男的世界里，除了积极与努力，还有发现与把握。她不仅将陶氏化学建筑乳胶漆论文创新大赛二等奖、配方创新大赛杰出贡献奖，“奋进杯”课外学术科技作品竞赛二等奖等奖项收入囊中，还获得了一项专利，并代表学校赴英国 GCU 大学进行校际学术交流。

成功仅为好学“赠品”

“这个 PPT 谁做的？太精彩了！”参加陶氏涂料大赛时，评委席上一阵骚动。王胜男提起此事时，有点小得意。这个 PPT 是好友程斌和她一起做的，他们结识于模联。程斌懂各种软件，思维很活跃，每次和他聊天，王胜男都能学到新的东西。

王胜男还是个爱玩、爱旅游的姑娘。大二时，她和朋友们背包去黄山，在山顶露营扎帐篷，凌晨 3 点多起床登山，巧遇绝美的日出云海。那次旅行令她一辈子难忘。此行，她与学长创办的旅游公司 VIVA 结缘，目前在那里帮忙，学习管理的同时，策划着毕业旅行。

王胜男说，人生就是在不断地认识新的人、新的事物，这既是发现别人，也是了解自己的过程。从中，她发现自己的缺点，也学习自己所没有的闪光点。

校最高荣誉成思危名誉奖学金特等奖、大学生年度人物……大四的王胜男载誉无数，现已保送复旦大学材料科学系，是小有名气的校园牛人。这份成功，是她用好学挣来的，但她的好学绝不单指成绩好，她不做纯“学霸”。

最近，王胜男用兼职赚来的钱圆了自己的单反梦，开始向新结交的朋友学习长久以来喜欢的摄影。同时，她开始和朋友一起跑步健身、学日语……她的好学也绝不是过去式，而是永远的进行时。

（本文原载于 2014 年 6 月 14 日华东理工大学新闻网）

【心语思】

我的个人成长道路给了我 4 点启示：心态决定一切，要从“要我学”转变为“我要学”；要明确方向，合理规划；要知行合一，练就强大的执行力；要勤于思考，及时总结。

心态决定一切，内心的驱动力是个人成长的发动机。主动的“我要学”才能激发潜力，为自己赢得锻炼与提升的机会。永远没有不劳而获，机会都是要靠自己争取的。相信自己，没有什么不可能！

要有清晰的自我认知，了解自己的优劣势，然后发挥所长。多和优秀的人交流，但不要被他人的思想绑架，喜欢并适合自己的路才是最好的。有了蓝图，不要忘了设定小目标哦，比如说，先拿个班级第一？

知易行难，不要给自己找借口，不要拖延，所有的公司，都欣赏执行力强的人。勤于思考，你会得到更多的灵感，在人群中闪光。碰壁不可怕，提炼总结经验教训、心得体会，这些都能助你收获财富和成长。总结经验不用长篇大论，每次记录一小段，每月回顾整理一下，就会发现不一样的惊喜。

做公益时，我是个可爱的胖子

——记华东理工大学公益达人吴昊[①]

人物名片：吴昊，1994年2月生，中共党员，2012—2016年，本科就读于华东理工大学机动学院，2015—2016年赴苏格兰邓迪大学交换学习，2016—2017年，于英国曼彻斯特大学攻读工学硕士学位。目前，供职于泛亚汽车技术中心有限公司，从事汽车主动安全相关零件的设计发布工作。曾获2016—2017年度曼彻斯特大学先进制造技术专业最佳论文奖、第九届“挑战杯”大学生创业计划赛国家级金奖、2014年度中国电信奖学金、2014年上海市优秀共青团员等奖项。

“昊子哥哥，快看火生好啦！”“昊子哥哥，尝尝我炒的菜怎么样？”“昊子哥哥，饭煮好了，好香啊！”耳边满是孩子们稚嫩亲切的呼唤，身边是大山、梯田还有简陋的教室。

这是吴昊大一暑假的情景，这个个子高高、脸蛋圆圆的东北大男孩每次回

① 记者宋杨、张璇采写。

想起来都不禁露出微笑。学习安检专业的他从高中起就萌生了做公益的想法：“公益是我的爱好，公益让我收获快乐。”

公益初心：支教燃起公益热血

大一时，吴昊从网上搜寻到了贵州支教的信息，带着满腔的热情，19 岁的他去了那个黔东南的小山村。谈起村子的学习条件，吴昊一直挂着笑容的脸上闪现出一丝担忧：“孩子们的课本必须一届届传阅。因为生活条件太差，村子里没有英语老师，没有女老师。上学路上要蹚过一条小河，即使是冬天，他们大多还是穿着拖鞋。”

山区的艰苦条件从来不会让支教者打退堂鼓。吴昊在加么村支教的日子里，每天和孩子们一样跳进河里洗澡，在吱嘎作响的木板床上入睡。一个多月的支教生活中，他感触最深的是陪孩子们做饭的下午——“那天，整个支教团除了我都去了县城，孩子们回家的山路偏偏被大雨挡住了。为了不让他们饿肚子，我就开始给小朋友做饭。没想到孩子们立马自动分为两组，一组生火，另一组洗碗。艰苦的环境让这些刚上小学的孩子有了超越年龄的自理能力，那么多孩子在我身边跑来跑去，每一句‘昊子哥哥’都让我感慨万千。”

和孩子们相处，吴昊感受到了真诚，感受到早早懂事的孩子给予的爱心反馈。

支教带给你什么？吴昊思索了一下：“支教给我带来的感性回馈大于理性的初衷。和孩子们一起生活，和支教团一起努力，我感受到的是人与人之间的善意和爱心。”

温暖传递：昊子哥哥没有忘了你们

从贵州加么小学回来后，吴昊满脑子都是孩子们的模样：“我不只一次在梦中回去。”因为他曾在那里砍柴烧火，睡着单层的木板床，伴着床下蟾蜍整夜的“鼾声”入眠……“因为我在那里感受到责任的重量。”谈到责任，吴昊决心让短期支教变成长期的支持和关怀，让小朋友们知道“昊子哥哥”还在惦记着他们！

身为机动学院学生会主席，他决定发起一次募捐活动。策划良久后，在机动学院分团委副书记刘畅老师和学校勤工助学指导中心公益部李波老师的帮助下，9 月 28 日，“冬日暖阳——贵州加么小学募捐”活动拉开序幕。

“募捐最困难的事就是处理钱与信任的关系。”为此，吴昊对申请的线上募捐账户层层把关：支付宝账户为吴昊实名认证，支付密码由李波老师修改，动态支付密码（手机认证）由勤办公益部部长黄逸雪管理，且无私人银行卡绑定。这样大费周折，保证了捐款期间账户内善款“只进不出”，一旦要用钱必须三方同时同意。

除了保证账户安全可靠，活动期间，吴昊几乎每个晚上都熬夜到凌晨，对着电脑核对捐款信息，完成账单公示。吴昊说：“账单公示是为了透明公开，信任你的人不会看它，但是我依旧要做，这是公益必须持有的态度。”

爱心回馈：反响热烈也“困扰”

10月17日下午1点，所有的捐款渠道关闭，线上线下总计捐款人数超过250人，共募得善款26 190.2元。10月23日，吴昊和学院青志协的小伙伴们一起把购置的棉衣棉鞋、袜子手套等打包寄向遥远的加么村。

看着塞满了邮局窗口的包裹，吴昊长舒了一口气：“办一次募捐，困难谈不上，只是有满满的琐事。”挑选158个小朋友的衣服、鞋子，无数次验证孩子们的尺码，给每一个孩子匹配募捐者，给所有捐款的老师、同学写感谢信、发爱心卡，把店家发来的衣服鞋子打包。黄逸雪说：“我和吴昊好多个晚上在大学生活动中心处理这些事，经常是在管理员大叔的催促下才离开。他做事细致、考虑周到，心思比大多数女生还要细呢！”

虽然经历了大量的琐事，吴昊还是从“冬日暖阳”收获了许多感动和快乐。“开始时，我每一天都在担心，158个孩子每人150元，预计要募得23 000余元，万一达不到该怎么办？活动开展到一半的时候，我都做好了自己掏钱的准备。但募捐截止的时候，新的‘烦扰’是钱不仅超过预计，还有很多爱心捐款在截止后仍源源不断打到爱心账户里。1个月以来的所有担心都消散了，收获了满满的开心，花在这件事上的一切都值得。孩子们一定和我一样心里暖暖的！”

“我希望每年都可以做一件公益，大一去支教，大二我把精力奉献给了节能减排工作室，大三我有了成功的‘冬日暖阳’。”吴昊的公益正能量正不断地向身边辐射，正如他在“冬日暖阳”进行时说过的：“需要帮助的人太多了，我们没有办法消除所有人的困难，但我想在能帮的小小范围内付出心意！”

（本文原载于2014年11月14日华东理工大学校园新闻网）

【心语思】

公益，听起来会抽象一点，尤其对于年龄较小的孩子而言。更多的时候，我愿意将其理解为“善举”，或是更直白地认同成“做好事”。在学生时代，很多人困惑的是没有收入来源如何践行公益，帮助他人呢？相反地，我认为学生处于脱产学习的状态，是培养自己公德心、公益心的好时期。正是因为缺乏资金，所以才会更努力地去尽自己的能力陪伴需要帮助的人，用智慧和想法去展现自己的力量。这些亲力亲为的体验会让你对公益更富有感情。当我们心中都种下了一颗与人为善、与自然为善的种子时，你会渐渐将善举当作是一种习惯，会慢慢地学会利用自己、利用身边的资源，感染更多的人加入做好事的队列中来。在这个过程中，你会不断地成长，收获满满的感动，提升自己的共情能力。慢慢地，你和身边人的共同努力会使你坚信不疑：这世界是切实充满着爱的。

翻译“女神”养成记：“魔法”修习之路

——访外语学院英语专业2017届毕业生殷斯琦[①]

人物名片： 殷斯琦，华东理工大学外国语学院2013级本科生，2017年以上海市优秀毕业生身份毕业，进入复旦大学外国语学院继续深造。在校期间成绩优异，是国家奖学金、华东区化工学生创新奖学金获得者；学术优秀，曾荣获华东理工大学第四届USRP创新论文奖、2017年华东理工大学优秀毕业生论文奖；英文优秀，曾多次代表学校参加全国英语演讲辩论口译比赛，屡获佳绩。

北京外国语大学和复旦大学同时向她发出研究生录取通知书，各类英语演讲、辩论、口译比赛的奖拿到手软，专业成绩年级第一……这是华东理工大学2013级英语专业的学生、同龄人眼中掌握着魔法的“女神”，她叫殷斯琦。

---

① 学生记者金钰尧采写。

柳暗花明，“旦”夕不负

现在大四的殷斯琦，保研之路可谓一波三折。

大三结束时的那个暑假，由于在北京外国语大学英语学院夏令营的优秀表现，殷斯琦获得了该校口译专业的预录取资格。但她那时一直对英汉同传专业念念不忘，出人意料地放弃了这条“保研人”梦想的捷径，选择了 9 月再战。

只是到了 9 月份，殷斯琦却遭遇了滑铁卢。在上海外国语大学的保送研究生面试中自我感觉还算不错的她，被无情拒之门外。

“这是保研路上的第一站，那时候要说‘微笑面对挫折’是假的，哭了一整天，甚至万念俱灰。”只是她很快就走出了这段灰暗日子，立马投入到接下来几场面试、笔试的准备中。

对于在复旦大学面试时的情景，殷斯琦记忆犹新。10 个问题、20 分钟，内容从读过的翻译理论著作到对谷歌智能翻译突破的看法，从文学翻译和非文学翻译的区别到未来学术生涯的规划。做足了功课的她凭借课堂内外长时间的积累，和面试官们侃侃而谈。她笑着说：“结束的时候，老师们脸上也都是满意的神情。”后来，她如愿被复旦大学录取。

口出“狂”言，终成神话

现在创造的“神话”，并不是一朝一夕的结果。

“很上进，会提问，有一点点问题都穷追不舍，最后让你反问自己‘这样的学生怎么能不优秀?’。在我记忆里，她上课总是坐在第一排，即便是到了大四，已经被北外和复旦同时录取之后。”外语学院颜静兰老师说起这位让她也“害怕”的学生，脸上满是欣慰。

“‘厚脸皮’，敢于去问，敢于去说，注重英语学习的输出，”殷斯琦回答自己学习英语的秘诀时显得有些害羞，“以至于我觉得，大一、大二时参加各种演讲辩论比赛的照片，大多成了‘黑历史’。”

回忆起第一次参加演讲比赛的场景，“手心和鼻尖都是汗，脑子一片空白，只剩下了紧张”，她顿了顿，“只是到后来，我感到乐在其中，比赛本身变得不再重要了，不再像以前一样注重外在的荣誉，而是关注内在的历练和体验”。就是这样一路“厚着脸皮”，她在各种比赛中斩获桂冠，一度成为同学口中的“神话”。

学海无涯，精益求精

如果说是认真上进、“厚脸皮”的专业精神让殷斯琦初尝英语学习的乐趣，那么广泛的阅读让她有了更大的视野。图书馆是她闲时的精神寄托。她一旦“失联”，一定是“迷失”在了图书馆。

她不喜欢那些实用性很强的书籍，倒是把阅读当作轻松消遣。除了众多经典原著之外，她也会看一些常人觉得“没有营养”的小说。“阅读最大的乐趣就是没有目的。快乐的同时能学到东西才是最理想的状态。”她说。

大二时，她已能流畅阅读《经济学人》。同时，文笔一流的她是校华讯社学生记者，为校园新闻网贡献了不少可圈可点的好文章。

现在，她开始经营微信公众号“6 点半 class”，用优美的文字回馈她的一票“粉丝”，更不吝将自己的保研和学习经验分享给大家。最近，在公众号里新开的“晨读班”，她更是亲力亲为。“周密、细致、追求完美，甚至有点‘斤斤计较’。”她经营公众号的助手之一、英语学习爱好者刘菁说。在同学眼中，她俨然成了追求完美的“魔女”，于人于己，都精益求精。

殷斯琦的偶像是饰演《哈利·波特》中的小学霸赫敏、现实生活中也同为学霸的英国演员艾玛·沃特森。“她不仅外表美，更热心公益，是联合国亲善大使，为妇女发声。”殷斯琦讲到偶像的时候，语气中满是钦羡。

勤奋、求实、上进……当优秀成为一种习惯，我们很难通过几个形容词来描述这个女孩。但是我们不妨期待，她在人生的舞台上，继续演绎属于自己的魔法奇迹。

（本文原载于 2017 年 4 月 14 日华东理工大学新闻网）

【心语思】

大学四年，陪伴我最多的地方就是奉贤校区宽敞明亮的图书馆和杨柳依依的通海湖。出于对语言的兴趣，我选择了英语专业，但真正给予我无尽知识的地方却是静默不语的图书馆。在那里，我像一块海绵，如饥似渴地吸收各种知识。我阅读了英文史上有记载的最古老的诗歌《高文和绿骑士》，也翻阅了当代常青藤名校的经典辩论之作《立场——辩证思维训练》。乔叟、叶芝、伍尔芙、爱伦坡、海明威、黑石一雄……一个个如雷贯耳的名字，为我拨开迷雾，引我惯看西方经典文学，寻找中西方文化的共同印迹。通海湖畔的草坪见证了我无数个清晨朗朗的读书声，英语是要说出来的，这一点我一直坚信。面对清澈的通海湖，我大声诵读、激情演讲、敏捷思辨。通海湖不语，却给我清风绿水。后来，我发现一个人默默地努力不如带动大家一起学习前进，我创办了自己的个人公众号“六点半 class”，鼓励大家坚持早起学英文。现在公众号粉丝已有七八千人，而我也坚持了一千多个早起的日子。今后，无论我走向何方，去往哪里，我都深切怀念并感谢我的母校——华东理工大学，是她，为我提供了温暖的怀抱，让我在人生的征程上有了永恒的初心。

从创新到创业，看初生牛犊如何闯关

——记2016年“创青春”上海市大学生创业大赛金奖项目“上海天一生物制品有限公司”①

人物名片：刘耘莉，女，华东理工大学生物工程学院2014级生工141班学生，曾获2016“创青春”上海市大学生创业大赛金奖、2016“创青春”中航工业全国大学生创业大赛第十届“挑战杯”银奖、2016上海市“互联网+”大学生创业大赛优胜奖、校优秀学生等荣誉。

“大众创业、万众创新”“创新驱动发展”，这都是当下的热门话题。但是，对于那些年轻的大学生，人们还是不禁会有疑惑：现实生活里，他们是否有足够的动力来战胜挑战，又是如何打通创新与创业的“任督二脉”的呢？

在刚刚过去的2016年“创青春”上海市大学生创业大赛中，来自华东理工大学生工学院的大二女生刘耘莉，带领她的团队一路过关斩将，最终夺得“创业计划”竞赛类项目金奖。这份出色的成绩似乎对上述疑问给出了一个满意的答复。

① 记者李铁军采写。

纯属偶然？其实早有“预见”！

跟众多同龄人一样，刘耘莉也经历了从大一的紧张适应到大二的迷茫调整这一过程。

“高中时感觉目标明确，知道自己要干什么，但到了大学，相对有了更多的自主决定权，反而让人一时间不知道怎么办。”这让曾经天不怕、地不怕，当过班长，勇挑重担的她无法接受。

大二就像分水岭，不少人开始从海量的机会中挑选并尝试确定自己想走的路。看到身边有同学选择参加老师的“大创”课题，也有同学选择参与学生工作，正在斟酌之际，刘耘莉看到一则创业大赛的通知。“当这个竞赛机会出现时，我决定抓住它。我认为它可能会给我的生活带来些不一样的东西。”通知触发了她内心的渴望，让她难以抑制。

小时候跟着妈妈卖冷饮，也看过妈妈亲手创办、经营幼儿园的刘耘莉觉得，创建一项事业也许并不那么遥远。入校后，听到不少学长学姐的创业故事以及亲身感受到的创业教育氛围，也让她更加确信这个比赛值得一试。正是这次意外的际遇，让她开启了新征程。

花拳绣腿？绝对的科技含量！

有了想法，最重要的就是执行。她马不停蹄地组团、报名，并和小伙伴们开始研究创业方向。

然而，空有一腔热血和如火的激情，似乎并不能创造出新的事业，哪怕只是一个创业计划的比赛。“我们发现自己没有核心的东西，但要想创业项目有竞争力，没有合适的内容和方向绝对不行。”刘耘莉和小伙伴们一度毫无头绪。

既没有核心技术又没有可用资源，确实让人很沮丧！不过，所学专业的特质与优势让她找到了突破口：学会借势，整合资源，这不就是“互联网+”背景下的创业吗？也许可以寻求与学院科研团队的合作！

敢想敢做，她与团队成员“全面出击”，想办法找来了所有可能有合适科研成果的老师的邮箱，认真撰写并发送了近40封意见征求信。一开始效果并不理想，不少老师或是没有合适的成果，或是对她们的团队实力尚存疑虑。“当时差点以为要没戏了。”回想起来，她还是直呼“惊险”。

幸运的是，她们的坚持最终收获了魏东芝教授的初步意向。“魏老师回复了我们，还留下了联系方式，激动得我原地转了3圈！”刘耘莉笑着说。经过多次交流和讨论，团队最终将创业项目确定为以磷脂酰丝氨酸为主要产品的生物技术公司。

科研成果与创业大赛的偶遇，既是对产学研最后一公里的先行探索，也能在一定程度上给予大学生创新创业以基本支持与精神启发。

人小鬼大？团队的力量最强！

创业项目有了，但团队建设和管理又是一个大难题。“我觉得最难受的不是最初没明确项目、没日没夜地写创业计划书，而是听到队友说想退出。”刘耘莉的团队几度面临“解散”的危险。

分工合作是创业初期至关重要的问题，团队成员既要同心协力又要能各展所长。好在，校团委老师给了有针对性的建议和培训，让她们看到了希望。“我们开始有针对性地寻找团队伙伴，技术支持、商业嗅觉灵敏、艺术设计，这些人才都是我们的目标。”刘耘莉开始紧锣密鼓地多方连线。

在一致努力下，团队最终由1名博士研究生、2名硕士研究生和5名本科生组成，专业领域涵盖了生物、工商、信息、材料化学和社会学等专业，阵容强大。此外，团队还邀请了魏东芝教授担任技术顾问，由上海某公司史云霓先生担任商业顾问，商学院分团委陈庆升担任指导老师。

团队里有硕士和博士，小小的本科二年级女生又如何“征服”他们呢？“压力不小，还好大家能相互支持，有事情一起商量解决。”刘耘莉表示，在时间紧、任务重的情况下，很多时候需要大家相互体谅，在集体讨论的基础上，再结合老师的意见，如果需要就投票表决，但一旦定下来就全力以赴。

刘耘莉雷厉风行的作风，让队友张鹏深有感触：“平时她跟我们嘻嘻哈哈的，但到了比赛中就精益求精、力求完美，有时候还‘恐吓’我们，哈哈。”也

许正是这种微妙的团队关系，让团队在保持高执行力和战斗力的状态下，又不失伙伴情谊。

到此为止？这其实只是开始！

刘耘莉的创业项目具体地说就是，采用生物催化技术，以卵磷脂和丝氨酸为原料，用磷脂酶 D 作为催化剂来生产磷脂酰丝氨酸。项目采用的技术路线能提高生产率和产品纯度，极大地降低成本。同时，产品还具有高纯度、高品质、功效好、安全性高的特点。创业计划书中的数据表明，磷脂酰丝氨酸在保健行业应用广泛，市场预期需求量在 2017 年将可能达到 1 500 吨，其经济效益可谓是“前景光明”。最终，这个项目捧回了“创业计划”竞赛类金奖。

“能取得这么好的成绩，一开始的时候完全没有想到，很感谢所有人的努力和付出。”刘耘莉说，这次比赛就像一个开关，一下将自己内心的追求再次激发，而学校提供的培训机会和实践平台则让她有机会去尝试和探索。

在说到今后打算时，除了继续准备好国赛外，她还将认真思考自己的专业定位和未来的职业规划。“其实每个人都有过激情和梦想，但更重要的是要主动、及时去行动。”她说，如果想要走得更远，依靠自己的专业创新来提供支撑是不可或缺的。这也是大学生从创新到创业的一条长路。

（本文原载于 2016 年 10 月 26 日华东理工大学新闻网）

【心语思】

大学四年，学习固然是不可缺少的一部分，但参与创业大赛是我记忆里最为浓墨重彩的一笔。我十分感谢大二那年的自己，有着不怕失败的勇气，有着敢于挑战的毅力，有着付诸实践的行动力，积极地参与到创业比赛中去。

在这个舞台上，我见识到了许许多多的奇思妙想与创意灵感，明白了大学生迸发的创新思想具有多么大的力量。我只是其中小小的一员，却深受鼓舞，激发了我的创新潜能。我们的创业小队从最初的小小“菜鸟”，凭着不服输的精神和不断学习他人经验，取长补短、推陈出新，最终过关斩将，获得一系列荣誉和成果。

如果用一句话来形容创业比赛带给我的影响，“它给我的大学生活注入了灵魂”一定是我最认同的。这段经历带给我的成长，也将刻入我今后的生活，指引我更加严谨、灵活地运用自己四年所学的知识，在科研的道路上继续创新。

付营之的“生意经”：把停车做成生意

——记2016年“创青春”全国大学生创业大赛银奖项目“上海享泊信息科技有限公司”[1]

人物名片：付营之，2013年毕业于华东理工大学商学院MBA中文班，担任过华为、润乾等技术型公司的数据分析岗位，在IBI、Altair和VCC等外资企业从事过销售与管理工作，2015年投身于人工智能停车领域创业并创立上海享泊信息科技有限公司，2016年带领享泊团队荣获“创青春”（原“挑战杯”）全国大学生创业大赛银奖，2017年带领团队获得ITS智能交通领域“金泊奖”和年度技术创新奖。

华东理工大学创业科技园三楼，6张办公桌、1张书橱、1台电脑，这就是付营之团队——享泊科技的全部身家。

2015年7月，付营之拿着MBA同学凑的30万元种子基金和团队成员出资的70万元，成立了上海享泊信息科技有限公司。一年内，团队仅凭80万元的

① 学生记者刘禹采写。

开支，就已经成功推出多个版本的 BATP 停车软件，自主开拓上海停车场 1 300 余个。此外，团队自主开发的车牌识别计费系统已经成功拿下两笔订单，其中包括 A 股上市公司子公司的 500 万订单。

“不砸钱，轻资产，坚持做现金流。”这是付营之团队一直坚持的运营模式。

一年不到的时间，在没有资本刺激的情况下，从创意到市场，把停车这笔生意做大，享泊科技之所以能如此快速地验证市场，付营之的生意经远不止于此。

自主研发，解决物业痛点

打开手机里的软件商店，搜索“停车软件”，会弹出一大批相关软件。显然，停车市场早已被众多互联网企业瓜分。在 2015 年做这样一个手机停车软件，付营之的 MBA 同学得知后直言不讳：“你的项目，我们不看好！”

但付营之并不这么认为，他觉得市场上同类产品趋于同质化。“如果只是线上开发一个移动端平台，很多人都会做。但一家创业公司能否生存下去，关键得看运营。"

停车是上海车主的头等难题。如果车主能够实时掌握各个停车场的动态，有没有空余车位一目了然，那么停车的效率就能大大增加。但目前行业内，很多软件只能预测，无法做到信息实时同步。此外，除了极少数政府主导的项目，几乎所有的第三方停车软件都无法做到线上预定车位。

于是，付营之团队直接上门找到各个停车场，希望对接门岗保安，由保安实时更新停车场车位状态。车主可以线上预定车位，到了停车场后，保安还可以加以引导，提供相应服务。作为回报，保安将收取一部分预约服务费。

但在实际推广过程中，付营之发现，软件引流带来停车费并不能打动物业，特别是小区停车场。因为盈利并不是小区停车场的目的，管理才是它们最大的难题。小区停车场为了保证社区的安全和秩序，必须对进出车辆严格排查，管理压力大。同时，保安私自接单的行为也让物业头疼不已。

为了解决停车场的痛点，付营之团队改造了传统智能道闸，配备了自主研发的车牌识别计费系统，成功和多家小区停车场建立合作。

传统车牌识别系统采用拍照手段，受光线、角度影响，识别效果并不理想。

而付营之团队研发的系统采用视频流方式，通过视频流解析车辆车牌号，再转化成数据，准确度更高。该系统兼顾监控和收费功能，可识别社区业主白名单，实现无人值守，同时，还可以监控出入车辆，匹配计价模式，管理起来更加规范、透明。未来，该系统还将对接公安系统，更大程度上保证社区安全。

大胆试错，探索行业标准

“创业就像摸着石头过河。”任何创业过程都不可能一帆风顺，付营之也不例外。在向公共停车场推广系统时，付营之团队首次碰到了有棱角的“石头”。

和社区停车场不一样，公共停车场具有运营性质，基本配备了车牌识别和计费系统，所以这套系统对他们的吸引力并不大。想从他们那里分一杯羹，并不容易。

此路不通，于是付营之换了个思路，转而寻求与政府部门合作，希望作为第三方企业参与公共停车场改造。但却又遇到另一瓶颈：需要负担设备改造成本。付营之一盘算，发现资金投入很大，公司暂时也没有融资意向，短期内没法做到收支平衡。4 个月后，付营之团队果断退出合作。“上海市 2 400 个公共停车场就在眼前，虽然很痛苦，但不得不放弃。”

开拓公共停车场市场败北，说到底是因为缺钱。那为什么不通过融资解决资金问题？“投资人的钱过来，只会帮你垄断市场，而不是验证市场。”所以从创业一开始，付营之团队就一直坚持这样的运营模式：不砸钱，轻资产，坚持做现金流。更何况投资人的钱也是钱，盲目激进，如果失败，结果却是糟蹋了别人的钱。

付营之觉得，没有哪个企业能一口吃成个大胖子。在开拓新市场、新业务之前，一定要先把眼前的业务做好，探索出可复制的模式，然后才能考虑推广。公共停车场方面还没有找到特别合适的思路，没关系，那就不去刺激这个市场。“先做好社区业务，再让公共停车场反向找我们，这是一种特别好的发展模式。”

“创业是认知过程，撞到南墙就得回头。”能够快速走过试错阶段，付营之觉得已经很幸运。

未来，付营之团队还希望将车牌识别计费系统投入广告道闸，进军广告行业。

从华东理工大学 MBA 毕业以后，付营之一直在从事数据分析工作。多年的工作经验使得付营之明白，广告投放要想取得最高的线上转化率，达到最好的营销效果，必须要建立精准数据库。“互联网和户外广告总有一天会产生交集。”所以，从产品上线第一天起就加入了监控代码，捕获平台上的用户操作数据，打造优质数据源，建立车主精准营销数据库。“当数据变现，并在上海得到验证后，我们才会考虑开拓其他市场。”

（本文原载于 2016 年 11 月 23 日华东理工大学新闻网）

【心语思】

享泊科技创立至今，我收获的是人生智慧，从前对商业的理解可能是纸上谈兵，创业让我得以实践，得以将科技和商业与真正落地的创业实践结合在一起。

我推崇毛泽东思想，“敌进我退、敌驻我扰、乱疲我打、敌退我进”是创业生存的关键。市场再小，也一定要站在既有市场的对立面去布局。如果我们与强大的竞争对手在同一赛道，不仅会面临产品或商业模式同质化的问题，而且也会遭到敌强我弱的不公平碾压。以少胜多，打败强者，这无论是在军事战争中，还是在商业战争中，都是难得一见的；相反，如果是站到竞争对手的对立面去开创新品类，成为品类引领者，新品类一旦确立，你就可以站在山头打山脚，创业不死的概率也相对更高。

喀热宛：一支丝路新“驼队”

——记2016年“创青春”上海市大学生创业大赛公益创业类金奖团队[①]

人物名片：与现代文明融合，与世界沟通和交流，第一步就是学习语言。在中国，对于大部分人来说，普通话是开口就会的语言，但是对于南疆的大部分少数民族群众而言，提高说普通话的能力是脱贫致富的关键。2015年1月，一群来自全国各地的热血青年成立了喀热宛公益支教团。目前，支教团成员已有100余人，惠及学生逾2 500名。

乌鲁木齐到上海，距离近四千公里。在上海读书的新疆学生回一次家，“要么两三千，要么两三天”。但在华东理工大学，有一群来自新疆的大学生，虽远隔重山，仍然心系家乡父老，为帮助他们摆脱发展困境，实施了喀热宛公益教育计划。该团队在今年的“创青春”上海市大学生创业大赛中获得公益创业类金奖。

---

① 记者卞慧采写。

“喀热宛（Karavan）”是维吾尔语，意思是“驼队”。团队创始人、外语学院大二学生木纳瓦尔介绍说，丝绸之路上的驼队促进了中原与西域的物质文化交流，他们希望搭建新疆与内地的新桥梁，因此取名为喀热宛，并用一只微笑的小骆驼作为团队的 Logo。

小驼队带来小老师

2015 年寒假，木纳瓦尔在新疆轮台县铁热克巴扎乡义务支教。她这一位小老师要教 16 名学生。这些学生大多是六年级，每天从 8 点到 17 点，小老师教孩子们数学和汉语，中午吃点泡面和干粮，看看电影（看完要写观后感）。提起那些孩子，木纳瓦尔笑着说：“管都管不住，老是被他们‘打’。”“被打”是因为一次考试时外面下起了雪，孩子们央求她：“老师，我们出去玩一会儿吧。”于是，有了一场痛快的雪仗。

2015 年暑假和 2016 年寒假，先后有十多位大学生加入团队。老师从 3 人变成了 9 人，学生则增长到 84 人，课程也包含了汉语、数学和维吾尔语。一、二年级的学生学加减法、乘法口诀、汉语拼音、维语字母。高年级的孩子则要做数学题、学演讲、写作文。小老师们还自费购买了数学题集、作文书、字母卡片和挂图等教学工具。3 次实地授课共教了 143 名学生，其中有 29 人考上了内地初中班。

除了实地授课，他们还建起了微信学习群，免费教成年人汉语。目前，有 500 多人跟他们学习。他们在群里发“每日一句”，配上汉语拼音和维语翻译。木纳瓦尔说，教新疆的成年人学汉语，是为了方便他们与外界沟通交流，还能为他们求职提供语言基础。对在内地发展的新疆商人来说，学好汉语能拓展生意覆盖面，共享社会经济发展的成果。她开心地给记者看一条微信：“有人专门加我微信，说要谢谢我。”

资金从哪儿来

实地授课需要教室、教具、教材，还有小老师的交通费用，这么多钱从哪里来？木纳瓦尔表示，资金确实是目前遇到的最大困难。除了拉赞助、社会捐赠以外，他们还有两个渠道获得资金：电子商务和小语种教学。

电子商务就是帮新疆的农户卖干果之类的特产。其实，电子商务是喀热宛最初的形式。“授人以鱼，不如授人以渔。帮他们卖特产，不如教会他们普通话和电子商务操作，让他们自己去实践。”现在，木纳瓦尔高中同学、浙江农林大学的一位学生专门做电商，85%的利润投入喀热宛的公益项目。

小语种教学主要靠留学生，教在校大学生维语、阿拉伯语、土耳其语等，收取一定的费用。喀热宛已经与华理、华师大的学生志愿者组织达成了合作意向，组建志愿者教学团队。比如，华理的韩国留学生朴栋熙就是喀热宛的韩语教师。

华理商学院大二学生朱萌萌负责喀热宛的财务事宜。虽然已经通过各种渠道学到了公益事业捐赠法、社会团体登记管理条例等知识，她却很谦虚地说：“没什么创新想法，只是执行力比较好。告诉我办几个班、有多少学生，我就能把预算做出来。”今年暑假，他们估计会有近 300 名成人学生和 1 000 多名中小学生，预算需要 18 万人民币，团队成员正在为筹集资金忙碌。

“特别能吃苦”的团队

一个好汉三个帮，好的团队离不开成员的精诚合作。喀热宛团队既有华理外语学院、商学院、社会学院、艺术学院的本科生朱萌萌、王恺妍、易志、阿丽娅、旦吾然，也有社会学院的研究生吴佳蔚、汪文高、陆婵媛，还有上海戏剧学院的库尔班。他们分成人事部、宣传部、外联部、财务部、公益部和支教部，各司其职，密切合作，每一个人都尽心做到最好。

比如“新三代”（爷爷奶奶、外公外婆当年从内地到新疆支边）朱萌萌，木纳瓦尔评价她说：“很够意思，能折腾，很多财务方面的事情从没因为不会就撂在一边不管，而是找老师问，到图书馆查。”再如负责人事部的旦吾然，是个细心冷静的男生，协调能力很强。

他们的指导老师、商学院的陈庆升说喀热宛团队的孩子“特别能吃苦”，为了做好计划书常常熬夜到很晚。木纳瓦尔主动性、执行力、带团队的能力都很强，有百折不挠的精神。第一次支教时为落实授课场地，着实费了一番周折，但她没有轻易放弃。研究生的加入充实了团队的力量，让他们的协作和表达都更加成熟。

被问到为什么要做这些时，木纳瓦尔讲了两个故事。2016 年寒假她教的一个男孩儿之前没有读过书。22 天的教学结束后，他很高兴：“我会写自己的名字了！学了很多东西，维语、汉语的字母我都会写了！”另一次，一个村里的四五个孩子因为摩托车坏了，走了五六个小时也赶来上课。看到、听到这些，她说：“我觉得这件事情做对了。”

木纳瓦尔说：“希望喀热宛能帮助那些孩子走出来，也希望我们的民族能找回以前、甚至比以前更好的状态，希望大家听到名字时觉得我们是一个可爱的民族。”相信这支“小驼队”会走得更加踏实、长远，完成他们的心愿。

（本文原载于 2016 年 8 月 22 日华东理工大学新闻网）

【心语思】

以梦为马，驰骋在塔克拉玛干沙漠的西缘；以爱为舟，穿梭于中国的东海岸；以语言为柱梁，在中国最东部的海岸与最西部的沙漠之间搭起一座桥梁——这就是喀热宛支教团成立的初衷。

我们曾与电商平台合作，帮助南疆地区贫困农户出售农副产品。经过一段时间的运作，我们发现问题的关键不是经济资源的匮乏，而是教育。教育贫困的问题不解决，会造成贫困的代际传递。当地，无论是个人还是地方政府，都急切希望有一个团队能为少数民族群众提供高质量的语言能力培训，摆脱发展困境。喀热宛支教团为南疆贫困地区少数民族群众提供普通话语言教学，为当地普及普通话提供优秀的师资力量与先进的教学资源，在提升学生成绩的同时，从整体上提升学生的综合能力，开阔学生的眼界。我们想以此搭建南疆与内地的沟通桥梁，促进文化交流，提升南疆少数民族群众的语言能力，推动地区文化水平的整体提升，更好地促进民族融合、民族团结。

我们生来奔走，只为与你跨越鸿沟！

看，那一群可爱的“跆风”人

——华理跆风跆拳道社的故事①

人物名片：华理跆风跆拳道社，成立于2007年，连续两年是学校竞技类社团中唯一的一个五星社团。跆风社旨在打造一个团结向上的全方面发展的集体，在教授跆拳道技术、提高身体素质的同时，弘扬跆拳道精神，磨炼大家的意志品质，进而达到垫上修身、垫下养性的目的。社团每年培养出黑带十余人，代表学校参加各类比赛、演出。在2017年上海市大学生跆拳道锦标赛中，更是夺得了上海市第三名的好成绩。

在刚刚落幕的上海市大学生跆拳道锦标赛中，我校跆风跆拳道社在众多高校代表团中脱颖而出，一举创下总成绩第三的历史新纪录，收获2枚金牌、7枚银牌、9枚铜牌。

① 学生记者张嫒采写。

“跆风”兴于此

“李振是我见过最棒的社长，他为社团的付出可以说尽心尽力、任劳任怨。”说起这次以惊艳全场的 7. 23 超高分一举获得男子甲组个人品势三组第一名的李振，唐果一口气用了两个成语。

因为专业的关系，唐果加入社团的第二年就去了徐汇校区，不能再参加训练了。赛前，唐果产生了严重的消极情绪，甚至觉得算了吧，比赛不打了。可是在她最消沉的时候，李振都没有放弃。他一次次跑去徐汇带唐果训练，鼓励她，给她自信。报名前夕，站在当天最后一班回奉贤的校车边，他说：“唐果，你要是不打这场比赛，我就不上这辆车!”

正是这样的执着精神感动了唐果，让她决定克服一切困难，不仅要参加比赛，而且还要赢。很多次，李振带唐果训练到晚上 11 点，第二天一早再赶 6 点

45 分的校车回奉贤带其他队员训练。

在李振的带领下，跆风社从一个籍籍无名的小社团成长为四星社团。从设计“跆风”社徽，创建运营微信公众号，到通过上海市跆拳道协会的考核，成为中国跆拳道协会两年内最年轻的一批晋级考试官的一员，为社团成员的考级提供官方的晋级证书，李振把“跆风”二字留在了华理。

“跆风”不止于此

“无论如何，只要我在华理，我一定尽最大努力让社团更出色。我们一定要打响‘跆风’二字，成为上海前三!”这是一年前花宇哲从李振手里接过社长重担后立下的誓言。一年后，在上海市大学生跆拳道锦标赛上，广播里响起了“第三名，华东理工大学”。而他个人，也以压倒性优势战胜对手，蝉联男子甲组竞技 87 公斤级冠军。

“如果不是因为花宇哲，我不会重新回到赛场。”张媛是跆拳道竞技赛场上的老将，早在四五年前就斩获了市赛冠军。但因为高中学业压力重，不得不告别这项运动。她原以为跆拳道要从她生命里消失了，是花宇哲重新点燃了她心里的那团火。

半年前，社团处在发展瓶颈期。时任社长的花宇哲焦急万分。为了让老将留下来，他一有空就带张媛进行恢复性训练，研究赛事视频，分析战术，给她讲解传统打法和现代打法之间的区别，帮助她熟悉新规则。因为花宇哲的这些努力，张媛重回赛场，自如地应对全新的比赛环境，为华理赢得了一枚银牌。

“没有专业的竞技教练，那就我来。我不专业，但我相信勤能补拙。”花宇哲为了让每一位社员都能有所收获，特意回跆拳道馆“重修”。他还利用空余时间研究各类比赛视频，记录技术要点，并在每周三次的训练时间里教给社团成员。

他带着跆风社的竞技小分队多次前往复旦、上师大、上理工等高校交流取经，为大家创造更多的学习机会。因为大家的辛勤付出，跆风社在 2017 年晋级为华理唯一一个五星级体育类社团，也在此次上海市大学生跆拳道锦标赛中脱颖而出。

“跆风”是一群人的追求

“礼义廉耻，忍耐克己，百折不屈”，每一个跆拳道运动员都对跆拳道精神烂熟于心。

在这次比赛期间，有细心指点运动员的指导老师周洋（她也是华理跆拳道社团第一届成员），有为筹备比赛不分日夜工作的新任社长潘展帆，有重回赛场的老将，有刚刚参赛惴惴不安的社团新人，有毕业了仍然回来为大家鼓劲的前辈，还有为队员录下每一场比赛实况的中坚力量——“跆风”是一群人的追求。

盛夏时节，裹着四五件棉衣在骄阳下为减重 2 公斤奔跑；比分一点点拉开，计时器的倒数声和着心脏一同跳动，仍能坚持下去伺机反超；身上青一块紫一块，每一次抬脚时受伤的地方都疼得厉害，依然咬牙坚持……任风吹雨打，任瘀青满身，他们怀揣对这项运动的热爱，坚持每一次训练，坚持每一场比赛，才有了这一次的硕果。

他们说：“累，并快乐着，这是‘跆风’人的骄傲。”

（本文原载于2017年11月24日《华东理工大学周报》第3版）

【心语思】

在跆风的日子过得很快，如风，如雨，留不住，却难忘记。

来华理没多久，就遇见了跆风，确认过眼神，遇上了对的社团，很幸运。大一的勤劳奉献换来了大二可以以社长身份带领跆风走下去的机会，很自豪。身份变了，责任也更重了。从每周三次的社团训练，到隔三岔五的比赛表演，都需要精心策划和准备。就拿2017年上海市大学生跆拳道锦标赛来说吧，跆风社的确取得了建社以来的最好成绩，两金七银九铜，跻身上海前三甲。然而，优异的成绩和辛勤的付出总是分不开的，社团在备赛期间分别聘请了品势、竞技教练进行专业指导，在原本基础训练上，组织了多次额外加训。不论是七八点的清晨，还是十一二点、甚至一两点的夜晚，不论是操场上、教室里、马路旁，都能看见跆风人训练的影子。训练很苦很疲惫，结果却很甜很欣慰，现在想想当初努力的样子，依旧可以喊出：值得！

作为社长，我看到的不只是这些，我看到了他们一次次跌倒，甚至失败，都不会说出放弃；看到了哪怕第二天课程满满，他们也要深夜“爆肝”排练；看到了他们愿意把每一件小事当成大事来做来对待。让我感动的不仅仅是他们的优秀，更多的是他们优秀背后的努力，每一名跆风人都在切身践行着跆拳道“忍耐克己，百折不屈”的精神。我们始终铭记：一身跆风，一生跆风。

感恩有你，华理跆风社。

跨越的力量

——小记校友谢应波的创业史[①]

人物名片：谢应波，男，汉族，1982 年 3 月出生，中共党员，工学博士。2000 年 9 月至 2004 年 7 月，在华东理工大学高分子材料科学与工程专业全日制本科学习，获学士学位；2004 年 9 月至 2009 年 3 月，华东理工大学材料科学与工程专业研究生学习，获工学博士学位。2007 年 10 月，研究生在读期间与另外 5 名华理同学共同创办泰坦科技。现任上海泰坦科技股份有限公司董事长兼 CTO，兼任上海市青年企业家协会副会长，上海市青年创业协会副会长，上海市青年科技人才协会副会长等社会职务。荣获第七届“中国青年创业奖”、第七届“上海市青年科技英才”、第三届上海市十大“创业先锋”上海市青年五四奖章等荣誉。2012 年入选“上海市优秀技术带头人”，2013 年入选“上海市领军人才”，2014 年荣获亚洲孵化器协会最高奖“火炬企业家奖”，2016 年荣获“上海市青年科技杰出贡献奖”。

① 记者彭景涛采写。

从2000年到现在，谢应波的人生变化之大，令人感怀。2000年秋，他来华东理工大学报到时，还是一个偏远地区贫困家庭的孩子，而今已是“上海市领军人才”，成为这个荣誉称号的最年轻的入选者。

坐在我面前的谢应波，似乎已经习惯于这种巨大的跨越，但是回顾整个谈话过程，他显然也在试图寻找一个诠释：为什么在短短的7年间，能实现这个跨越？

从自卑到自信

人们都说，创业需要冒险精神。其实更精确地说，在确定走这一步的时候，需要一种勇气。谢应波在进入博士学习的第一年，才决定走这一步。而进入华东理工大学学习的时候，他还是一个家境贫寒的学生。在这样的经济状况的基础上，他是如何获得这种勇气的呢？

2000年，谢应波体验了许多个人生的第一次。那年9月，他离开重庆开县，乘船到南京，由于遇到台风，又转乘火车到上海来学校报到。南京、上海、轮船、火车等等一系列事物，都是第一次与他的身体有了接触。

开县是重庆市万州区的一个山区县。从谢应波的家到县城不过十几公里的路程，但要花 2 个小时，因为这是一条“泥巴路”。

从家乡到上海，不仅是一种空间的转换，也是时间之旅。现代化是一个过程，上海已经走在最前面，而开县仍然处于这个时间段的起点。不过，站在“时间旅程”的终点，谢应波也傻了眼。他携带的 8 000 元，5 000 元交了学费，买了一些日用品后，只剩下 2 000 元了。

“找勤助”也就是学校的勤工助学中心。一个月后，谢应波便在勤工助学中心上了班。

对于一个贫寒子弟来说，在上大学的那一刻，不可能有对大学 4 年的财政规划。钱的问题基本是走一步看一步。但回顾起来，本科 4 年，谢应波获得了 4 万多元的收入，生活费完全自理了，没有要家里一分钱。

当然，这些收获的背后是艰苦的劳动。谢应波说，他连续 6 年带领同学去上海火车站接新生。上海站离学校很远，为此，他们早上 4 点起床，晚上 12 点才回到学校，上床休息时快到凌晨 1 点了，每个晚上只有 3 到 4 个小时的休息时间。虽然这么辛苦，但他还是愿意做，因为每天可以获得 100 元的劳动报酬。

对于很多学生来说，勤工助学只是解决或者缓解了一时的财政困难。可对于谢应波来说，这段经历使他的精神状态发生了很大变化。他说：“我从一个农村学生的自卑中走了出来，实现了自食其力，进而有了自立、自信。”

创业预备班

一般来说，自主创业需要有一个准备期，形成对于某个行业的前瞻性判断，并在此判断基础上提出可行性的策略，以及对于经营管理有一定程度的了解和亲身体验，而这些往往是一个人作出创业决定的前提。那么，一个还没有走出校门、没有一分钟校外社会经验的学生，怎么会作出这样的选择，并且还能取得成功呢？

奥妙就在勤工助学的实践。我校的勤工助学，不仅仅着眼于为学生解决经济困难问题，而是放手让学生自主经营、自主管理。谢应波和他的同伴创办了华理的第一个电脑房。从筹划电脑房、如何吸引学生过来等营销策略到项目的内部管理，对于谢应波来说都是第一次。虽然是勤工助学项目，但并不是没有压力的。勤助中心会定时听取汇报，考核经营绩效。

经营电脑房的一些事情仍然令谢应波记忆犹新。学校规定，不允许在电脑房里打游戏。谢应波想到，电影也可以吸引许多学生。外语片很受欢迎，但当时这些视频资源还很难找。他们就从内部的服务器上下载电影文件，拷贝到电脑上。

尽管是第一次自主经营管理一个项目，谢应波和他的伙伴们还是克服了许多困难，获得了较好的收益。从 2002 年创建到结束，电脑房创利润 100 多万元。

2001 年，谢应波当上了勤工助学中心校内服务部的部长，这个岗位给了他更多锻炼的机会。为了开拓新的项目，他要与很多公司谈判，其中包括宝洁这样的大公司。校内服务部下面有多个经营实体，他要对这些实体进行管理和考核。

谢应波说，学校的勤工助学活动，事实上是半社会化的创业，是最好的创业实践。泰坦化学的6位创办人，全部是华理勤工助学活动的参加者，其中有3人参加过勤助的管理，这一点正是这个创业预备班的最好注脚。

思想与钱的碰撞

2006年，谢应波和他的伙伴们开始谋划创办公司的事。在这个时候，他们面临的最大困难是什么呢？钱，没错。6位创始人都是在勤工助学中结识的，而且都是家境贫寒的学生。创业需要的钱，对于他们来说，实在有点望尘莫及。

实践之前，他们较少考虑钱这个问题。那时，他们拥有的实际上仅仅是一种思想。

2006年，谢应波参加了两场创业计划比赛："张江高科杯"上海市大学生创业计划大赛和第五届"挑战杯"飞利浦中国大学生创业计划竞赛。在前一场，他们拿了金奖，后一场却拿了个银奖。这个银奖给了他们一个深度刺激。

在答辩时，当有评委问企业的增值税率是多少时，他们竟无一人答得出来。这是痛失金奖的主要原因。拿什么奖其实并不重要，重要的是连创办企业的一些常用知识也没答上来，这似乎在暗示这种大学生创业计划的纸上谈兵。谢应波和伙伴们觉得，应当真正创一下业，把自己在文案中提出的思想付诸实践。"比赛毕竟是假的，真干一场会如何？"

这种思想，就是对市场空间的一种前瞻性的看法。谢应波学的是材料化学专业。在学习中，他逐渐关注到市场的一种需求，就是科研人员和质控人员所需的产品与服务。那时高端仪器、试剂、耗材基本全部依赖进口，泰坦创业团队就找到了突破口——试剂。自2004年以来，中国的科研与研发事业迅速发展，需要大量的化学试剂。当时，高端的试剂基本依靠进口。"如果我们在国内生产供应试剂，在时间和价格上有巨大的空间：在时间上，进口需要一个月左右，而国内供应只需要花一天时间；在价格上，进口试剂至少要高出50%，更有甚者高出数倍，还有部分特殊产品被限制出口到中国。"

想好了，决定了，现在就是钱的问题。他们向上海市大学生科技创业基金会提出了申请。问题是，按基金会的要求，申请者必须筹到同等数量的配套资金。6位创始人不得已各寻门路借钱。谢应波找本科和高中期间的几位同学借到了钱。谢应波说，这些同学本科已经毕业了两年，参加了工作，有能力拿得出一点钱来。但是，他们刚毕业，也没有很多钱，所以他向每人只借3 000元。6个人分两批自筹了共20万元，第二批10万元半年后才到账，上海市大学生创业基金会（科创分基金）投了20万元，这40万元就是他们创办的企业——上海泰坦科技股份有限公司的启动资金。

2007年10月18日，泰坦公司注册成立。这可以算是思想与钱的第一轮碰撞的结果。

第二轮碰撞就惊险得多，也更富传奇色彩。

2008年底，经过一年多的打拼，谢应波终于走过了“万事开头难”的困局，公司实现了收支平衡。在这一年多的历程中，谢应波进一步看到市场的前景。显然，公司需要升级，才能对得起他们对市场的判断。谢应波认为，应当“做品牌”。但是，新的思想也意味着比启动资金多得多的资金。他和伙伴们到处找银行申请贷款，但没有一家银行有着落。

6个创始人，股权较为平均，投资者一般认为这样的企业投资风险较大。但是，除了这个原因之外，更有意思的问题是：大学生刚毕业就创立的科技型企业，是否有发展前景？在上海市大学生科技创业基金内部，对这个问题也有不同的看法。成功率太低，造成投资者的许多顾虑。

如果得不到周转资金，泰坦可能就此夭折。这个时候，一段传奇故事发生了。

科创基金会的两位工作人员刘春松、王萌对6位同龄人的奋斗予以了热情的支持。他们带着谢应波等人到处跑银行找贷款，最后，与该基金会有合作关系的泰隆银行拿出150万元，但要求贷款方有固定资产抵押。谢应波等6位创始人这时还群租在一套房子里，哪里来的固定资产抵押呢？山穷水尽之际，刘春松、王萌以自己的房产作抵押，贷出了这笔钱。

“我就是认人，亏了也认了。”刘春松说。

虽然惊险，但这次碰撞不仅碰出了火花，而且开花结果了。站在新的起点，一轮宏大的旅程开始了。谢应波等人提出了“做中国科学服务首席提供商”的梦想，他们正在倾力打造泰坦旗下的“探索平台”——一站式科学服务平台，为国内 1 000 多万一线科研工作者和质量控制人员提供近 100 万种最优质的产品与服务，让国内科学家更专心、专注地工作，使泰坦真正成为一家受人尊重的企业。

新的碰撞又开始了，也许还有更多的惊险与曲折，但肯定会比现在更为壮阔。

（本文原载于 2015 年 1 月 2 日华东理工大学校园新闻网）

【心语思】

作为华理人，我们要时刻践行“勤奋求实　励志明德”的校训，心筑青春梦想，胸怀伟大抱负，脚踏实地做好每件事。只有我们敢于担当，勇于挑战，坚持努力奋斗，才有机会去实现自己的人生价值，才会有机会为国家和社会做出更大的贡献。

董伟忠：创业开启世界重塑之旅

——记2016年“创青春”大学生创业大赛创业实践挑战赛上海市金奖项目①

人物名片：董伟忠，2013届华东理工大学本科毕业生，现为影竞信息科技发展（上海）有限公司（武道会电竞）创始人&总经理。2014年底参与创立“点赞网”并担任COO，获得5 000万天使轮融资，任期内将点赞网打造成校园活动筹款第一神器，注册用户400万；曾获2016年“创青春”大学生创业大赛创业实践挑战赛上海市金奖、全国铜奖，2016年上海“30位30岁以下青年创客”等荣誉。

2016年“创青春”大学生创业大赛创业实践挑战赛上海市金奖、全国铜奖的获得，让董伟忠和他的团队潜心经营的点赞网再次成为“90后”大学生创业成功的典范。他们的参赛项目——点赞网，成功通过以事件为中心的众筹平台，为基金方、项目方和“赞友”提供态度表达和价值实现的空间，利用互联网筹

① 记者李强采写。

资工具去思考，并试图解决中国社会广泛存在的公共支出缺位问题。

然而成功的热度并没有冲淡董伟忠对创业的冷思考。谈到创业，这位“90后”的COO（首席运营官）说的更多的不是方法和捷径，而是实干和决心。

创业：校园场地租赁打开市场

2009年，董伟忠考入华东理工大学。刚踏入大学的他，过着和其他千万普通大学生别无二致的平凡生活。“高考高压解脱，天高任鸟飞，海阔凭鱼跃，希望尝试社会上很多新鲜东西”，但他不满足于这样的平淡生活，而是大胆选择了“自己来”。华理的大学生涯成为董伟忠的创业起点。

“当时正好在食堂门口看到有华硕电脑在摆摊，我本来想去买电脑，就过去看了下。”这一看，让这位化学专业的大二学生发现了进行校园广告地推的商机。他观察到很多企业想花钱在学校里找一些场地做推广，却苦于没有门路。而很多学生社团想开展一些好的活动又苦于没有经费。为此，他想到企业可以以赞助的形式，通过给学生社团活动冠名，来达到租用校园场地的目的，而学生又可以获得经费开展活动，一举两得。

第一笔2万余元的单子让董伟忠赚到了人生的第一桶金，从此开启了自己的创业之路。从校内学生社团与企业的冠名平台搭建，到联合上海本科以上20多所高校学生社团创立的“SINHO”星火高校俱乐部，董伟忠慢慢开始证明自己的与众不同。

“刚开始是自己去一个学校一个学校地跑，跑遍了上海近40所高校。用手机拍下学校食堂门口等适合地推的场地，观察是否适合搭帐篷、摆摊。”由于就读于奉贤校区，董伟忠要转乘多辆公交车才能到市区。今天坐在点赞网的办公室里回想最初创业的艰辛，他仍然认为正是当时这种一线的历练，给自己奠定了坚实的创业基础，让他拥有了创业的话语权。

点赞：重塑世界的生活方式

如果说大学期间的创业是一种尝试，那么毕业后在黄金、钻石批发行业工作 2 年后重返创业领域，则是一种“不喜欢命运被别人掌控”的执着和坚持。

在以合伙人身份加入刚刚创办不久的“点赞网”之前，董伟忠也尝试过诸如家政 O2O 平台之类的创业项目，但业绩平平。直到 2014 年，以活动筹资为入口的点赞网让董伟忠再次刷新了自己的创业史。

他和他的团队秉承“点赞，让态度有价值”的理念，全力将“点赞网”打造为国内第一的校园活动筹资平台。早前，点赞网联合国内知名互联网金融公司“善林宝”已走进全国 100 多所“985”和“211”高校，开展“点赞网嘉年华暨善林宝虎妹校花”系列活动，活动的线上奖金达到了 100 万人民币。目前，点赞网已经实现了校园第一筹资平台的目标，覆盖了全国大约 1 500 所高校的 4 000 多个学生社团。

然而，让董伟忠和他的团队思考更多的，则是如何让点赞网进行新一轮转型，重新定义筹资与赞助文化，打造创新创意类产品的众筹平台。“你可以理解‘她’是一个帮助逐梦者，寻求志同道合伙伴以及获得支持者的互联网互助社

区，致力于重塑现有世界的生活方式。”

点赞网走出校园，走进社区，利用互联网筹资工具去解决中国社会广泛存在的“公共支出缺位”问题，浦锦街道的“和谐小径”成功铺设便是一例。在浦锦街道一个公交车站与浦江镇地铁站之间的绿化带里，穿插着一条泥泞的“小道”——由于行人直接从绿化带中抄近路久而久之“造”出来的“路”。下雨天泥泞湿滑，居民行走存在安全隐患。在浦锦街道相关部门和热心居民的大力推动下，大家决定在点赞网发起筹款，为铺设汀步筹资。最终，在原本泥泞的“小道”上，不改动原有的绿化建设，铺设建筑材料，为绿化带铺设了一条方便大家行走的汀步。

上海市“创青春”创业实践挑战赛的评委非常看好点赞网项目，并给出了较高评价：“创新互联网 + 商业模式，有较为切实的社会效益。”

信念：创业需要一颗坚强的心

在国家提出大众创业、万众创新思路的背景下，大学校园里创业氛围也越来越浓，让很多“90 后”“00 后”的大学生开始将目光投向了创业领域。

大二时，已有创业实战经历的董伟忠，在创业规划的选修课上，报名组队参加了华理校团委主办的大学生暑期创业实战赛，以上海世博会为契机，结合作为上海在校大学生的优势，在深圳推出了参观上海世博园区和各大高校的特色旅行线路，通过团队成员的团结协作，最终与中青旅达成了意向协议。

董伟忠坦言，是华理自由开放的创业之风使他在大学期间有机会走出校园，走进社会，发掘自身潜力，一点点去揭开商业和创业的面纱。这段经历更是让他坚定了走创业之路。

董伟忠的职业规划是做一个职业经理人。与大多数有创业经历的在校学生毕业后直接创业不同，2013 年大学毕业后，他选择先就业。“要创业先就业，你不可能没有在一个大型的公司里待过，就出去教别人怎么做事，这个太空想了。”抱着这样的信念，他选择先去奢侈品行业，在江苏无锡从事黄金和钻石批发。“有了经验再出来做其他行业的话，个人背景就比较丰富雄厚。”

无锡慢节奏、压力小的生活并没有尘封那颗坚强的创业心。在奢侈品行业

历练一番后，董伟忠选择回到上海，加入创业大潮中，希望拼搏出一番天地。无论是大学期间创业路上的各种“坑”、无锡悠闲的工作生活环境，还是家政O2O创业项目的失败，不仅没有让他放弃创业，反而越战越勇。正是在这个意义上，他说：“创业有时不需要基础，需要的是一颗坚强的心。”

在董伟忠看来，创业并不是虚荣心的产物。创业者应坚守实干品质和家国情怀，选好一个方向走下去，用一颗坚强的心面对创业道路上的坎坷和荆棘。

（本文原载于2016年10月3日华东理工大学新闻网）

【心语思】

勿忘初心，方得始终。

作为过来人，我建议学弟学妹在大学时要好好把握时间，多读点书，多接触社会，主动拥抱社会所带来的发展和改变，自己定会有所思，有所得。我一直以“勿忘初心，方得始终”来勉励自己，始终记得自己追求的是什么，即使偶尔迷茫，也会很快认清自己，找到未来的路之所在。

从点赞网到武道会电竞，重要的转折点是2016年国家出台了政策，针对电竞领域进行政策上的推进。我们团队觉得是个机会，毅然投身于电竞领域的创业中来，目前已然在电竞赛事领域中小有名气。

祝愿每一个华理人在追求和创造的道路上走得更远。

学生经理的经营之道

——记信息学院校友梅丹①

人物名片： 梅丹，华东理工大学信息学院2012届毕业研究生。他2003年进入华东理工大学艺术学院学习旅游管理，2004年底入伍，2006年退役回校，转到信息学院学习信号与信息处理。在本科阶段，他担任学校勤工助学指导中心报亭的经理，成功让报亭扭亏为盈。在部队两年时间，他荣立个人三等功。目前，他在教育行业开始了个人的创业。

梅丹的大学生活比普通学生要丰富得多——参军，转专业，读研，还当过华理勤工助学指导中心的报亭和超市的经理。身为中兴通讯的高级软件工程师，他考进华理时学的却是旅游管理。

大学里，他不仅实现了从文科到工科的“华丽转身”，顺利考上研究生，而且带领勤工助学指导中心的两家经营实体扭亏为盈。他有什么样的经营之道呢？

① 记者卞慧采写。

“救火队长”扭亏为盈

2004 年底，梅丹上大二时参军。2006 年，他刚退役回校，勤工助学指导中心主任徐美华老师就给他“压担子”，让他负责化工一四村的报亭。报亭在华理家属区的小区门口，面积不足 2 个平方，正严重亏损。

“报亭经理的经历最锻炼人，要负责团队所有的事情，自给自足，自负盈亏。”梅丹感慨说。当时连他这个经理在内只有 5 个学生员工，一年 365 天从不休息。每天早晨 5 点多，他已经骑着自行车去进报纸，一天的课上下来，晚上继续在报亭上班，8 点半才下班。周末，他更是全天驻扎在报亭。徐美华介绍说，大年初一梅丹都坚守报亭，因为“好多老教授等着看报纸呢”。

因为某些原因，报亭不能卖电话卡，少了一大收入来源。他想尽办法找进项。经过仔细观察，他发现周末证券类报纸销售火热。原来很多退休的人热衷炒股，大多又不太会网络操作，多从报纸上了解信息。他就进了三四十种证券类报刊，往往销售一空，带来大笔利润。

“电话卡不能卖，电影票能不能卖呢？如果报亭能卖针对校园师生的优惠电影票，生意会不会更好？”他们与梅陇文化馆联系后，推出了打折票。几项措施做下来，报亭终于扭亏为盈。

2009 年 9 月，梅丹已经读研一。徐美华老师又找到他，请他担任勤工助学指导中心徐汇校区超市的经理，同时授权“放开干，不用多想”。

“我感觉自己像个救火队长，每次都是管亏损的实体。”几个月后，这个超市也一样扭亏为盈。

学生经理不简单

看看这个学生经理的成绩单——半年内，超市商品种类从 800 多种变成 2 500 多种，平均每天的营业额从一两千上升到一万多元，客流量从每天两三百人增长到一个中午就有两三百人，忙的时候顾客排起了长队，员工也从 10 来人增加到 80 多人。

这个转变是怎么实现的呢？梅丹透露了他的秘诀。“超市没有特色，地理位置差，离‘商业区’远”，他与 5 名同伴商量后明确了定位：“真正服务学生、价廉物美的超市”“同类商品至少比外面低 5 毛钱”“宁愿少挣点”以及“最重要的是挣钱发工资”。

定位清楚了，具体措施呢？他们首先做的是“业务考察”——考察教育超市（华东理工大学里最大的超市）什么东西卖得快，带着笔记本在超市门口问询学生的意见。他们很快发现，酸奶、面包卖得最多、最快。“马上进货！”梅丹找到供货商，一开始先进几十瓶酸奶，后来每天都能进三四百瓶。供货商最初看不起他们的小订单，后来主动提出更换大冰箱用来放酸奶，给他们大客户的待遇。

“货架也要挣到钱！”梅丹他们跟大超市学到了这招。供货商要在一进门就能见到的货架上摆放商品，“那是要付钱的”。他们还把超市里的物品来了个乾坤大挪移，腾出更多的地方摆放商品，压缩仓储空间，规范仓库整理程序。这样，再也没出现急需的商品找不到、过段时间又出现的情况。

韧劲十足的实干派

梅丹的身上有一股韧劲，这从他转专业的故事里可见端倪。退役回校后，他有机会转专业，于是选择了一直喜欢的信息技术专业。一位老师担心他跟不上进度，建议从大一开始读。

“那不是意味着要留级吗?!”要强的他虽然理解老师的好心，但暗下决心，“我一定要跟上！”那一个学期，他徐汇奉贤两边跑，既上大二的课，还补修大一的课，硬是修满了 40 多学分，跟上了进度。

一个同学帮他算了一下：40 多个学分，一周 5 天，从早到晚都是课，还没算上做作业的时间，几乎是“不可能完成的任务”。但梅丹起早贪黑，啃下了这个硬骨头。

在工作中，梅丹除了靠韧劲，还靠认真的实干。在报亭里，曾经有学生收到 300 元假币。梅丹立即组织大家开会，不仅“告诉他们从这次以后收到假币要自己赔”，还从网上找来骗子们常用的招数进行防骗培训。他把那 3 张假币贴在报亭的台面上，提醒大家时刻注意。

超市里，徐美华老师有一次买到了过期的面包。她严肃地要求梅丹整改。梅丹立即召集大家开会，因为“这关系到超市的声誉”。从此后，每次进货他们更仔细地查看保质期。对接近保质期的商品设置提前7天的预警，并打折销售。每月还定期销毁过期商品。这种情况再也没有出现过。

从学生一进来工作，华理勤工助学指导中心就灌输“这也是一份工作，只有通过工作才能获得回报”的观念。“这个观念从我一来就植入了脑海，每个人一定要踏实、认真、负责，才能胜任这里的工作。”梅丹表示：“勤工助学让我非常早就接触、融入社会，接触真实的市场和客户，实现无缝对接。它不光创造价值，而且让我们能够帮助别人。我在这里学到了很多。”

“勤工助学的经历对你的工作有帮助吗?”面对记者的问题，梅丹诚恳地说：“事情不一样，逻辑是一样的。”是啊，拥有不服输的韧劲和认真实干的作风，这位学生经理除了能经营好报亭和超市，也一定能经营好自己的工作，进而经营好人生。

（本文原载于2015年3月6日华东理工大学新闻网）

【心语思】

怀揣着梦想，手提着皮箱，紧紧捏着火车票，我踏入了上海，踏入了大学的象牙塔，踏入了母校华东理工大学。现实总是与梦想有差距的，虽然那个年代没有这句经典的话“梦想总是要有的，万一实现了呢”，但是我不愿意荒废青春，开始了别样的奋斗。先是扎根勤工俭学，学习管理和经营，后又响应国家号召，参军入伍，圆了当兵梦，锻炼了永不放弃、永争第一的意志品质，两年荣立个人三等功。退伍后，又文科跨工科转专业，从头再来，用两年半的时间啃完了本科信号与信息处理的课程，顺利保研。工作后担任高级软件工程师，如今正在教育行业创业。

一路走来，虽然辛苦，虽然艰难，但是我始终没有放弃梦想，没有失去斗志，我相信“没有人能随随便便成功”，奋斗就会有别样的青春。

王添昊：我为什么主动申请去西藏[1]

人物名片：王添昊，华东理工大学2012级国防生，曾担任2012级、2013级国防生模拟连指导员，大学期间获得优秀国防生骨干、优秀学员、优秀毕业国防生、社会工作奖A等奖等荣誉。他热爱摄影，大学期间担任校党委宣传部学生摄影记者骨干，并被推荐至上海报业集团担任实习摄影记者。毕业前夕，他主动申请赴西藏工作，充分展现了当代国防生的良好精神风貌。来到单位一年以来，他立足本职岗位，踏实肯干，被林芝军分区评选为2016年度宣传报道及理论工作研究先进个人，现为林芝军分区某营宣传干事。

2月中旬的林芝开始悄声无息地变暖，道路两旁的柳树也扭扭捏捏地吐出了新芽，咄咄逼人的阳光变得温柔。我奔跑在空旷的足球场，望着那蓝得让人窒息的天空，贪婪地呼吸着3 000米海拔上无加工的新鲜空气。我闭上眼，心里面感到一阵踏实和满足。

忽然手机响了，是比自己小一级的学弟，我俩关系一直挺好，过年的时候

---

① 作者王添昊。

还联系过。这小子又想干什么，我心里一边想，一边接起了电话。

“喂，添昊哥，最近咋样？好久没给你打电话，有点想你了。”

“得了吧，有话快说!”

“咳咳，果然还是老班长懂我。那啥，这不大四下，我们快要毕业分配了，想听听你的意见……”

电话那头说完这句就沉默了，我深深吐了口气，仿佛看到了曾经的自己，思绪一下被拉扯得好远好远……

2012 年高中毕业的我，在父母的建议和自己的考虑下，报考了华东理工大学的国防生。刚进学校的我目标很明确：一定要干出个样子。由于表现较为突出，也得到了身边的战友和领导们的认可，后来又喜欢上了摄影，可以说我的大学生活总体上算是顺风顺水。那时，已经毕业工作的师兄们常在电话里对我说：“添昊，毕业分配的时候，你好好考虑，趁着排名不差，看见好单位别犹豫。”

但对于究竟什么才是“好单位”？我似懂非懂，也许是每天在办公室喝喝茶，看看报，写写材料就睡觉？毕竟，这可是他们口中梦寐以求的生活啊。

大四是最忙的时候，除了每天早操和下午的体能训练，大家很少有碰面的时候，但“毕业分配”却是不变的话题。很敏感，又很实际。往小了说，这关系着未来几年的生活质量。往大了说，某种程度上影响甚至是决定了一辈子的发展轨迹。

无论如何，那时候新疆、西藏和我们似乎扯不上“关系”：一是参考以往的指标，学校分配不涉及新疆西藏的单位，二是在上海生活了四年，有谁愿意去偏远的地方工作？直到后来的一次动员会改变了我的想法，动员内容是自愿申请分配到新疆以及西藏。动员会上鸦雀无声，那里对于我们而言实在是太遥远了。

回寝室的路上，伟杰问我：“咱们这一届真会有人主动申请去新疆西藏吗?”见我没搭话，他又自问自答说：“不管是谁，我都佩服。”

在床上翻来覆去睡不着，我开始翻自己的朋友圈。2015 年 8 月：“选择远方，风雨兼程”是大三暑假在教导队集训完走的那天发的；2016 年 5 月：“路漫漫其修远兮，吾将上下而求索”是毕业考核结束的那天下午发的……一幕幕场景在脑海中沸腾。

第二天，我递交了申请赴藏的报告，选培办的领导反复地问我：“小伙子，想好了吗？和家里面商量过了吗？”递交完材料的我如释重负，似乎从来没有这么轻松过。我又给爸妈发了条消息：我打报告去西藏了。到晚上，我爸回了一条：好男儿志在四方，好好干吧！

后来才知道，我妈一个人在家里难受了好久。

离校的那天，桦烨拍了拍我的肩膀欲言又止。在机场，我看到他发的一条状态：“一纸调令，我们在中华大地连起了 5 373. 8 公里的思念。原来心心念念的离校，转眼间就来到了，不忘年少时的相聚，只愿重逢时还是记忆中的样子。祖国的下半部就交给我们镇守吧。”

在机场，母亲红着眼让我快进去。过完安检我回头瞥了一眼，她正在偷偷地抹眼泪。带着憧憬和不安，我踏上了前往林芝的飞机。憧憬，因为自己终于从一名学员，正式成为一名基层排长，踏上了人生的新旅程；不安，是因为从未去过西藏，脑子里充斥着奇怪的想法：大家是不是都讲藏语，我会不会有高原反应……但事实证明是我多虑了，林芝被称为西藏的江南，气候宜人，风景优美。

接我回单位的是一位四级士官。老班长很热情，一路上都在跟我讲单位的事。正当我听得津津有味的时候，他突然停住了。司机按了下喇叭，孙班长朝我身后的方向标标准准地敬了一个军礼。我扭头一看，是一座烈士陵园。这样的场景，只有亲身经历过才明白有多震撼。

到了单位，连长和指导员听说来

了个上海的大学生，早早地站在大门口伸着脖子望，连队的兄弟们更是热情得不得了，一边一口一个“排长”地叫着，一边帮我拎包倒水。教导员晚上也专程来连队看望我这个“新干部”。十二月的林芝很冷，但我的心像屋子里烧着的干柴、溅着火星的炉子一样暖。

对于第一次接触基层生活的我而言，所有事物都很新鲜。但要做好，却不容易。给蔬菜施肥的时候，我捏着鼻子，皱着眉头浇了几瓢。一个班长实在看不下去了，叫人把我替了下来。浇完粪后还得把菜地里的杂草给拔掉，看到兄弟们在田地里干得热火朝天，我却怎么也弯不下腰。这时候，一个老兵走过来问我：“排长是不是怕手上沾着粪，嫌脏。”我不好意思地点了点头。老兵笑了笑说：“其实没啥，你们城里人吃的菜都是化肥和农药催出来的，咱们用粪浇出来的菜才是真正的绿色蔬菜。我小学毕业，排长是大学生，别嫌我说话粗!”他的语气很真诚，那天以后，我开始明白了什么叫“基层生活”。我在单位已经待了整整 70 天。从大家口中最初的“王排长”变成了现在的“排座大人”。

“添昊哥，你咋越来越文艺了!”

电话那头发出了一声惊叹。我不好意思地咳了几声说：“再送你 8 个字：不忘初心，方得始终！要集合了，先挂了啊!”

“哎，我还没说完呢，这也不止 8 个字了呀……”还没等那头说完我就挂断了电话。我想，很多东西，还是得靠他自己去琢磨和决定。

到现在，也有人问我后不后悔自己当初的决定。我想起一名战友说过的话：“不管我今后在社会的身份如何转变，无论是成功商人，还是建筑工人。我都不会忘记我曾经是中国人民解放军战斗序列的一员。过去，现在，以至于将来，都不会改变。”既然我选择了奔赴边防，保家卫国，冲锋陷阵，吃苦受累就是我的义务，又何谈“后悔”二字。相反，我庆幸自己做出的选择。在这里，我体会到了“野营万里无城郭，雨雪纷纷连大漠”的边塞风情，“八百里分麾下炙，五十弦翻塞外声”的壮怀激烈，“黄沙百战穿金甲，不破楼兰终不还”的豪迈情怀。

那天晚上，我做了一个很美的梦：我穿着绿色的迷彩，在广袤无垠的草原上尽情奔跑，日月之辉，滔滔江水，穹顶星辰，勃勃万物伴我左右。

我一直在路上，以我自己的方式前行。愿信仰与我同在，希望你们也是。

（本文原载于2017年2月22日“中国军网”官方微信）

【心语思】

“始知梧桐枝，可以徽黄金。”这句诗取自唐朝诗人唐建的《江上琴兴》，比喻高尚的情操更胜过金钱。也许有人认为只要有钱，任何事都能摆平。但我想，不是所有事物都能用金钱衡量的。从荒无人烟的戈壁滩到茫茫大海中的小小岛礁，从空气稀薄的雪域高原到不为人知的深山老林，总有一个个绿色的身影坚定矗立，从未退缩。他们也是儿子，也是父亲，更是丈夫。正因为他们的肩上担负着祖国的安全和人民的期盼，所以他们从不退缩。这是中国军人的情怀，也许很平凡，但你能告诉我值多少钱吗？每个时代，都有一群所谓的“傻子”，去做大多数人不愿意做的事。在我看来，这群“傻子”才是真正的勇者。

用最好的耐心做村民知心人

——体育学院优秀毕业生曹婧轶的村官故事[①]

人物名片：曹婧轶，华东理工大学体育科学与工程学院本科毕业生。2014年7月到2018年4月，在浦东新区张江镇韩荡村从事大学生村官工作，2018年4月调任浦东新区张江镇晨晖路居委工作，任支部委员。曾获华东理工大学勤工助学中心优秀员工、华东理工大学优秀团员、华东理工大学就业引导奖、张江镇优秀文化志愿者、张江镇优秀党员志愿者、张江镇优秀地铁志愿者、张江镇优秀共青团员、张江镇优秀文化志愿者等荣誉称号。

今年上海的冬天不算冷，可是，凌晨5时，当张江镇韩荡村党总支书记助理曹婧轶走在乡间小道上时，仍感觉阵阵寒意。这几天，她每天都和镇上各执法小队出现在同一时间，目标是“拆违”。天亮了，违法建筑被顺利拆除。曹婧轶的工作没有完。群众有意见，她要耐心说服，甚至“挨骂”……

一天过去了，曹婧轶筋疲力尽，但没法回家，明天还要继续工作。这是

① 《新民晚报》记者张炯强采写。

曹婧轶担任村官的第三个年头，两年半前，她的身份是华东理工大学体育科学与工程学院优秀毕业生，面对诸多外企的“绣球”，她的选择是“女村官”。

就业市场的强者

在华东理工，曹婧轶是个“牛人”。大一，她成为华理勤工助学指导中心实业集团报亭部门的人事经理；大二，她走进红星美凯龙实习，负责“以旧换新活动”；大三，她又在央企下属的邦信小额贷款股份有限公司实习，一切从小事做起，整理、归档、采购等，为公司做好后勤保障工作；即将进入大四的那个暑假，她来到了上海市浦东新区劳动人事争议仲裁委员会，做一名书记员，在这里，学会了法律实务的操作。

大学四年，曹婧轶依靠能力承担自己的全部生活费，同时，丰富的社会阅历也让她成了就业市场的强者。毕业时，她很骄傲：从大一开始实习的所有公司都向她抛出了“绣球”。但她决定，寻找一个新的地方再历练一番。曹婧轶坦言，作为一个上海籍的学生，没有了户口压力，像很多同学一样，要么出国，要么进跨国公司，都曾是自己的首选。可是，当她拿到一份份外企的录取通知书时，却又选择了放弃。曹婧轶记得，最后一家给予她 offer 的是一家很有潜力的外企，公司主产爬楼机，在当今老龄社会下，老式住房没有电梯，载人爬楼机很有发展潜力，当时公司管理层面试之后给了她三个岗位任选。而在这时，曹婧轶已经有了新的志向：走向农村。

当村官并非冲动

“当村官，我可不是一时冲动”，曹婧轶反复强调。作为一名学生党员，并具备丰富的社会实践经验，她深知“责任”两字的内涵，“每年中央一号文件，都是三农；中国奔中等发达国家，短板也在农村。中国的农村需要新鲜血液。”不过，父母并不认同女儿的“理想化”：

“从小在城市里长大，农作物都分不清楚，为何要去受苦呢？和老百姓打交道，有人得理不饶人，何必去受委屈呢?”但是，曹婧轶还是义无反顾地报名了，最终她的名字被公布在基层党建网上，父母这才说了句：“如果真的想清楚了，就做一个百姓心中的好人吧。”

社会旅途的开始

2014年4月22日，对曹婧轶来说，是个终生难忘的日子。她穿上正装，以精神饱满的姿态走进了惠南镇人民政府，开始了“村官”面试。她说：“当时我看到了很多同龄人，都自信满满地等待着抽签。我并不孤独。我们都是有理想的大学生。”这一天，她笑着走出镇政府大楼，走到父母身边，“放心吧，你们的女儿很棒。”当收到浦东区委组织部发出的短信，告诉曹婧轶通过面试时，她第一动作是抱着父母：“我成功了。”

2014年，曹婧轶如愿当上了“女村官”。这是她社会旅途的开始。老村长一番话，让她感觉自己是来对了。原来，当下沪郊农村的主要问题已不是发展，而是管理。随着经济建设的不断增长，大量的外地人口涌入上海，导致管理上难度增加。这个时候，恰恰需要大学生村官的注入，把新文化新思想带入农村。可是，一个刚刚走出校园的女孩子，怎么管理、如何管理是个大难题。曹婧轶当“村官”的第一步是和村民们交朋友。

在张江镇韩荡村，每当有老年人开会，会场上都会出现一个倒开水的女孩，每个老人面前的茶杯里，永远都冒着热气。后来，大家才知道，这个端茶送水的，竟是村妇联副主席曹婧轶。渐渐地，曹婧轶与村里的老人们唠起家常，成了知心人。村里外来儿童很多，一般家长自己做生意打工，常常把孩子们锁在房里。曹婧轶看着心疼，通过她的努力，外来儿童和本地孩子一起，都笑着进了暑托班、爱心小屋。

主责化解矛盾

在曹婧轶看来，“村官”的主要职责是管理，是化解矛盾。果然，矛盾来了。去年7月，张江镇开始了“五违四必补好短板，共享共建美好家园”的重要工作。违法建筑必须拆除，违法经营必须取缔。曹婧轶的心很细，经常在街巷中观察。一天，她看见有人从一户居民家里搬出了整车的盒饭，马上意识到有人在非法经营，配合执法部门取缔了这一不安全卫生的餐饮点。“拆违”到了攻坚阶段，曹婧轶每天早上8时开始走下去排摸，一直到晚上10时多还在和村民交谈。部分村民不理解，拆违工作面临重重阻碍，无论多晚，无论多难，曹

婧轶总是用最好的耐心来向村民做好解释工作，取信于民。半年过去了，韩荡村的环境治理工作取得了成绩：截至2016年底，村年度目标消除面积132 539平方米，累计拆除点位数509处，累计拆除面积153 823.58平方米，拆除面积完成率116.06%。而在这半年里，曹婧轶几乎没有回过家。

新一年到来，曹婧轶仍在街巷之中穿行忙碌，做着普通再普通的基层党员干部工作。她笑着告诉记者："大学毕业的时候，我完成了一次人生的抉择，现在，我更坚定了未来的路。让身边的人都能过更幸福的生活，让自己的未来变得更精彩更充实。"

（本文原载于2017年2月19日《新民晚报》A4版）

【心语思】

作为大学生村官到农村任职是党和农民的期盼，是当代大学生的使命，同时也是锻炼自己、实现人生价值和理想的优秀平台。作为一名大学生村官，需要提升的地方很多，从工作经验到基础农业知识、长远规划布局，都要学习。打铁还需自身硬，要推动农村经济发展，村官必须从自身做起，认真剖析自己身上的不足，扎根基层，坚定信念，努力实现人生价值。我要在新农村建设的工作中继续锤炼自身，做到"台上能讲、坐下能写、下去能做、遇事能解"，进一步振奋精神，勤奋学习，严格遵守纪律，全身心投入，进一步学以致用，将所学知识转化为实际本领，扎扎实实、认认真真地当好新时期的大学生村官。目前我转战居委开启了新的征程，从多点土腥气少点书生气，转变为少点土腥气多点文艺气，进而更接地气。我会慢慢融入、慢慢沉入，进一步了解社区文化，进一步提升自身修养，更好地开展工作，在新的工作岗位上作出新的贡献。

后　记

先进典型是有形的正能量，也是鲜活的价值观。一个人、一个团队，一个选择、一件小事，一篇两千多字的文章、一段几百字的感悟，看似平凡简单，却映射出众多优秀华理人为梦想而付出的奋斗与坚守。本书中的这些主人公们，是成长成才报国路上的前行者，更是我们的身边人。熟悉的名字、平凡的面容背后，是他们在各自岗位上默默地砥砺奋进，是不断创造的让世界更美的精彩。

习近平总书记曾说，用一贤人则群贤毕至，见贤思齐就蔚然成风。榜样的力量，既在于引人自勉、强心立志，更在于鞭策鼓励、催人奋发。本书的主体内容为党委宣传部2014—2017年关于部分师生校友典型的采访报道，回首从采写报道到编辑成书的整个过程，对于每个参与其中的人来说，都无异于一次心灵的洗涤，也都有着不断精进的收获与感悟。

在这些典型人物的身上，既见可贵品质，又显人文情怀。宣传他们的事迹，展示他们的共性与特性，是希望他们的故事，不仅能感动振奋熟悉了解他们的身边人，还能让更多的师生校友从他们身上读懂人生的意义，找到奋斗的方向。

本书最终得以付梓，离不开学校的大力支持，离不开各位受访师生校友的帮助，同样也离不开众多校内单位与师生的关心和鼓励，在此一并致以谢忱。同时，由于成文作品都必然有遗憾之处，对于因时间、条件、能力所限而带来的种种不足，还望诸位读者海涵并提出宝贵意见，以利后续改进提高。